Maître Eckhart
ou l'empreinte du désert

« *Spiritualités vivantes* »

Gwendoline Jarczyk
Pierre-Jean Labarrière

Maître Eckhart
ou l'empreinte du désert

Albin Michel

Albin Michel
■ *Spiritualités* ■

*Collections dirigées
par Jean Mouttapa et Marc de Smedt*

La couverture du présent ouvrage est l'œuvre originale de Lena Bergstein, dans l'esprit de « l'empreinte du désert » dont a témoigné Maître Eckhart. Née en 1946 à Rio de Janeiro, Lena Bergstein, peintre brésilien, a exposé ses œuvres dans de nombreux pays et elle séjourne actuellement en France. Elle s'intéresse particulièrement aux rapports entre peinture et écriture, dans la ligne des recherches de Maurice Blanchot et Edmond Jabès.

© Éditions Albin Michel S.A., 1995
22, rue Huyghens, 75014 Paris

ISBN 2-226-07919-X
ISSN 0755-172-X

OUVERTURE

Où commencement fait naître commencement

De Maître Eckhart le Thuringien, on a pu dire avec raison qu'il n'est rien de moins que le Dante allemand. Parallèle glorieux et nullement surfait, qui pourrait s'enrichir du nom prestigieux de Raymond Lulle le Majorquin : tous trois vécurent en effet à la même période — fin du XIIIe siècle, début du XIVe — et plus d'un trait les rapproche dans la diversité de leurs génies religieux, nationaux et littéraires, cependant que chacun d'eux assuma un rôle fondateur largement comparable à l'égard de langues qu'ils contribuèrent à développer dans leurs possibilités expressives — qui l'allemand, qui l'italien, qui l'espagnol. Ainsi se modelait déjà l'espace culturel d'une Europe enracinée dans une double tradition, latine et germanique.

Dante ne quitta jamais la scène littéraire. Lulle, qui se nommait lui-même Raymond le Fou, reste à redécouvrir. Quant à Eckhart, il semble être de retour et suscite depuis quelque temps un surcroît d'intérêt, pour ne point parler d'un certain engouement. Il est vrai que son œuvre est de telle ampleur qu'elle a de quoi séduire logiciens et philosophes aussi bien qu'adeptes d'une expérience spirituelle. Cela bien au-delà des limites du christianisme, dans lesquelles Eckhart voulut toujours se situer, malgré les soupçons d'hétérodoxie qui l'accompagnèrent au long des siècles après avoir motivé un procès de son vivant et une condamnation par les autorités ecclésiastiques après sa mort ; en sorte que cette œuvre, qui attend encore une réhabilitation dans sa communauté d'origine, ne cessa d'être évoquée par les tenants d'autres sagesses, orientales surtout — même si ne sont alors retenues de lui que quelques bribes de doctrine détachées de l'ensemble qui leur confère sens et rigueur.

Maître Eckhart fut à la fois métaphysicien et mystique de grande venue, professeur renommé et prédicateur infatigable, poète sublime et homme d'action. Il enseigna par deux fois à la prestigieuse université de Paris, y engagea la rédaction en latin d'un ouvrage savant dont il ne reste que l'architecture grandiose et quelques fragments, et fut à Cologne l'un des successeurs d'Albert le Grand dans la charge de régent des études au *Studium generale*, établi par les dominicains dans cette ville. Il fut aussi administrateur et responsable apprécié dans le cadre de son ordre religieux, et surtout eut la charge de gérer, dans le premier quart du XIVe siècle, nombre de monastères de moniales dominicaines ; c'est principalement à leur intention, selon toute vraisemblance, qu'il prononça au long de ces années les fameux « Sermons allemands » que l'on transcrivit et colporta avec passion, et que seule la critique la plus récente a pu, sept siècles ou presque après leur naissance, fixer dans une version assurée. C'est surtout de ces textes, après un déchiffrement mené au long de bien des années, que nous tirerons les éléments d'une présentation mettant en lumière les principaux thèmes de cette doctrine de vie ; cela après avoir, dans une première partie de ce volume, pris la mesure du détour auquel il convient de consentir pour rendre pleine justice à des propos qu'il faut replacer dans leur contexte politique, culturel et religieux.

En guise d'ouverture à cette double approche, et pour être fidèles à une méthode dont Maître Eckhart est coutumier, il importe cependant d'aller d'un coup à l'essentiel et d'exprimer une première fois ce qui constitue le « fond » de sa vision des choses, qu'il propose ordinairement sans se préoccuper des chemins d'accès vers cette réalité sublime, misant sur la puissance de vie que porte en elle-

Ouverture

même son énonciation nue : véritable flèche au centre de la cible, tirée par le poète-archer dans les huit courtes strophes qui composent son *Poème*, le seul que l'on connaisse de lui, mais qui suffit pour qu'on le compte parmi les plus grands de cette période féconde en de telles productions[1*]. Sur ce point déjà, en dépit de la brièveté de ce texte de référence, Eckhart peut et doit être rapproché de Jean de la Croix, le carme espagnol du XVIe siècle, et plus encore peut-être d'Angelus Silesius, le franciscain allemand du XVIIe siècle.

Avant toute chose, il convient de lire une première fois ce texte dans sa totalité :

I

Au commencement
au-delà du sens
là *est* le Verbe.
Ô le trésor si riche
où commencement fait naître commencement !
Ô le cœur du Père
d'où à grand-joie
sans trêve flue le Verbe !
Et pourtant ce sein-là
en lui garde le Verbe. C'est vrai.

II

Des deux un fleuve,
d'Amour le feu,
des deux le lien

---

* Les notes de références sont regroupées en fin de volume.

aux deux commun,
coule le Très-suave Esprit
à mesure très égale,
inséparable.
Les Trois sont Un.
Quoi ? Le sais-tu ? Non.
Lui seul sait ce qu'Il est.

III

Des Trois la boucle
est profonde et terrible,
ce contour-là
jamais sens ne saisira :
là règne un fond sans fond.
Échec et mat
temps, formes et lieu !
L'anneau merveilleux
est jaillissement,
son point reste immobile.

IV

Ce point est la montagne
à gravir sans agir
Intelligence !
Le chemin t'emmène
au merveilleux désert,
au large, au loin,
sans limite il s'étend.

Ouverture

Le désert n'a
ni lieu ni temps,
il a sa propre guise.

V

Ce désert est le Bien
par aucun pied foulé,
le sens créé
jamais n'y est allé :
Cela est ; mais personne ne sait quoi.
C'est ici et c'est là,
c'est loin et c'est près,
c'est profond et c'est haut,
c'est donc ainsi
que ce n'est ça ni ci.

VI

C'est lumière, c'est clarté
c'est la ténèbre,
c'est innommé,
c'est ignoré,
libéré du début ainsi que de la fin,
Cela gît paisiblement,
tout nu, sans vêtement.
Qui connaît sa maison,
ah ! qu'il en sorte !
et nous dise sa forme.

VII

Deviens tel un enfant,
rends-toi sourd et aveugle !
Tout ton être
doit devenir néant,
dépasse tout être et tout néant !
Laisse le lieu, laisse le temps,
et les images également !
Si tu vas par aucune voie
sur le sentier étroit,
tu parviendras jusqu'à l'empreinte du désert.

VIII

Ô mon âme,
sors ! Dieu, entre !
Sombre tout mon être
en Dieu qui est non-être,
sombre en ce fleuve sans fond !
Si je te fuis,
Tu viens à moi.
Si je me perds,
Toi, je Te trouve,
Ô Bien suressentiel !

De ce *Poème* provient l'expression qui sert de titre au présent ouvrage : *der wûste spôr*, l'empreinte du désert (strophe VII) — une lexie énigmatique dont l'on tentera de rendre raison ici même et au long des pages qui vont suivre. A vrai dire, c'est l'ensemble de ce texte qui converge et s'abîme dans cette *image* qui

Ouverture

est la négation de toute image : ce « merveilleux désert » (strophe IV) n'est autre que Dieu lui-même dans l'éternité de son être, et son « empreinte » ou sa « trace » dans la figure du temps est le lieu où il convoque et rencontre l'homme destiné d'emblée à cette nudité des origines. Dans une étude récente[2] il est en effet noté au passage que le terme de « désert » (*wûste*) constitue une « métaphore centrale chez Eckhart et Tauler ». « Dans ses sermons, lit-on, le Maître de Hochheim définit aussi bien la création que la langue "(Fuss) pûr Gottes", c'est-à-dire "empreinte de Dieu", et il exprime la conviction que c'est le langage, comme la création, qui sert de médiateur dans le rapport entre la divinité et l'homme[3]. » Sans entrer dans cette autre question que constitue la relation entre la création et le langage, il importe de considérer la parenté frappante entre les expressions « empreinte de Dieu » et « empreinte du désert ». Tout indique que, dans cette dernière formule, « désert » est en fait un *véritable nom propre* qui désigne métaphoriquement l'être même de Dieu, l'« essence divine » en tant qu'identique au néant. Ce que suggère justement le commentaire anonyme traduit et publié à la suite du *Poème*[4]. L'« empreinte du désert » — du Désert — c'est donc la « trace », ou la « marque », ou le « sceau » de la déité, bref : le *fond sans fond* auquel conduit le « sentier étroit » qu'arpente l'homme lorsqu'il vient à dépasser « tout être et tout néant » (strophe VII).

Le poème s'ouvre de fait sur l'évocation de cette réalité ultime : la vie intratrinitaire où Dieu, si l'on peut dire, *s'ex-plique* de tout temps en sa propre unité. Trois strophes qui à première lecture seront laissées à leur énigme, puisque la structure circulaire du poème ramènera vers elles après que l'homme a été convié à éprouver ce même mouvement, dont il saura alors qu'il le constitue lui-même dans son humanité. C'est en effet avec la mention du « désert », à la strophe IV, que trouve à s'apaiser le bouillonnement des images qui ont troué de leurs clartés incertaines l'obscurité de cette naissance éternelle : Verbe, fleuve, feu, contour, anneau, jaillissement, point immobile, montagne, chemin. Un chemin ? Mais Eckhart ne s'attarde pas à décrire les étapes à franchir. La « montagne » à gravir n'est rien qu'un « point » (strophe IV), et cette sorte d'élévation sur place, qui n'appelle aucun transfert de lieu, s'opère « sans agir » (*âne werk*). Qui consent à cette inactivité suprêmement active est déjà introduit au centre de lui-même et de toutes choses ; plus même n'est besoin qu'intervienne alors le nom de Dieu — qui ne connaîtra que deux occurrences dans l'ensemble du texte, comme le sceau du bien connu dans la huitième et dernière strophe ; pour lors, il suffit de constater que l'univers familier échappe à toute limitation, à tout enfermement, et trouve dans le point où il s'abîme l'infini d'un espace libéré :

> Le chemin t'emmène
> au merveilleux désert,
> au large, au loin,
> sans limite il s'étend.
> Le désert n'a
> ni lieu ni temps,
> il a sa propre guise.

Sa guise ou sa manière. De façon intentionnellement équivoque, le dernier vers dit que cette façon d'être (*wîse*) est à la fois propre, originale, à nulle autre seconde, et qu'elle relève de l'étonnant, de l'extraordinaire : *ir wîse dî ist sunderlîch* — « sa manière d'être, c'est cela qui est étonnant ». Extension du monde qui est autre chose que l'évocation d'une plénitude ou d'un emplissement sans fin : la « merveille » de ce désert, ce n'est point qu'il recèlerait des trésors dont s'enchanterait l'imaginaire, c'est au contraire qu'il désarçonne nos positivités ; Eckhart va employer deux strophes limpides (strophes V et VI) à détailler, si l'on peut dire, l'absence de contenu de ce vide sublime, à le débarrasser de

Ouverture

toute surcharge, à le libérer de toute contrainte. Aucun pied ne l'a jamais foulé, « le sens créé jamais n'y est allé » :

> Cela est ; mais personne ne sait quoi.
> C'est ici et c'est là,
> c'est loin et c'est près,
> c'est profond et c'est haut,
> c'est donc ainsi
> que ce n'est ça ni ci.

Weder diz noch daz. Typique de Maître Eckhart cette locution qui marque la nécessité de ne s'arrêter à aucune chose prise *pour elle-même*, dans ce que l'on pourrait appeler le chatoiement de sa surface, mais de se laisser choir *en elle* dans la profondeur de son origine qui toujours conjugue proximité et distance, hauteur et profondeur, montagne et point, universel et singulier. D'où la poursuite des qualifications contradictoires qui ne touchent pas seulement la détermination de cet espace, mais donnent à connaître aussi bien et surtout le paradoxe d'une présence intime à ce qui est inconnaissable :

> C'est lumière, c'est clarté
> c'est la ténèbre,
> c'est innommé,
> c'est ignoré*
> libéré du début ainsi que de la fin,
> Cela gît paisiblement,
> tout nu, sans vêtement.

---

* « Chose étrangère », « désert », « innommé », « ignoré » : toutes expressions reprises dans le sermon 28, I 233, in Maître Eckhart, *Sermons*, présentation et traduction de Jeanne Ancelet-Hustache, Éditions du Seuil, Paris, 1974-1979. Cf. aussi s. 29, I 237 : « Dieu conduit cet esprit dans le désert et dans l'Unité de lui-même. » Où le désert est à nouveau identifié avec l'Un qui est Dieu en lui-même.

Appréhension du monde par la grâce de ce « nuage d'inconnaissance ». Ici, cesse comme de soi la discursivité du langage : il n'y a pas davantage de fin que de commencement ; cette terre/lieu est liberté, sans entrave de vision ni de mouvement. La *nudité* est la manière d'être de ce Dieu que l'homme ne saurait rejoindre en vérité que lorsqu'il l'aborde, comme le font les anges les plus élevés, « dans son vestiaire[5] »*, avant qu'il ne soit revêtu de bonté ou de tout autre attribut qui se peut exprimer par des paroles ; cette nudité dit l'absence de toute protection ; seule demeure l'injonction :

> Qui connaît sa maison,
> ah ! qu'il en sorte !
> et nous dise sa forme.

Sortir. La « maison » étant celle même du désert et le désert étant Dieu, celui qui *sort* de cette maison ne saurait être que Dieu. C'est lui qui est ainsi invité à *sortir* pour nous dire *sa* forme ; n'est alors apte à l'entendre que celui qui est *un avec l'Un* — l'homme en définitive qui a su renoncer *aux* formes des choses (strophe III) pour naître à *la* forme de l'Unique ; celui-là peut aussi *sortir* en vérité, de concert avec Dieu, pour nous dire la « forme » de Dieu. La condition ? Que l'homme ne se laisse enfermer dans le « ceci » ou « cela » de sa propre demeure : pour que soit possible ce cheminement qui de « là » mène au désert — à la « maison » de Dieu — il faut en effet que tombent toutes murailles qui enserrent le moi. Sous ce dernier aspect, l'on peut songer à Jean de la Croix dont le *Poème de la Nuit* célèbre l'« heureuse fortune » de qui peut « sortir » de soi-même, sa maison « étant désormais accoisée » (strophe I).

---

* Le sermon 48, II 114 conjugue ainsi les images de la « nudité » de Dieu et du « désert silencieux » qu'est ce fond sans fond. Cf. aussi s. 7, I 91 ; s. 9, I 103, et surtout s. 40, II 63.

Ouverture

Il faut donc troquer maison contre Maison et formes contre Forme. Que pourra dire le bénéficiaire de pareille libération ? A la vérité, *rien* — la « forme » de cette maison qu'est Dieu étant d'être sans forme. Il suffira que la strophe suivante, l'avant-dernière du *Poème*, énonce ce qui peut valoir comme les conditions d'accès à cette expérience. Tout entière sous la raison d'un « devenir », elle donne consigne d'une action qui est en fait la négation de tout agir — un *détachement*, un *laisser-là* toutes choses, pour évoquer deux termes clefs de la pensée eckhartienne (*abegescheidenheit, gelâzenheit*), ici présents, non dans leur lettre, mais dans leur signification, relayés qu'ils sont par les images moins savantes et plus évocatrices de l'enfance, de la surdité, de l'aveuglement, de l'errance loin de tout repère :

> Deviens tel un enfant,
> rends-toi sourd et aveugle !
> Tout ton être
> doit devenir néant,
> dépasse tout être et tout néant !
> Laisse le lieu, laisse le temps,
> et les images également !
> Si tu vas par aucune voie
> sur le sentier étroit,
> tu parviendras jusqu'à l'empreinte du désert.

Propos radical et sans compromis. On porterait atteinte à l'universalité qu'il enclôt si l'on n'y déchiffrait qu'injonction ascétique à se défaire de ce qui est susceptible d'entraver ici-bas la course de l'homme. Le regard, ici, porte beaucoup plus loin. Alors que Jean de la Croix mettra en garde contre toute jouissance immédiate, qu'elle soit de la terre ou du ciel, Eckhart, de façon plus radicale encore, place l'exigence du détachement *ailleurs* que dans cet abandon de tous les biens, qu'ils soient matériels ou spirituels, *ailleurs* que dans l'inquiétude les concernant. Sa consigne ? Dépasser « tout être *et tout néant* ». Dit autrement : il ne faut pas s'arrêter à la satisfaction que peut engendrer un renoncement premier, mais renoncer à ce renoncement même ; redoublement de négation qui sape à la racine la vieille tentation de se retrouver et de jouir de soi-même dans l'expérience acquise ; un principe que l'on retrouvera bien des fois à l'œuvre, une clef de l'univers eckhartien en sa suprême libération ; pour l'heure, qu'il suffise de savoir qu'il barre la route aux interprétations qui feraient de lui le contempteur du monde et le chantre du néant, puisque celui-ci se doit d'être lui-même repris dans la négation qui l'engendre.

Telles sont les conditions pour arriver à connaître un jour l'« empreinte du désert ». L'empreinte, la trace, le signe visible que laisse un passage — signe ou trace du désert, *c'est-à-dire* de Dieu lui-même. Parlant lui aussi de Dieu, maître de sa création et de ses splendeurs, Jean de la Croix écrira pour sa part dans son *Cantique spirituel* (strophe V) :

> En répandant mille grâces,
> Il a passé par ces bois en grande hâte ;
> Posant sur eux son regard,
> D'un reflet de son visage
> Il les laissa tout revêtus de beauté[6].

Semblable, le propos d'Eckhart est cependant différent. Oui, Dieu est *passé* par là. Sa trace, comme un pas sur le sable, c'est le point sans limite du désert que le *Poème* s'en va chantant — un désert « merveilleux » dont la figure n'est pas tant l'aridité que l'infini d'un espace délivré de toute image. Pour l'arpenter, la sente étroite de l'évangile, dont le propre est de ne pas être une « voie » (*âne wek* : strophe VII), l'absence de tout itinéraire qui connaîtrait origine et terme (strophe VI). Ce n'est donc pas d'abord la séduction de la beauté que l'on perçoit ici — sensa-

Ouverture

tion, couleur ou parole : la « forme » est indicible, la lumière obscure, le discours se fait silence. Le temps est proche où cette *non-description* prendra la non-figure d'un « fleuve sans fond » auquel on attribuera, avec pudeur, le nom de celui qui est et qui n'est pas : ce qui s'opère dans la strophe VIII, la dernière du *Poème*.

Pour l'aborder, un retour en arrière. La strophe V a employé à propos du désert un qualificatif étrange qui annonce la définition de Dieu, dans le dernier vers du *Poème*, comme « Bien suressentiel » (*uberweselîches gût*) :

> Ce désert est le Bien
> par aucun pied foulé.

Ce qui légitime la lecture qui identifie le désert à Dieu. Mais de quelle nature est donc ce Bien ? Comment peut-on s'établir en lui ? Le début de cette dernière strophe demande à être rapproché des derniers vers de la sixième :

> Qui connaît sa maison,
> ah ! qu'il en sorte !

Il s'agissait alors que sortent de la maison du désert Dieu lui-même et celui qui est un avec l'Un, et que la « forme » de cette maison soit dite alors par qui l'habite ainsi en propre. La strophe VIII renoue avec cette image de la *sortie* — mais il s'agit cette fois de la *sortie de l'homme* — en la transcrivant dans ce qui révèle son sens : que l'homme « sorte » de soi équivaut à l'« entrée » de Dieu en lui. Non que s'opérerait le simple remplacement d'une positivité par une autre : car ce qui advient alors en l'homme, ce n'est pas quelque « essence » qui s'offrirait à la possession, mais ce « *Bien suressentiel* » qui n'est autre que le désert. C'est pourquoi l'être de l'homme est de « sombrer » dans ce « fleuve sans fond » — nouvelle image qui, à sa manière, redit le désert ; Eckhart le métaphysicien, doublant ici le poète et le mystique, va jusqu'à l'identifier au « non-être », et ne craint pas d'affirmer que l'« être » de l'homme (*mîn icht*, mon être) est promis à s'abîmer dans le « non-être de Dieu » (*gotis nicht*). Où s'achève, en plénitude ontologique, dans cette union au Bien suressentiel, la requête éthique et mystique qu'annonçait la strophe précédente :

> Tout ton être (*icht*)
> doit devenir néant (*nicht*).

Mouvement non aléatoire, puisque l'homme en vérité ne saurait y échapper. Consent-il à se « perdre », il en viendra, retrouvant le vrai sens d'un dit évangélique, à *se* « gagner », à *se* trouver, et *par là* à trouver *Dieu* lui-même — car c'est bien alors de l'identité des deux qu'il en va ; que si par contre il tente de « fuir », c'est alors Dieu qui « vient » à lui — une manière saisissante d'affirmer qu'en définitive *il n'y a que Dieu* :

> Si je te fuis,
> Tu viens à moi.
> Si je me perds,
> Toi, je Te trouve,
> Ô Bien suressentiel !

C'est dans la lumière ténébreuse de cette unité que les réalités de l'origine, celles qu'évoquent les trois premières strophes du *Poème*, peuvent être reprises sans risque d'objectivation indue. A vrai dire, le « commencement » dont il est alors question ne connote pas la fixité d'un point de départ dont on s'éloignerait par la suite : c'est de tout temps (*ie*) que cette origine se trouve à l'œuvre en ressource d'elle-même, *dâ ie begin begin gebâr*, là « où commencement (sans trêve) fait naître commencement ! ». Comme il en allait (ou en ira) de l'homme qui vit l'identité para-

Ouverture

doxale d'un « sortir de soi » et d'un « connaître sa maison » (la maison de Dieu), ainsi en va-t-il de Celui qui n'a cesse de s'engendrer — Père qui *sort* de lui-même en laissant « fluer » le Verbe, et qui *garde* ce Verbe en son sein pour signifier son échappement à soi dans cette position de *lui-même comme autre que soi*.

Fleuve unique, « boucle » profonde et terrible, l'Esprit scellant le paradoxe de ce lien, et disant l'inséparabilité de ceux qu'il distingue et rassemble :

> Les Trois sont Un.
> Quoi ? Le sais-tu ? Non.
> Lui seul sait ce qu'Il est.

« Fond sans fond », annonciateur du « fleuve sans fond » dans lequel l'homme, à l'ultime des choses, se doit de « sombrer ». Seul le saisira celui qui dans le temps aura transcendé le temps, dans le lieu aura dépassé tout lieu, dans les « formes » des choses aura pris la mesure véritable de ces choses, autrement dit aura su « sortir » d'elles. Image de la naissance, image du jaillissement, dans le paradoxe du « point immobile » : comme est merveilleux le désert, merveilleux est aussi cet « anneau » (*rink*), ce cercle qui identifie, en Dieu et en l'homme — en l'homme *parce que* en Dieu — le mouvement et le repos, la distance et la proximité, la réalité des origines et celle qui se rejoue à chaque instant nouveau.

Tout Eckhart est inclus dans ce poème de plénitude unique. Les investigations qui s'imposent de cette pensée-expérience n'auront d'autre sens que de déployer ce qui est contenu là, et d'en rendre possible au terme une lecture plus rigoureuse et plus libre. C'est d'abord un large détour par l'histoire qui permettra de *sortir* de ce texte en donnant d'*entrer* à nouveau d'autre manière, avec la force du « Bien suressentiel », dans l'expérience dont il est la trace et l'empreinte.

PREMIÈRE PARTIE

L'HISTOIRE ET SES PARCOURS

Maître Eckhart situe l'expérience spirituelle dans un espace qui n'est pas en dépendance directe de la succession des nuits et des jours. D'elle il dirait volontiers ce qu'il énonce à propos de l'œuvre de Dieu : « Échec et mat, temps, formes et lieu ! » (*Poème*, strophe III). Car « l'âme est créée comme en un lieu entre le temps et l'éternité [...]. Elle agit dans le temps, non pas selon le temps, mais selon l'éternité[1] ». Se laisser aspirer en ce « lieu », en cette « éternité », c'est être *contemporain* de tous les lieux et de tous les temps, en retrouvant le jaillissement de l'origine : « Dans l'intellect on est absolument jeune ; plus on agit dans cette puissance, plus on est proche de sa naissance. Est jeune ce qui est proche de sa naissance[2]. » C'est cela participer à l'éternité de Dieu ; Eckhart, sur ce point, rapporte avec grande louange le dire d'un maître : « Il n'y a pas de devenir [en Dieu], c'est un "maintenant", un devenir sans devenir, un nouveau sans renouvellement : voilà le devenir qui est son être[3]. »

Pour exprimer que le spirituel échappe à une histoire qui serait comprise et vécue comme une désertion du présent, Eckhart trouve des accents puissamment évocateurs : « Rien, écrit-il, en expliquant un texte de Paul, n'est aussi contraire à Dieu que le temps. Non seulement le temps, il [saint Paul] veut dire aussi un attachement au temps ; il ne veut pas dire non plus seulement un attachement au temps, il veut dire aussi un contact avec le temps. Non seulement un contact avec le temps, moins encore : une senteur et une odeur du temps, de même qu'une odeur reste là où une pomme a été posée : entends ainsi le contact avec le temps[4]. » Sous cet aspect des choses, l'homme d'aujourd'hui est contemporain des textes de Maître Eckhart ; il lui est possible de les aborder comme tels, sans le secours d'une érudition qui les maintiendrait dans la distance et ne manquerait d'être une manière de le préserver de leur brûlure.

Pour autant, cette vision qui relève de l'essence de la réalité ne saurait délivrer de la probité qui consiste à replacer un propos dans le contexte de sa création, en tenant compte des infléchissements, voire des déplacements de sens qui ont pu l'affecter ensuite par rapport à ce milieu d'origine. Prendre la mesure du monde de Maître Eckhart, des influences qu'il subit, des courants de pensée dont il fut tributaire, des querelles petites et grandes auxquelles il fut mêlé, des obstacles ou des incitations qu'il rencontra, ce n'est pas édulcorer son discours et le minimiser en relativisant sa signification ; c'est au contraire une condition pour le saisir dans sa force, par le jeu d'une herméneutique aiguisée au contact d'une conscience historique. C'est dans cet esprit que l'on tentera d'évoquer l'horizon politique, culturel, religieux susceptible de conférer leur sens aux épisodes de sa vie — pour autant que l'on en a connaissance — et aux divers aspects de son œuvre.

I

Les premiers pas

Une biographie de Maître Eckhart ne comporterait que fort peu de points assurés. Sa naissance et sa mort même restent marquées de certaine indétermination ; s'il est loisible d'assigner une date précise à tel événement de sa vie, bien des épisodes, par ailleurs, échappent à l'historien. Modestie d'un homme dénué de tout souci d'occuper le devant de la scène, pressé de s'effacer face au témoignage qu'il lui incombait de rendre ? Peut-être, et même sans doute. Plus largement, Eckhart partage ce destin d'obscurité avec nombre de ses contemporains et non des moindres ; mais le peu que l'on sait ne manque pas de jeter une lumière décisive sur une œuvre qui, plus que bien d'autres, entretient un rapport étroit avec l'expérience qui l'a vu naître. Adonnée à l'exercice de la pensée, c'est-à-dire d'abord de l'universel, cette œuvre en effet garde souci d'un enracinement dans les dédales et les hasards d'une existence sensible à la portée réelle des événements de l'histoire.

Eckhart vécut dans un monde de bouleversements et de bruit. A cheval entre plusieurs pays, plusieurs cultures, il puisa à des sources diverses, connut d'importantes responsabilités et parcourut en tous sens de vastes contrées, des Flandres à l'Italie, de Paris à la Bohême, des pays du Rhin à l'Aquitaine. Il naquit, semble-t-il, en 1260, à peu près au centre géographique de cette toile, dans un village de Thuringe du nom de Hochheim ; mais comme il y avait alors deux bourgades à porter ce vocable, l'endroit même de sa naissance n'est pas exactement connu. Deux siècles plus tard, Joachim de Flore s'arrêtera sur cette date de 1260, qu'il saluera, pour de multiples raisons, comme une année charnière — tout comme on peut l'entendre de l'an 1274, ainsi qu'il sera dit dans un instant.

Rien sur sa famille ni sur son enfance. Sans doute eut-il vent des inquiétudes qui secouaient alors un monde politiquement, socialement et religieusement troublé. Saint Louis, né en 1214, règne sur la France, qui connaît sous ce prince éclairé une période de calme précaire. Mais, outre-Rhin, la conjoncture politique immédiate que connut le petit Eckhart est autrement chargée. La puissante dynastie des Hohenstaufen ne survit qu'à grand-peine à la mort de Frédéric II, survenue précisément en 1260. Son fils bâtard, Manfred, mène campagne pour assurer son pouvoir. Son ambition le conduit jusque par-delà les Alpes. Alexandre IV, le pape de Rome qui s'oppose à ses desseins hégémoniques, est chassé de son siège et contraint à l'exil. Un sort que connaîtra pareillement son successeur, Urbain IV ; après son élection, en 1261, il ne pourra jamais rentrer dans la Ville éternelle. Ce n'est là qu'un des multiples épisodes de la lutte entre la papauté et l'Empire, qui empoisonne la vie politique et religieuse de l'Occident depuis plusieurs siècles et connaît alors de sanglants rebondissements.

Il y a près d'un demi-millénaire, Charlemagne avait ressuscité à son profit, en le mettant sous l'égide de la foi chrétienne, l'antique rêve de la romanité portant sur une domination politique de l'Extrême-Occident. Le 25 décembre de l'an 800, où il reçut à Rome l'onction impériale des mains du pape, figure comme une date symbole à cet égard. Trois siècles plus tard, l'Empire carolingien, affaibli par les attaques externes venues de l'est, mais surtout du nord et du sud (Normands et Sarrasins), voit lui échapper le centre de gravité de l'Europe du Nord. A partir du milieu

L'histoire et ses parcours

du XIIᵉ siècle, la Maison des Staufen étend son pouvoir de Cologne à Prague, en passant par Munich, et cherche à s'assurer une légitimité culturelle et religieuse en imposant sa domination sur l'Italie du Nord, et jusqu'à Rome et Naples. Un conflit portant sur la suprématie du pouvoir spirituel, réaffirmée par le pape Boniface VIII face aux ambitions de Frédéric Barberousse et de ses successeurs, se développa au double niveau des argumentations théologiques et des campagnes guerrières. Ce sont les séquelles de ces rivalités qui perdurèrent au temps d'Eckhart et au-delà. Chacun, au cours de ces sombres années, était mis en demeure, *nolens volens*, de prendre parti pour l'un ou l'autre des protagonistes ; si Eckhart ne s'aventura pas personnellement sur ce terrain, il fut pris néanmoins dans cet imbroglio politico-religieux, de sorte que ces motivations mêlées ne furent pas étrangères aux procès qui lui furent intentés, à Cologne d'abord, puis à Avignon, près de la papauté en exil.

Une autre série d'événements marquèrent l'époque de façon décisive : les Croisades. Eckhart avait dix ans lorsque Saint Louis mourut devant Tunis au cours d'une expédition de ce type ; et la dernière d'entre elles eut encore lieu dans l'ultime décennie du siècle. Entre-temps, le concile de Lyon, qui maintint la mobilisation de la chrétienté en faveur des lieux saints et des frères de Palestine, avait tenté — en vain — de régler la question du schisme d'Orient en aplanissant les griefs entre Rome et Constantinople. Certes, Eckhart ne s'engagea nullement, comme saint Bernard au siècle précédent, dans le soutien de ces entreprises guerrières ; et il ne milita pas en faveur d'un dialogue avec les musulmans, comme le fit son contemporain Raymond Lulle. Il connut toutefois le contrecoup des bouleversements économiques et culturels qu'engendrèrent ces flux de population, non moins que l'effervescence religieuse que produisit et entretint cette mobilisation de toute une société. A cette ferveur visible il préféra l'exigence des voyages intérieurs ; et l'on peut, toutes proportions gardées, énoncer à son propos le jugement que Hegel produisit, s'agissant du XVIᵉ siècle, pour valoriser l'aventure spirituelle d'un petit moine appelé Luther au regard du destin plus spectaculaire d'un Christophe Colomb. Un rapprochement qu'il ne faudrait point urger — comparaison n'est pas raison ; mais il se retrouvera encore sous d'autres éclairages.

Première donnée biographique certaine : l'entrée du jeune Eckhart dans l'ordre des dominicains. Certains historiens la placent en 1275 : la coutume était alors d'admettre de très jeunes postulants, qui achevaient sous l'habit leur formation scolaire tout en faisant leurs premières armes de religieux. En l'absence de donnée précise, l'on peut aussi bien imaginer qu'il effectua cette démarche l'année précédente, en 1274, et situer ainsi l'événement à une date des plus symboliques, souvent retenue comme une année tournant[1]. C'est en 1274, en effet, que mourut saint Thomas d'Aquin ; c'est encore cette année-là que se tint le concile de Lyon, dont il a été question ci-dessus ; c'est enfin à cette date, et par cette assemblée, que l'existence du Purgatoire reçut la consécration d'une définition dogmatique[2] : or c'est là une réalité de plus d'importance qu'il ne paraît, dans la mesure où l'on peut y déchiffrer l'amorce d'une révolution mentale qui substitue à la logique binaire — ciel et enfer — une pensée à trois termes, annonce lointaine d'une procédure de type dialectique. En intercalant le Purgatoire entre Enfer et Paradis, Dante donnera bientôt, dans sa *Divine Comédie*, une forme littéraire éclatante à ce schématisme nouveau ; pour sa part, Eckhart fera de ce principe un usage plus large en conférant ses lettres de crédit à ce que l'on peut déjà tenir pour une pensée de la médiation. — Pour parachever ces rappels relatifs à 1274, c'est cette année-là que le jeune Dante Alighieri, né en 1265, croisa pour la première fois le regard de Béatrice : un événement intérieur, « singulier » en tous les sens de ce terme, mais qui eut tant de répercussions littéraires et spirituelles.

L'histoire et ses parcours

A quatorze ou quinze ans, voici donc Eckhart sous l'habit dominicain. C'est en 1216 que Dominique de Guzman (ou de Caleruega), né vers 1170, mort en 1221 — il devait être canonisé dès 1234 —, avait obtenu du pape Honorius II approbation de la fondation d'un ordre de clercs adonné à la conversion des albigeois et autres hérétiques par le moyen de la prédication, la recherche de la vérité, la culture de l'intelligence. Quelques années auparavant, en 1209, François, le pauvre d'Assise, avait bénéficié d'une approbation semblable de la part d'Innocent III, pour ses communautés de « Frères mineurs » qui tout misaient sur la puissance de conviction de la pauvreté. Dominicains et franciscains inauguraient, à leurs manières respectives, un nouveau mode de vie religieuse, celui des « ordres mendiants ». Ils furent appelés tels parce que, renonçant à la contrainte d'une stricte clôture, ils faisaient profession de frayer parmi les hommes en vue d'un témoignage de parole et de vie qui se voulait trancher avec les habitudes ambiantes par l'exemple d'une liberté totale à l'égard des séductions de l'argent et du pouvoir. Très vite les dominicains, qui connurent un essor rapide, se virent confier par Rome la responsabilité de l'Inquisition et de ses tribunaux — cependant que leur amour de la vérité, qui n'allait pas sans audaces, produisit, avec Albert le Grand, Thomas d'Aquin et tant d'autres, des exemplaires d'intellectuels éminents promis à la plus large influence. Eckhart, à sa façon, fut l'un de ceux-là ; mais l'ironie du sort voulut qu'il trouvât sur sa route le redoutable bras séculier que ses frères en religion avaient à brandir contre les fauteurs d'hérésie.

Pour l'heure, au couvent d'Erfurt où il reviendra quelque vingt ans plus tard avec la fonction de maître des novices, l'adolescent suit le cours normal des études prévues pour les jeunes religieux. Les trois premières années étaient consacrées de façon prioritaire à un enracinement dans l'expérience spirituelle : étude des Constitutions de l'ordre et apprentissage de l'« office divin », en y adjoignant la maîtrise du latin, les premiers rudiments de la logique, mais aussi, comme il convient pour un futur « prêcheur », de la rhétorique. Là s'éveilla peut-être l'extraordinaire talent qui fut le sien en ce domaine : la faculté qu'il eut de mêler le sublime et le familier, de faire appel à des exemples pour illustrer les idées les plus intrépides, d'articuler toujours doctrine et pratique, bref de ne jamais disjoindre la tâche du professeur proclamant la vérité (*Lesemeister*) et celle du prédicateur soucieux d'engager ceux qui venaient l'entendre dans les voies d'une expérience personnelle libérée de toute pusillanimité, illusion ou enflure (*Lebemeister*).

Autant qu'on le sache, le cycle de formation se poursuivait par l'arpentage d'un cursus formé par cinq années de philosophie et trois de théologie. Comme on le verra, Eckhart n'accomplit sans doute pas l'ensemble de ce périple au couvent d'Erfurt, mais fut appelé, en raison sans doute de ses qualités exceptionnelles, à remplir pour le moins une partie de ce programme — les dates sont incertaines — dans un centre intellectuel de plus grand renom, le *Studium generale* que les dominicains avaient fondé à Cologne. On l'y retrouvera dans un instant. A considérer la répartition des disciplines évoquées, s'il ne faut point se laisser abuser par les dénominations alors en vigueur et plaquer sur elles les distinctions, voire les oppositions, que l'histoire postérieure, pour le meilleur ou pour le pire, saura élaborer, force est de constater que la « philosophie », en dépit du rôle de « servante » qui lui avait été attribué par Thomas d'Aquin, mobilise ici la part la plus importante des énergies.

On peut entendre que sous ce titre général s'inscrivent les matières qui composaient le *trivium* (grammaire, rhétorique, dialectique) et le *quadrivium* (arithmétique, géométrie, musique, astronomie), attestés dès l'époque carolingienne, qui formèrent pour longtemps la structure des cours dispensés dans les écoles ecclésiastiques. Sous cette approche formelle étaient abordés les auteurs marquants de la tradition, dans ses courants augustinien

L'histoire et ses parcours

et dionysien*, déterminés ou non par la redécouverte d'Aristote, telle que véhiculée principalement par ses commentateurs arabes. Ces différentes composantes seront bientôt évoquées à propos de leur articulation originale dans ce que l'on a appelé l'École de Cologne ; c'est d'elle en effet que le jeune Eckhart reçut l'influence la plus décisive — sans qu'on puisse l'enfermer sous cette seule qualification de « théologie rhénane », puisqu'il sut puiser non seulement, ainsi qu'on le verra maintenant, dans ce courant de Cologne, issu de la théologie d'Albert, mais aussi dans le courant de Paris, redevable de ses orientations à la haute figure de Thomas d'Aquin.

---

* Saint Augustin (354-430) et Denys le Pseudo-Aréopagite (v^e-vi^e siècle) dominent pendant un millénaire la scène intellectuelle de l'Occident chrétien. Au premier l'idée d'une *conversion* vers l'homme intérieur, au second celle d'une *extase* qui projette l'homme vers Dieu hors de son propre espace. Sur la rencontre et la conciliation possible de ces deux courants, cf. Eckhart, *Traités et sermons*, Flammarion, Paris, 1993, Introduction par Alain de Libera, p. 26.

II

Un étudiant des plus prometteurs

Eckhart aborde cette seconde phase de sa vie étudiante en 1280. Peut-être, arrivant à Cologne à cette date, y connaîtra-t-il encore, mais sans plus pouvoir profiter de son enseignement, le glorieux fondateur du *Studium generale*, Albert de Lauingen, dit Maître Albert — ou encore Albert le Grand — né en 1200 et mort à Cologne justement cette année-là. Prestigieuse figure que la sienne : il importe de s'arrêter sur elle, et de déchiffrer dans la synthèse hardie qu'il réalisa la source de cet « albertisme colonais » dont Eckhart et quelques autres manifesteront l'efficience à la fois métaphysique et mystique.

Entré chez les prêcheurs en 1223, Albert enseigne à Paris dès 1240, et cinq ans plus tard reçoit là le titre de « maître en sacrée théologie ». En 1248, il fonde à Cologne le *Studium generale* ouvert aux dominicains de la province dite « allemande », selon les divisions administratives de l'ordre. Dès cette année-là pourtant, la renommée d'Albert attire à ses cours des étudiants venus de contrées plus lointaines ; ainsi possède-t-on encore les notes que le jeune Thomas d'Aquin, son cadet de vingt-cinq ans, rédigea à l'audition de son commentaire de Denys, en 1249. Il avait suivi jusqu'en ces terres lointaines le maître incontesté apprécié à Paris au cours des années précédentes, imité en cela par bien d'autres ; parmi eux Ulrich de Strasbourg en qui l'on a pu reconnaître le disciple préféré de Maître Albert. Personnage considérable déjà au titre de ce rayonnement, ce dernier conjuguait en outre sa notoriété de professeur avec des responsabilités administratives et pastorales en tant qu'évêque de Ratisbonne.

L'Empire ne comptait pas alors d'université — la première sur son sol fut érigée à Prague, en 1348 ; le *Studium* de Cologne, qui ne reçut lui-même ce titre qu'en 1388, fut donc pendant plus d'un demi-siècle le seul lieu où se dispensait un enseignement de ce niveau. Il exerçait un véritable monopole, assurant d'abord l'unité du réseau fort dense des couvents dominicains, mais étendant son influence sur l'ensemble de la vie ecclésiale. La qualité de ses productions et l'originalité dont elles firent preuve ne furent pas sans lui attirer la jalousie des autres ordres religieux, celle aussi du clergé séculier, ce qui ne fut pas étranger à l'acharnement que l'on manifesta, aux alentours de 1325, contre celui qui en assurait alors la direction intellectuelle, Maître Eckhart de Hochheim. Parmi ceux qui l'illustrèrent, outre Ulrich de Strasbourg et Eckhart lui-même, s'imposent les noms de Thierry de Freiberg, Nicolas de Strasbourg et, plus tardivement, ceux de Henri Suso et Bertold de Moosburg qui tant fit, au milieu du siècle suivant, pour répandre les thèses de cette école de pensée. Au cours des vingt premières années de l'existence du *Studium*, l'un de ses premiers adeptes et bénéficiaires, Hugues Ripelin de Strasbourg, avait su, dans son *Compendium de la vérité théologique*, ordonner et mettre en système l'essentiel de la doctrine enseignée par Albert.

On ne saurait mieux caractériser celle-ci, telle que Eckhart, sans doute, la reçut à partir de 1280, qu'en retrouvant son ambition foncière à partir du traitement qu'elle fit subir aux sources qu'on lui reconnaît. On peut dire que l'originalité de l'École de Cologne fut de pousser à l'extrême la tâche qu'imposait l'esprit de ce temps, la conciliation recherchée entre la pensée augustinienne et celle de Denys*. A quoi Albert, pour faire bonne mesure, adjoignit un troisième et même un quatrième courant, ceux d'Avicenne et d'Averroès, qui lui fournirent les éléments d'une refonte noétique, autrement dit une compréhension nouvelle de la structure de l'esprit humain. Si l'on prend en compte par ailleurs son intérêt pour les positions d'un Maimonide, l'on comprendra l'ampleur de la synthèse qui là se cherchera, sous l'égide de la foi chrétienne, au carrefour des trois grandes religions du Livre**. Sans doute Eckhart puisa-t-il en cette largeur de vues le besoin qu'il éprouva toujours d'asseoir son enseignement et ses exhortations sur les autorités les plus diverses — « maîtres » de ces différentes traditions, mais aussi et plus largement témoins du paganisme antique.

Albert professait de façon explicite qu'il n'est d'atteinte du vrai que dans une égale fidélité aux pensées, tenues pourtant pour antagonistes, de Platon et d'Aristote. Ce dernier, à vrai dire, connu presque exclusivement à travers ses commentateurs, avait été largement submergé et peut-être même édulcoré par la vague néo-platonisante qui avait dominé les siècles antérieurs. Au point de départ, les fidélités n'étaient donc point si tranchées, et nombreux étaient les échanges entre le courant augustinien transcrivant la pensée de Platon en des termes substantiels et la tradition plus « logicienne » de l'Un plotinien, s'exposant à travers la technique discursive héritée de Boèce. C'est sous une autre forme que s'exacerba la tension, lorsque le néo-platonisme dionysien affirma plus fortement l'identité entre l'être et l'intellect, s'op-

---

* Sur la signification de cette tâche, cf. ci-dessus, p. 37.

** Ainsi le *christianisme* d'Albert le Grand s'enrichit-il d'éléments puisés dans la pensée *islamique* et *juive* : d'une part Avicenne, qui vécut en Iran entre 980 et 1037, et Averroès, issu des milieux musulmans d'Espagne (1126-1198), et d'autre part Maimonide, philosophe juif qui vécut lui aussi en Espagne entre 1135 et 1204. A des titres divers, tous trois furent des introducteurs des textes d'Aristote dans l'espace culturel occidental.

posant de la sorte au néo-platonisme augustinien, lequel, relayé par saint Bernard puis par les docteurs franciscains, misait sur l'absolu d'un amour caritatif appelé en relais d'une intelligence tenue pour limitée dans ses capacités unitives. Voilà qui donne la mesure d'un thème qui traverse l'œuvre de Maître Eckhart, ce dont témoignent en particulier la plupart de ses sermons : celui de la relation entre intelligence et volonté dans l'homme. S'il est hors de doute que l'union à Dieu s'opère chez lui par voie d'intelligence — s'il rejette donc la position de saint Bernard qui en appelle à la volonté pour conclure positivement là où la raison aurait échoué — la connaissance pour lui est lourde d'une affectivité qui n'est pas étrangère à sa perfection intellectuelle. Ce qui invalide, on le verra, toute opposition catégorique entre sa mystique « spéculative » et la mystique affective préconisée par les héritiers d'Augustin.

Albert le Grand lui avait, sur ce point, frayé une voie royale. Il eut certes souci, par rapport à certains maîtres parisiens et surtout aux docteurs franciscains, de restaurer la dimension intellectuelle quand il s'agit de l'union de l'homme et de Dieu. Mais il visait à harmoniser cette dimension dionysienne de sa pensée avec la solidité d'une perspective héritée de l'augustinisme ; en d'autres termes, la séduction de l'Un n'abolissait jamais, chez lui, la conscience de certaine altérité essentielle — bref, l'hénologie, *doctrine de l'Un* héritée de la mystique plotinienne, était comprise par lui comme l'accomplissement d'une ontologie, cette *doctrine de l'être* plus directement concrète et historique, relevant davantage d'une lignée augustinienne.

Comment cela s'opérait-il ? C'est en ce point précis qu'une référence s'imposait aux doctrines d'Avicenne et d'Averroès. Au philosophe iranien, Albert empruntait la théorie de l'émanation et celle d'un « flux » originel qu'il comprit dans une visée de création (Eckhart illustrera ce point de multiples manières, déployant une tension *dialectique* entre un « fluer » divin et un

« retour » immédiat de l'être à lui-même); il héritait surtout d'une compréhension de l'âme comme substance intellectuelle autonome, et pas seulement comme forme d'un corps : une substance qui connaissait des degrés à l'intérieur d'elle-même et culminait dans l'« intellect agent », seul lieu adéquat, en définitive, de l'union au principe. Albert se différenciait cependant d'Avicenne en ce que, contrairement à ce dernier pour lequel cette puissance était unique et conférait aux hommes comme de l'extérieur leur capacité unitive, il affirmait que chaque être humain possède, par structure d'origine, son propre intellect agent. Ce qui aurait pu rétablir un soupçon d'extériorité entre cette cime de l'âme et l'essence divine; mais Averroès intervenait alors, avec sa théorie du « contact » entre l'âme et l'intelligence séparée, pour permettre d'affirmer qu'est bien en cause une union essentielle entre l'homme comme homme et Dieu comme Dieu, et que cette expérience peut se nouer dès ici-bas dans l'aventure mystique de la même façon qu'elle est attendue dans la vision béatifique. L'on devine avec quelle passion Eckhart devait recevoir pareille doctrine qui réconciliait Augustin et Denys en montrant comment la conversion de l'être et son retour à son origine pouvaient se comprendre sous l'aspect d'une divinisation de toujours à toujours dont l'intellect déiforme était le lieu et l'agent.

L'on peut penser que c'est à ce contact que se forgea la personnalité « métaphysique-mystique » de Maître Eckhart. Combien de temps resta-t-il sous cette influence directe ? L'on sait seulement qu'il partit de Cologne vers Paris pour y parfaire encore sa réflexion, et qu'il y était présent en 1293-1294 avec la charge de « lecteur des Sentences », autrement dit de commentateur, à l'usage des débutants, de ce fameux recueil de Pierre Lombard. Ce premier séjour parisien, attesté par un sermon qu'il prononça un jour de Pâques — probablement le 18 avril 1294 — et dont le manuscrit a été découvert il y a peu, lui donna de se confron-

L'histoire et ses parcours

ter à d'autres perspectives qui devaient enrichir sa synthèse récente. Contrairement à d'autres représentants de l'École de Cologne, il ne sacrifia jamais en effet à un antithomisme de principe, et sut reprendre pour les valoriser des thèses propres à Thomas d'Aquin, en particulier concernant la béatitude et la vie éternelle.

Pour cet homme des Marches de l'Est — ou plutôt pour ce citoyen de l'Empire germanique — l'expérience parisienne, qui se renouvellera deux fois encore à des moments décisifs de sa vie, fut d'importance. Paris figurait alors, sans conteste possible, comme la capitale intellectuelle de l'Occident — même s'il n'était plus, s'il le fut jamais, le centre où toutes les affaires de premier plan dans le monde trouvaient leur solution. L'axe réel du pouvoir passait désormais en effet plus à l'est ; Charlemagne déjà n'avait-il pas établi la capitale de son Empire à Aix-la-Chapelle ? Il reste que la Maison de France avait conservé un rôle politique déterminant, par exemple en ce qui concerne l'aventure des Croisades ; et ses armées, pour le meilleur et pour le pire, n'étaient pas sans tenter l'aventure italienne, à l'instar de celles d'outre-Rhin : ainsi des expéditions menées par Charles d'Anjou, frère du roi de France, qui, il est vrai, s'achevèrent piteusement par l'épisode des « Vêpres siciliennes » (1282).

L'université de Paris avait été fondée en 1215, l'une des premières d'Occident, après celles de Bologne (à une date imprécise du XIIe siècle), de Valence (1209) et d'Oxford (1214), avant celles de Naples et de Padoue (1224 et 1228), de Cambridge et de Toulouse (1229), de Salamanque (1230), de Rome (1245), de Coïmbre (1279), de Montpellier (1289) et de Lisbonne (1290). Son existence ne saurait être représentée sur le modèle des vénérables institutions connues aujourd'hui sous ce vocable. C'était à la fois moins et plus. Moins parce que l'université n'était pas organisée et structurée comme elle l'est maintenant, non plus que portée par une tradition et régie par des textes et des règlements.

Tout ou presque était à inventer. Enseignement et recherche se développaient autour de pôles variés, les cours ne rassemblant souvent que quelques auditeurs dans un couvent du voisinage ou même au domicile du professeur. Sur la montagne Sainte-Geneviève se multipliaient les petites « fondations » — collèges régionaux ou nationaux, tel celui de Robert de Sorbon, qui devait dans la suite des temps donner son nom à l'ensemble, la « Sorbonne ». Mais par ailleurs, l'université comptait dans la vie de la cité plus qu'elle ne le fait de nos jours. L'afflux des étudiants étrangers assurait l'animation, aussi studieuse qu'exubérante, de tout un quartier ; et surtout, si dispersé qu'il apparaisse, le corps des enseignants vint rapidement à constituer une authentique puissance avec laquelle le pouvoir politique devait composer, et dont l'influence sur lui alla en s'accentuant. Il lui fallait tenir compte en effet d'une sorte de surveillance et de censure potentielle s'exerçant à son encontre, d'autant que l'université représentait pour lui le vivier où il avait à puiser ses hommes. Ce monde savant, jaloux de son autonomie, fort de son rayonnement, menait d'ailleurs à l'occasion sa propre politique, de sorte que souvent le pouvoir se trouvait soumis aux contrecoups des querelles qui se développaient en ce milieu, par exemple celles qui, en cette moitié du XIIIe siècle, dressèrent l'une contre l'autre, condamnations mutuelles à la clef, la papauté et l'université de Paris, à propos des ordres mendiants.

Ceux-ci avaient largement pris pied dans la citadelle naissante. Le franciscain Alexandre de Halès y dispensa un enseignement renommé, jusqu'à sa mort survenue en 1245. Quant aux dominicains, ils s'étaient installés dans la capitale peu de temps après leur fondation, sans doute dès 1217. A partir de 1230, ils occupèrent régulièrement deux chaires dans le cadre de la faculté de théologie. Maître Albert y enseigna au début des années quarante ; vingt ans plus tard, Thomas d'Aquin devait y asseoir sa réputation et y composer son œuvre.

L'histoire et ses parcours

C'est dans ce milieu en pleine effervescence, avec sa vitalité, ses tensions, ses disputes savantes ou ses mesquines querelles, que Eckhart va parfaire sa formation. On peut penser qu'à partir de là sa personnalité intellectuelle et spirituelle a pu trouver son assise dernière.

III

Les tâches d'un formateur

Quelque vingt années d'études ont fait de Eckhart le « maître » qu'il sera bientôt officiellement ; il est désormais en mesure de répondre à la double vocation qui est celle des frères prêcheurs : travailler à la recherche, à l'expression, à l'enseignement de la vérité, et contribuer par la prédication à répandre le plus largement qu'il se peut cette nourriture de vie. Passant sans coup férir du temps des études à celui de l'action, Eckhart fera d'abord valoir ses talents à l'intérieur de son ordre, en assurant, pendant quatre années probablement, la charge de maître des novices.

Voici donc qu'en 1294 il franchit à nouveau le Rhin, et passe de la métropole cosmopolite et multiplement bruissante au calme provincial de la petite ville d'Erfurt. Là il retrouve les lieux de son enfance religieuse, puisque c'est dans ce couvent qu'il avait fait ses premières armes de dominicain. Supérieur maintenant de cette maison, c'est à lui qu'il revient d'accueillir les jeunes candidats en ayant à charge de veiller à leur formation au cours de leurs premières années religieuses.

Habitué que l'on est aux spécialisations marquées de certain exclusivisme, l'on est en droit de s'étonner de cette capacité à passer de la théorie à la pratique, de la doctrine à l'expérience, ou plutôt à les mener de concert. En ce qui concerne Eckhart, c'est là pourtant une réalité de souveraine importance. L'on est heureusement revenu, à son propos, de certaine facilité qui faisait distinguer et parfois opposer en lui l'intellectuel et le spirituel ; une partition que semblait corroborer l'existence de deux sortes d'écrits dus à sa diligence : l'œuvre latine, qui porte principalement sur des questions d'enseignement et dont seront rappelées la composition et la structure le temps venu, et l'œuvre allemande, composée de quatre traités d'ampleur plus ou moins grande et d'un ensemble important de sermons qui lui assurèrent l'essentiel de sa notoriété et de son influence. Auditoire restreint ou plus large, langue savante ou langue « vulgaire », enseignement ou exhortation : la tentation était grande d'instituer entre ces deux pans une rupture majeure, en les soumettant à des règles de lecture et d'interprétation diverses.

Procédure surprenante à l'égard de celui qui tout engagea sur la compréhension de l'Un ! On a pu pressentir ci-dessus, en regardant du côté des sources de sa pensée, quelle solution il apportait à la question controversée de la prééminence, en l'homme, de l'intelligence ou de la volonté, quand il en va de la relation à l'ultime ; l'on reviendra sur ce point pour voir comment Eckhart articule ces deux moments en toute précision théorique. Pour l'heure, l'on devine aisément que ces années de responsabilité formatrice et d'attention prioritaire à l'expérience spirituelle ne représentèrent pas un temps de jachère intellectuelle, pas plus que les études passées ou l'enseignement à venir n'éloigneront le maître du souci de traduire en puissance de vie ce qui se découvre à la compréhension et d'inciter les autres à entrer dans cette voie de l'unité. Sur ce point central comme sur d'autres, Eckhart annonçait ce qu'exprima pour son compte la philosophie dialectique illustrée quelque six siècles plus tard par l'idéalisme allemand, à savoir que l'effectuation de l'idée, sa mise en histoire, est partie intégrante de l'intelligence même de cette idée.

En sus de sa charge de maître des novices et de prieur du couvent d'Erfurt, Eckhart assume alors celle de « vicaire général de

Thuringe » — un cumul qu'interdira le chapitre dominicain de 1298, ce qui permet justement de préciser le terme de cette double mission. De cette époque date le premier écrit de quelque envergure dû à sa plume, si l'on excepte le texte latin qu'il prononça à Paris le jour de Pâques de l'an 1294. Les *Instructions spirituelles* (*Die rede der underscheidunge*), premier des quatre « traités » en langue allemande, est ainsi défini dans un court prologue : « Ce sont les paroles (*rede*) que le vicaire de Thuringe, prieur d'Erfurt, frère Eckhart, de l'ordre des prêcheurs, adressa à ses enfants qui lui posaient de nombreuses questions lorsqu'ils étaient assis ensemble pour la collation du soir[1]. »

Façon de dresser une scène familière. Le « père » de cette famille religieuse rassemble autour de lui tout son petit monde avide d'apprendre de sa bouche les secrets du chemin spirituel qu'ils ont pour ambition d'arpenter. La « collation » en cause n'oblige sans doute pas à situer la rencontre dans le cadre d'un réfectoire, ni donc à comprendre ce qui se dit là comme des « propos de table » : sur ce point, Eckhart n'est pas Luther ; la « collation », terme traditionnel dans la vie religieuse, désigne en effet un entretien familier, une sorte d'enseignement pratique, la libre proposition d'un certain nombre de conseils. Le terme allemand, *Lehrgespräche*, ne laisse pas de doute à ce propos.

Cet ensemble, de moins de cinquante pages, se présente sous forme de vingt-trois chapitres ou considérations — tel d'entre eux avec la brièveté d'un quasi-aphorisme (n° 8), d'autres plus développés (n°s 20, 21, 23). Pour le familier de la pensée eckhartienne, la réaction peut être double. L'on peut y voir l'énoncé de conseils élémentaires : obéissance, prière, pratique de la confession, de la communion, culture de l'intention droite et des bonnes œuvres. On parlera alors d'un écrit davantage orienté vers l'ascèse que vers la mystique — comme si une telle distinction pouvait encore avoir sens dans un monde de ce type. Plus exact sans doute, fruit d'un déchiffrement attentif, le regard qui, sous la banalité apparente de certains propos, sait deviner et lire des traits fulgurants, ne le cédant en rien aux audaces que contiendront les sermons à venir. C'est que, pour un Eckhart, il n'y a pas vraiment de débutants. Ou plutôt, on ne peut « débuter » en vie spirituelle qu'en se laissant aspirer par l'ultime : une flèche en la cible, et vienne là qui peut. On rencontre déjà, et dès les premières pages du traité, le vocabulaire caractéristique du monde eckhartien : le fond (n° 5), le renoncement qui prend forme de vacuité (n° 2), l'abandon (n° 4), le détachement surtout (n° 6). Il importe de s'attarder quelque peu sur ce dernier terme. *Abegescheidenheit* (en allemand moderne : *Abgeschiedenheit*) est un des nombreux vocables formés par Eckhart lui-même — grand créateur de termes, en ces temps où la langue vernaculaire avait à se constituer en se démarquant du latin des écoles. Sa forme est négative, conjuguant le préfixe *ab-*, qui marque la distance, et un nom dérivé du verbe *scheiden*, dont le sens est « partir », « s'éloigner », « mourir ». Pour autant, l'emploi qu'en fait Eckhart est d'abord positif, comme l'ont souligné des spécialistes de la langue de cette époque[2] : par là se trouve visée cette unité foncière avec soi-même que l'être acquiert ou qu'il exprime lorsqu'il se dégage de toute sujétion aliénante à l'égard du monde, de soi-même et de Dieu. Liberté, vacuité sont les composantes de cette attitude que l'on connaît dans l'expérience de la « solitude » essentielle (autre signification, la plus courante peut-être, du vocable moderne d'*Abgeschiedenheit*).

Il s'agit donc là d'un terme qui ne connote pas d'abord une signification éthique, mais bien ontologique. Et c'est pourquoi, loin d'être réservé à l'homme, il s'applique, de façon éminente et privilégiée, à définir l'être de Dieu lui-même : n'est-il pas le souverainement « libre », celui qui n'ajoute rien à ce qui est, à ce qu'*il* est, cela parce qu'il est lui-même unité et totalité ? C'est pour cette raison justement que le terme de « détachement », par lequel on a coutume de le rendre en français, n'est peut-être pas le mieux choisi. Un trait tiré des *Instructions spirituelles* souligne cette dimension délibérément positive : le fait que le « détachement », selon le titre même de la considération n° 6, soit mis en parallèle avec et finalement identifié à la « possession » de Dieu. Il ne s'agit donc pas de se détourner de la réalité : « Celui qui est tel qu'il doit être, en vérité, se trouve bien en tous lieux et avec les autres[3]. » Cela, « l'homme ne peut pas l'apprendre par la fuite, en fuyant les choses et en se détournant de l'extérieur pour pénétrer dans la solitude ; il doit bien plutôt apprendre la solitude intérieure, où et proche de qui qu'il soit. Il doit apprendre à faire sa percée à travers les choses, y saisir son Dieu, l'imprimer fortement en soi selon un mode essentiel[4] ». « Qui possède ainsi Dieu dans son essence saisit Dieu selon le mode de Dieu, et pour lui Dieu resplendit en toutes choses, car toutes choses ont pour lui le goût de Dieu et il voit son image en toutes choses[5]. »

Ainsi faut-il entendre l'œuvre bonne, placée sous la raison de pareille unité — en sorte que l'intériorité se manifeste dans l'opération extérieure et que l'on réintroduise l'opération extérieure dans l'intériorité[6]. Réconciliation des contraires ? « La suprême hauteur de l'élévation réside dans l'humilité[7]. » Et encore : « Plus on est dépouillé, plus on possède[8]. » Sont-ce là conseils pour débutants, faciles à comprendre et à mettre en œuvre ? Il faut être bien avancé dans la liberté à l'égard de soi-même pour entendre ces propos qui inquiétèrent les censeurs bien des années plus tard : « En vérité, avoir péché n'est pas péché si on en a regret. » « Dieu est le Dieu du présent. Tel il te trouve, tel il te prend et t'accueille, et non pas ce que tu as été, mais ce que tu es maintenant. » « Oui, celui qui aurait pleinement accordé sa volonté à celle de Dieu ne devrait pas vouloir que le péché dans lequel il est tombé n'ait pas eu lieu [...]. Tu dois faire pleinement confiance à Dieu : il ne l'aurait pas accepté s'il ne voulait en tirer pour toi un plus grand bien. » Écho d'un *felix culpa* ? « Il est rare d'apprendre que des hommes parviennent à de grandes choses sans avoir péché auparavant[9]. »

L'histoire et ses parcours

Un seul impératif en toute situation : *sortir de soi*. L'on a souligné avec justesse l'omniprésence de ce verbe tout au long de ce texte. A le suivre jusqu'au bout, l'exigence est extrême. Elle seule, pour Eckhart, peut engendrer la paix — un état donné, au terme du développement, comme le signe indubitable de la vérité : « Dans la mesure où tu es loin de Dieu, tu n'es pas en paix[10]. » Le texte redouble le propos jusqu'à satiété et bien au-delà : « Ce qui n'est qu'en Dieu a la paix. Autant en Dieu, autant en paix. A quel point tu es en Dieu ou non, reconnais-le au fait que tu aies ou non la paix. Si tu n'as pas la paix, il faut nécessairement qu'il en soit ainsi, car l'absence de paix vient de la créature, non pas de Dieu. De même, il n'y a rien en Dieu qui soit à craindre ; car tout ce qui est en Dieu ne peut être qu'aimé. De même il n'y a rien de lui qui doive rendre triste. »

Hymne à la paix et à la joie que la suite des temps mettra pour lui à rude épreuve. Le priorat d'Erfurt, sur ce chemin, marque moins une pause que certain approfondissement où l'expérience se charge de force spéculative toujours plus exigeante, dans sa clarté intrinsèque et dans son efficience de vie. De sorte que nul n'en puisse douter : Eckhart est bien, d'un trait, le docteur métaphysique-mystique.

IV

Le maître

Le prochain épisode assuré ramène vers les rives de la Seine. Eckhart s'y trouve à nouveau vers 1302-1303 — un temps qui marquera dans sa vie. Après quoi il connaîtra sept ou huit années de lourdes charges institutionnelles, puis reviendra à Paris pour un troisième séjour, en 1311-1313. Dix années encore d'activités pastorales, avant de vivre, probablement à partir de 1323, une nouvelle période consacrée à l'étude et à l'enseignement, comme successeur lointain d'Albert le Grand à la tête du *Studium generale* de Cologne. Après quoi, et dès 1325, il entrera dans la nuit et le brouillard. — Vision prospective éclairante : elle donne la mesure de la double respiration, intellectuelle et expérimentale (« pratique »), qui en sa vie dessine moins des phases alternantes qu'une simple accentuation de cet aspect ou de cet autre au sein d'une vie totalement marquée par la passion de l'unité.

Sans se laisser mener par la simple chronologie, il importe de le retrouver maintenant à ses deux dernières étapes parisiennes : 1302-1303, et vraisemblablement 1311-1313. Eckhart reçoit en 1302 le titre de « maître en sacrée théologie » de l'université de Paris. Distinction la plus haute qu'en ce temps-là et aujourd'hui encore puisse connaître un religieux dominicain : elle l'instituait en référence et le mettait théoriquement à l'abri des censures. Parmi les théologiens de l'École de Cologne disciples d'Albert,

L'histoire et ses parcours

seul Thierry de Freiberg, semble-t-il, partage avec lui cet honneur. Maître Eckhart — c'est à partir de cette date que ce nom lui revient — est encore pendant une année *magister actu regens*, c'est-à-dire que, « maître dans l'exercice de ses fonctions », il occupe pour lors une chaire réservée à un professeur dominicain étranger. Il s'exprime bien sûr en latin, la langue officielle de l'université, la seule qui permette à tout ce monde de se comprendre et de mener recherche commune. C'est au cours de cette année et des deux qu'il passera plus tard en ce lieu qu'il pose les bases et rédige les rudiments d'une œuvre de vaste ambition dont on reparlera dans un instant.

Auparavant, l'on évoquera telle controverse de l'heure à laquelle il prit part et dont tels de ses sermons à venir porteront témoignage. Par deux fois en effet, dans les sermons n°s 9 et 70, il fait allusion à une dispute publique à laquelle il participa. Un certain nombre d'indices autorisent à situer ce débat justement dans ces années 1302-1303, et même à désigner l'autre protagoniste de cette joute, Gonzalve d'Espagne, qui fut ministre général des franciscains en 1304 et mourut en 1313. Une première fois, Maître Eckhart se met directement en scène : « J'ai dit à l'École que l'intellect est plus noble que la volonté, et cependant tous deux appartiennent à cette lumière*. Un maître d'une autre École dit que la volonté est plus noble que l'intellect, car la volonté prend les choses telles qu'elles sont en lui. C'est vrai. Un œil est plus noble en lui-même qu'un œil peint au mur. Mais je dis que l'intellect est plus noble que la volonté. La volonté prend Dieu sous le vêtement de la bonté. L'intellect prend Dieu dans sa nudité, dépouillé de bonté et d'être[1]. » Où l'on saisit sur le vif à la fois la fermeté

---

* La lumière « beaucoup plus élevée » dont témoignent les « saints maîtres » qui se sont exprimés au nom de la foi. Pour un Eckhart, la primauté en excellence de l'intellect ne dévalue donc pas pour autant la volonté, laquelle relève aussi de la part supérieure de l'âme et a son rôle à jouer dans l'expérience de l'union.

de la position d'Eckhart et les nuances dont il sait faire montre. Entre Duns Scot et Thomas d'Aquin, son choix est sans ambiguïté, et l'on a vu qu'il est commandé par le dessein, si fortement affiché à Cologne, de redonner pleine efficience à l'intuition dionysienne au sein de l'augustinisme*. Pour autant, il reconnaît la validité de tel argument de la partie inverse, et se garde d'une simple option polémique qui prendrait simplement le contre-pied de l'adversaire, au risque de forcer la vérité.

Le sermon 70, s'il fait allusion comme on peut le penser à la même controverse, accentue encore cette souplesse, même s'il glisse dans la narration tel trait que l'on pourrait tenir pour une moquerie déplacée, et qui n'est qu'un humour pour habiller la vivacité du débat : « Les meilleurs maîtres disent que le noyau de la béatitude se situe dans la connaissance. Un grand clerc vint récemment à Paris; il contredit, cria et s'agita très fort. Un autre maître parla bien mieux que tous ceux qui, à Paris, tenaient pour la meilleure doctrine : "Maître, vous criez et vous agitez beaucoup; si ce n'était pas la parole de Dieu dans le saint Évangile, vous pourriez crier et vous agiter très fort[2]!" » Un texte que l'on peut raisonnablement situer aux alentours de 1305, alors qu'Eckhart, ainsi qu'on le verra, était supérieur de la province de Saxe. Les avis sont partagés sur l'identité de l'« autre maître » ici évoqué. Eckhart se serait-il mis lui-même en scène, sous le couvert du titre qu'il vient d'acquérir ? Cela n'est pas invraisemblable; car, dans cet échange bruyant avec le partisan de la prééminence de la volonté, cet autre maître — avec les positions duquel, à tout le moins, Eckhart s'identifie — prit une position quelque peu dif-

---

* A l'encontre du réalisme intellectuel de saint Thomas et de sa doctrine de l'analogie, le franciscain Duns Scot (1266-1308) préconisait une « philosophie de l'essence » comme expression d'une univocité de l'être ; le monde est fondé dans le primat de la volonté divine, et l'homme se doit d'exprimer en lui une réduplication de cette structure.

férente de celle que représentaient à Paris les tenants de la « meilleure doctrine », à savoir les partisans de Thomas d'Aquin : certes, il soutint globalement que « la connaissance touche directement ce qu'elle connaît », mais il ajouta — ce qui pourrait valoir comme un trait réconciliateur qui lui est propre : « L'accomplissement de la béatitude réside dans les deux : la connaissance et l'amour. » Voici donc, semble-t-il, sa position dernière : s'il faut absolument en venir à une formule qui détermine une hiérarchie, la palme ira à l'intellect ; mais ce serait abstraction que d'opposer ces deux puissances, car l'intellect, s'il va au bout de lui-même, inclut nécessairement la volonté.

Eckhart, dans la fidélité générale à ses maîtres et à l'option de son ordre, est donc désormais en mesure de prendre une position relativement originale. Est-ce pour cela qu'il engage, au cours de ce second séjour parisien, une œuvre écrite de grande envergure qui l'aurait égalé pour le moins à un Ulrich de Strasbourg (*Summa de summo bono*, Somme du Bien suprême), et peut-être à un Thomas d'Aquin ? L'*Opus tripartitum* qu'il met alors en chantier — il le poursuivra vraisemblablement dix ans plus tard, lors de son troisième séjour parisien, au moins dans sa partie exégétique qu'il aura charge alors d'enseigner — devait comporter, ainsi que son nom l'indique, trois parties : *Opus propositionum, Opus quaestionum, Opus expositionum*. A elle seule, cette structure est pleine d'intérêt : aux thèses doctrinales, sur lesquelles le maître voulait s'engager de façon personnelle, aurait fait suite le traitement d'une série de débats et de controverses permettant de préciser telle option propre par le jeu d'un écart différentiel, tandis que l'« exposition » des contenus de l'Écriture devait constituer une entité autonome — ce qui n'excluait point qu'elle intervienne dans les arguments que devaient contenir les deux premières parties, mais lui réservait néanmoins une place de choix, la posant là dans son unité et évitant de la réduire à un réservoir de citations.

L'authentification textuelle de cette œuvre latine posait moins de problèmes qu'il n'en va pour l'œuvre allemande — traités et surtout sermons. Sa publication critique est désormais chose faite, et la traduction française en bonne voie[3]. De l'*Opus propositionum* n'ont franchi les siècles que le Prologue et une seule proposition, intitulée *Esse est Deus*. Rien n'existe qui réponde à la seconde partie, l'*Opus quaestionum*. Quant à la troisième partie, l'*Opus expositionum*, de loin la plus fournie, elle comporte des commentaires de la Genèse, de l'Exode, de l'Ecclésiastique, de la Sagesse, enfin de l'Évangile de saint Jean. A cet ensemble qui ressortit à une œuvre systématique, il faut ajouter des sermons latins — dont certains, il est vrai, sont des esquisses et sans doute des préparations de sermons que l'on possède par ailleurs en langue allemande.

Il semble que cet *Opus tripartitum*, projet de nature savante et à finalité universitaire, soit demeuré en friche à partir de 1313. Maître Eckhart n'en poursuivit même pas la réalisation lorsque après 1323 il renoua avec une expérience d'enseignement au *Studium generale* de Cologne ; ses responsabilités, il est vrai, à la tête de cette institution ne lui laissaient probablement que peu de loisir pour pareille tâche d'écriture et de recherche, sans compter les soucis externes dus à la montée de la méfiance le concernant et bientôt aux procès qu'il dut affronter et qui exigèrent un autre engagement de ses énergies.

On ne sait pas comment Eckhart réagit face à un événement dramatique qui secoua le monde parisien peu de temps avant sa venue pour le troisième de ses séjours : la condamnation et l'exécution par le feu en place de Grève, le 1er juin 1310, de Marguerite Porete, la béguine du Hainaut, auteur du *Miroir des âmes simples anéanties* ; un ouvrage que Maître Eckhart devait connaître puisqu'il avait vu le jour dans la dernière décennie du siècle précédent. Quels purent être ses sentiments face à un verdict de ce type, prononcé par les tribunaux de l'Inquisition dont la responsabilité en faveur de la « vraie foi » avait été expressément confiée

L'histoire et ses parcours

aux dominicains ses frères* ? Il serait piquant si ce n'était horrible de devoir constater aujourd'hui que nombre de thèmes par lui illustrés l'avaient été auparavant par cette grande mystique, et dans des termes si semblables que l'on a pu parler, à son propos comme à propos d'autres écrits spirituels de cette époque, de « rapprochements dont certains suggèrent des emprunts probables » ! L'on comprend que Eckhart, menacé à son tour, en ait appelé directement au pape. Mais l'on se prend aussi à découvrir que la vie d'une femme soupçonnée d'hérésie comptait moins sans doute, à cette époque, que celle d'un « maître en sacrée théologie »… Il se peut que Eckhart soit mort des soupçons dont on l'accabla et de la condamnation qu'il sentait venir ; mais Marguerite Porete, quant à elle, fut physiquement réduite en cendres. C'est pourtant sous sa plume que l'on rencontre des textes pré-eckhartiens aussi puissants que ceux-ci : l'âme « semblable à rien » et qui « n'a rien retenu de plus en son néant [...] est nue, dépouillée de toutes choses parce qu'elle est sans être, là où elle était avant que d'être. Ainsi a-t-elle de Dieu ce qu'elle a et est ce que Dieu est par Amour qui la change, en ce lieu où elle était avant qu'elle ne se fût écoulée de la bonté de Dieu ». Et encore : « Puisque cette âme est néant, elle n'a souci de rien, ni d'elle-même, ni de son prochain, ni même de Dieu. Car elle est si petite qu'elle ne peut se trouver. Et toute chose créée lui est si lointaine qu'elle ne la peut sentir. Et Dieu est si grand qu'elle n'en peut rien comprendre. Et en raison de son néant, elle est tombée dans l'assurance de ne rien savoir et de ne rien vouloir. Et ce néant dont nous parlons lui donne le tout, et personne ne peut le posséder d'autre façon[4]. »

C'est le lieu d'évoquer la dette spirituelle de Maître Eckhart à l'égard de personnalités et de mouvements de pensée à cette époque largement répandus, principalement dans les Flandres, la

---

* Le procès avait été instruit par l'inquisiteur Guillaume de Paris, un confrère qu'il dut fréquenter lors de son séjour probable au couvent Saint-Jacques.

Rhénanie, le nord de la France. Cette floraison mystique avait elle-même une histoire. Le malheur des temps, les aléas de la politique, l'interminable combat entre la papauté et l'Empire et la volonté affirmée de la hiérarchie ecclésiale d'assurer sa tutelle sur les pouvoirs en place au nom de la primauté du « spirituel » sur le « temporel » — avec les compromissions qui en découlaient pour le spirituel lui-même — avaient suscité dans de nombreuses parties de la chrétienté le désir de revenir à certaine fraîcheur de l'Évangile en se libérant de pareilles pesanteurs. C'est ainsi que, dès le milieu du XIIe siècle, avaient surgi des groupes de chrétiens « éclairés », « fraticelles » et autres « Frères du libre Esprit », dont les options parfois radicales s'épanouissaient par nécessité aux marges de l'Église et hors de son contrôle, quand ce n'était en accusation explicite des excès dont elle se rendait coupable. Parfois, ces communautés affirmèrent des opinions jugées contraires à la foi et furent traitées en conséquence, selon la logique de l'institution. Le cas des cathares, et surtout des albigeois dans la région de Toulouse, mit pratiquement toute une contrée en rébellion contre l'Église et la royauté ; ces aventures se terminèrent de façon sanglante, les pouvoirs contestés ayant levé contre ces rebelles des armées rassemblées au nom de l'esprit des « croisades ». C'est pour trouver une alternative non guerrière à cette lutte contre les « hérétiques » que Dominique, à l'orée du XIIIe siècle, avait fondé l'ordre des frères prêcheurs.

A leur façon, Dominique et François furent eux aussi des contestataires. Certes, ils entendirent inscrire leur action dans l'orbite de l'Église ; celle-ci le reconnut, au point — ironie du sort — de confier aux fils de saint Dominique la responsabilité de l'appareil répressif mis en place pour mener le combat : ce furent les tribunaux de l'Inquisition, qui n'eurent pas scrupule d'employer contre les supposés déviants — Marguerite Porete par exemple — des procédés aussi cruels que ceux qu'avait réprouvés Dominique lors de la Croisade contre les albigeois. Pour autant, les deux grands ordres mendiants inauguraient un mode de vie qui se voulait plus parlant et plus efficace dans l'œuvre de conversion du peuple, en ne manquant pas de développer aussi une réelle contestation des compromissions de l'Église face aux pouvoirs et aux richesses. D'ailleurs, leur existence même devint objet de controverses, et l'université de Paris, contrée sur ce point par la papauté, alla jusqu'à prendre à leur égard des mesures de condamnation et d'éviction.

Ce mouvement général connut dans le nord de l'Europe, et surtout dans les Flandres, des réalisations plus pacifiques qui comptèrent pour ce que l'on peut appeler la genèse spirituelle de l'eckhartisme. Des adeptes d'un renouveau évangélique, principalement des femmes, se réunissaient dans des sortes de communautés de voisinage dont les membres vivaient à mi-chemin de l'érémitisme et du soutien mutuel, ordonnés à l'étude, à la prière, au culte du « pur amour ». Des quartiers entiers virent le jour, avec leur architecture propre qui se développa au long des siècles à venir et dont les vestiges sont visibles aujourd'hui encore : ces « béguinages » devinrent rapidement des lieux de ferveur intense, de production littéraire aussi, dans une superbe liberté à l'égard des autorités de tout genre — un style de vie qui ne pouvait manquer d'irriter la hiérarchie ecclésiastique et d'éveiller les soupçons des tribunaux de l'Inquisition[5].

Expérience étonnante, à laquelle l'histoire est redevable de quelques-uns des joyaux de la littérature mystique. Qu'il suffise de mentionner les noms de Béatrice de Nazareth, qui vécut dans la première moitié du XIIIe siècle et composa les *Sept degrés d'amour*; d'Hadewijch d'Anvers, un nom générique qui recouvre au moins deux femmes et peut-être davantage : Hadewijch I, qui écrivit dans le second quart du XIIIe siècle, produisant des lettres spirituelles et de magnifiques poèmes, et Hadewijch II, exacte contemporaine de Maître Eckhart; de Mechtilde de Magdebourg, connue principalement par un récit la concernant, *Révélations de la sœur Mechtilde de Magdebourg* ou *la lumière fluante de la déité*; de Marguerite Porete enfin, avec son *Miroir des âmes simples et anéanties*.

De ces écrits aux pensées d'Eckhart, le lien est indéniable, non moins que la parenté d'inspiration*. Mais un autre phénomène compliqua la situation. Autour et à côté de ces « béguines », déjà soupçonnées d'être en marge de l'institution, proliféra un ensemble de personnes et de groupes qui ne gardèrent plus aucune préoccupation à l'égard de l'orthodoxie, mêlant souvent aux préoccupations authentiquement spirituelles des expériences pour le moins contestables, au nom d'une liberté supérieure touchant aussi bien la pensée que les mœurs. Ce furent les *bégards*, contre lesquels s'engagea l'appareil répressif représenté par l'Inquisition. Or la frontière entre ces requêtes différentes était rien moins que claire, et les condamnations de toutes sortes touchèrent aussi bien les béguines, soupçonnées d'être proches des bégards. Maître Eckhart lui-même ne fut pas à l'abri de ces préventions, et il fut condamné, pour une part, sur la base de ces glissements de griefs. Cela d'autant plus que son nom était évoqué dans ces milieux, où l'on trouvait expédient de s'entourer du patronage d'un « maître en sacrée théologie ». L'on rappellera ci-dessous comment Suso, disciple et défenseur d'Eckhart, composa un traité dans lequel il s'efforçait de marquer les différences entre les positions du « disciple » fidèle et celles d'un « sauvage », représentant type de la secte des bégards. Il fallait son regard affiné pour faire à chaque fois le départ entre les positions respectives de l'un et de l'autre.

---

* Encore que cette « parenté » ne doive pas être surestimée en ce qui concerne Hadewijch I. Si cette dernière a repris de Guillaume de Saint Thierry une formule que Eckhart n'aurait pas désavouée — les « deux yeux de l'âme » sont l'amour et la raison — elle n'en reste pas moins adepte d'une prévalence de l'amour, dans la ligne de saint Bernard. Ainsi écrit-elle dans sa lettre 12 : « Toute pensée en l'homme à propos de Dieu et tout ce qu'il peut comprendre de lui ou se représenter : tout cela n'est pas Dieu. » Par-delà Eckhart, ces propos définiront davantage l'esprit d'un Ruusbroec.

L'histoire et ses parcours

Cela explique, sans le justifier le moins du monde, que les ennemis d'Eckhart, souvent mus par de simples préoccupations de politique ecclésiastique, aient eu beau jeu de le faire passer pour l'un de ces illuminés irresponsables. Prôner une si haute liberté intérieure en essayant de la conjuguer avec une franche appartenance institutionnelle ne va pas sans risque. Peut-être Eckhart eut-il à brasser des réflexions de cette sorte lorsqu'il vint à Paris peu après l'exécution ignominieuse de Marguerite Porete. Ce serait se méprendre sur son compte que de penser qu'il se résoudrait alors à quelque prudence extérieure supplémentaire : la période à venir ne sera-t-elle pas celle où justement il exprimera dans ses sermons allemands quelques-unes de ses hardiesses intrépides ? La proximité de ses thèmes avec ceux des « Frères du libre Esprit » — auxquels il s'opposera lors de son séjour strasbourgeois, à partir de 1313 — ne pouvait que l'inciter à les exposer avec plus de précision et de force de conviction. Car la liberté intérieure ne saurait se laisser arrêter par des caricatures, et ne connaît d'autres limites que celles qu'elle tire de ses propres exigences.

Il convient maintenant de revenir sur la période qui sépare ces deux derniers séjours de Maître Eckhart à Paris.

V

Responsabilités institutionnelles

Fraîchement émoulu de son second séjour parisien, nimbé des succès qu'il y connut — son titre de « maître », les controverses qu'il y soutint, l'honneur attaché à l'enseignement qu'il s'y vit confier — Eckhart regagne ses terres d'origine. Il est au sommet de sa notoriété religieuse, et jouit de la pleine confiance des instances de son ordre. S'il quitte une situation politique embrouillée — Philippe le Bel, roi de France, vient d'être excommunié par le pape Boniface VIII — il sera bientôt affronté outre-Rhin à une conjoncture d'une autre gravité, dans laquelle l'homme en vue qu'il est désormais ne manquera pas d'être épié et bientôt malmené.

Cette même année 1303, lors du chapitre général réuni à Besançon, les dominicains, face au développement rapide de l'ordre en ces contrées, avaient décidé de scinder en deux l'immense « province d'Allemagne », où l'on distinguait désormais la *Saxonie*, couvrant un énorme territoire depuis les Flandres jusqu'à Prague en passant par un arc de cercle couvrant l'Allemagne du Nord, et la *Teutonie* qui s'étendait plus au sud, de l'Alsace à la Bavière en incluant la Suisse et la région du Rhin. Erfurt représentait le centre administratif de la première, tandis que les responsables de la seconde résidaient à Strasbourg. Maître Eckhart est élu provincial de Saxonie, une nomination qui sera confirmée lors du chapitre général de Toulouse, à la Pentecôte 1304.

L'histoire et ses parcours

Le voici donc qui délaisse à nouveau études et enseignement pour se donner pleinement à cette tâche institutionnelle. D'autres dominicains fameux de ce temps connurent semblable alternance d'obligations. Hugues Ripelin de Strasbourg, l'auteur d'un *Compendium* dont on a vu qu'il représente une véritable mise en système de l'enseignement d'Albert le Grand, est décrit par une notice de l'époque comme ayant été « longtemps prieur de Zurich, puis de Strasbourg, bon chanteur, prédicateur digne de louanges, maître dans l'art de dicter, d'écrire et de dessiner, homme gracieux en toutes choses, auteur d'une somme sur la vérité théologique » ! Ulrich de Strasbourg, pour sa part, fut provincial de Teutonie en 1272, par conséquent bien avant la division de cette province. Quant à Thierry de Freiberg, il occupe cette même charge à partir de 1293. L'on ne saurait oublier qu'Albert le Grand lui-même, si dédié qu'il ait été à son œuvre intellectuelle, les avait précédés tous deux dans cette même fonction — pour ne point parler du lourd ministère qu'il assuma ensuite comme évêque de Ratisbonne.

Or donc, voici Eckhart provincial de Saxonie, un poste qu'il occupera pendant huit ans, jusqu'en 1311. On ne le tient point quitte pour autant, puisque à partir de mai 1307 il aura à conjuguer cette charge avec celle de « vicaire général » à qui incombent la visite et la réforme des couvents de Bohême. Il n'est guère possible de se représenter avec exactitude l'emploi du temps qui fut le sien au cours de ces années. L'on sait qu'il prit part aux chapitres généraux de l'ordre qui se tinrent, ordinairement autour de la Pentecôte, à Toulouse (1304), Strasbourg (1307), Plaisance (1310), ainsi qu'à Naples (1311). Entre-temps, sa participation est attestée aux chapitres provinciaux qui eurent lieu, vers le 8 septembre, à Halberstadt (1304), Rostock (1305), Halle (1306), Minden (1307), Seehausen (1308), Norden (1309) et Hambourg (1310). A reporter ces localités sur une carte, l'on est stupéfié par les distances qu'il eut à parcourir, accompagné de quelques frères seulement, à pied la plupart du temps, sans guère de confort et par des chemins incertains. D'autant qu'il savait conjuguer ces déplacements avec d'autres obligations : visite de couvents, prédication. Tels de ses sermons, ainsi qu'on l'a vu, évoquant une dispute qui aurait eu lieu « récemment » à Paris, sont sans doute de peu postérieurs à 1303, et portent témoignage de ce que l'acquis intellectuel des années précédentes ne manquait pas de nourrir alors sa parole et son action.

Déjà évoquée, la croissance rapide de l'ordre en cette période touche singulièrement les couvents féminins : on les retrouvera au moment où Maître Eckhart se verra confier la charge de veiller sur leur développement. Pour l'heure, ce sont trois couvents d'hommes dont il dut assurer la fondation, avec des difficultés comparables à celles que connaîtra Jean de la Croix lorsque, dans les années 1580, après la mort de Thérèse d'Avila, il fut jeté sur les routes d'Espagne par des tâches et des responsabilités de ce genre. C'est en 1310 qu'est attestée l'érection de trois nouvelles maisons, à Braunschweig, Dortmund et Groningue. A chaque fois ou presque, Eckhart doit se rendre sur les lieux, désamorcer la méfiance des autorités locales à l'égard de cette puissance qui les inquiète, mener éventuellement des procès avant que de pouvoir conclure l'affaire. Ainsi la fondation de Dortmund donna-t-elle lieu à de longues contestations qui ne s'apaisèrent qu'en 1330, après des interventions du pape Jean XXII, lequel achevait de la sorte une entreprise inaugurée par celui-là même qu'il condamna en 1329...

En 1310, peu avant que ne s'achève l'un de ses mandats à la tête de la Saxonie, voici que la province du Sud, la Teutonie, l'élit à son tour en qualité de provincial. Mais le chapitre général qui se tint à Naples en 1311 ne confirma pas ce choix. Défiance déjà ? Volonté de ménager un homme de pensée hors du commun que l'on attendait sur d'autres terrains ? Quoi qu'il en soit, c'est à cette époque que Maître Eckhart fut envoyé pour la troisième fois à Paris, où, honneur insigne que seul avait connu Thomas d'Aquin, il assuma pour la seconde fois la charge de *magister actu regens*, occupant la chaire

L'histoire et ses parcours

de théologie réservée aux dominicains étrangers. Il y poursuivit, selon toute vraisemblance, le grand œuvre conçu quelque dix ans auparavant ; de cette époque datent probablement quelques-unes des « expositions » scripturaires dont il a été question ci-dessus.

Avant cet épisode, sillonnant les chemins de la « province de Saxe », Eckhart répand d'autre manière la parole. L'on peut supposer aussi qu'il écrit, selon que l'exige la rencontre. C'est pourquoi, réservant au prochain développement la présentation du corpus de ses sermons allemands — il semble en effet que l'essentiel en ait été produit à partir de 1313 — et procédant à un regroupement que rien, il est vrai, n'impose, il est loisible de s'attarder maintenant quelque peu sur les *Traités* que le maître composa peut-être à différents moments de sa vie. La critique en a retenu quatre. Le premier a déjà été évoqué — le seul dont la date de composition soit vraiment assurée : les *Instructions spirituelles*, fruit de son enseignement et de ses exhortations à l'intention des novices, au temps de son priorat d'Erfurt, entre 1294 et 1298. Le second, intitulé *Le livre de la consolation divine* — désigné encore, de concert avec le traité *De l'homme noble*, sous le nom de *Benedictus Deus*, les deux premiers mots de l'exergue sur lequel il s'ouvre — est par sa dimension la seconde de ces œuvres. Les circonstances de sa composition et la densité de son écriture autorisent qu'on lui accorde une attention particulière.

Il s'agit d'une méditation qui répond à une situation précise tout en s'inscrivant dans un genre littéraire cultivé de longue date, marqué par la production d'autres chefs-d'œuvre. Il est destiné au soulagement spirituel d'une personne à laquelle on apporte toutes les raisons imaginables de garder l'espérance dans la situation de détresse où elle se trouve. Le « modèle » de cet écrit, à coup sûr, est la *Consolation philosophique* que produisit Boèce quelque sept siècles plus tôt, alors qu'il connaissait disgrâce et emprisonnement — un texte de haute tenue littéraire et humaine, mêlant prose et poésie et portant haut l'image de l'homme et de sa dignité.

Son influence au long de l'histoire fut immense. Transposant « *a lo divino* », ainsi que l'on dira des romances de Jean de la Croix, les raisons philosophiques avancées par Boèce, Maître Eckhart s'inscrit dans cette même veine.

Le livre de la consolation divine fera l'objet d'un examen critique de la part des membres de l'Inquisition, et plusieurs propositions retenues contre Eckhart au cours de ses différents procès seront tirées de là; la « justification » à laquelle il dut se livrer y fait directement allusion. De là l'on sait aussi que ces pages furent destinées primitivement à la reine Agnès, fille du duc Albert d'Autriche et épouse d'André, roi de Hongrie. La mort du roi, l'an 1301, la voua à la disgrâce et à l'oubli; réduite à la pauvreté, elle fut recueillie à la cour de son père qui, à Vienne, était devenu empereur d'Autriche en 1298. Est-ce après l'assassinat de l'empereur Albert, en 1308, par l'un de ses neveux, Rodolphe, surnommé le Parricide, que Maître Eckhart composa ces pages à l'intention de la reine? Est-ce plus tard, lorsqu'une troisième épreuve vint visiter Agnès, en 1313, lors de la mort de sa mère Élisabeth? Cette incertitude est à même d'autoriser dès maintenant la présentation de cet écrit qui, de toute évidence, porte la marque de la maturité et de la totale maîtrise de son auteur. N'était-ce pas déjà, en effet, le cas du maître en ces années qui suivirent son second séjour à Paris*?

---

* Dans une étude récente intitulée « Maître Eckhart à Strasbourg » (in *Voici Maître Eckhart, op. cit.*, pp. 350 *sq.*), Marie-Anne Vannier, s'appuyant sur des indices nouveaux, repousse la date de composition de ce traité, pour conclure qu'il a été « certainement » rédigé à Strasbourg, entre 1313 et 1323. Alain de Libera partage cette option, tout en reconnaissant qu'aucune des hypothèses qui se sont fait jour jusqu'à présent n'est « entièrement satisfaisante ». Par ailleurs, Marie-Anne Vannier met en question l'opinion — attestée pourtant par un témoignage venu de Töss, où la fille d'un premier mariage du roi André, Élisabeth, était religieuse — selon laquelle Agnès aurait été la destinataire de ce texte. « Cet ouvrage, écrit-elle, s'adresse plus largement à tout chrétien. » Ce qui ne fait aucun doute, mais ne remet pas nécessairement en cause l'idée d'un point de départ dans une situation singulière.

L'histoire et ses parcours

Un court prologue présente les trois parties de ce livre : « La première renferme quelques vérités où l'on puisera ce qui peut à bon droit et totalement consoler l'homme dans toute sa souffrance. Ensuite l'on a ici trente textes et enseignements ; dans chacun d'eux on peut trouver une véritable et absolue consolation. La troisième partie présente des exemples d'œuvres réalisées et des paroles prononcées par des personnes sages quand elles étaient dans la souffrance[1]. » Structure limpide : quelques courtes pages inaugurales, de nature doctrinale, et d'autres au terme de nature principalement parénétique* encadrent l'essentiel du propos — cette seconde partie qui est de beaucoup la plus développée et qui, sérieuse, drôle parfois, entraînante, solennelle, familière, énumère les raisons qu'il y a d'accueillir, d'estimer, de chérir la souffrance lorsqu'elle se trouve placée à son niveau véritable.

Le dernier mot de l'ensemble pourrait bien être une clef pour la lecture du tout : « Que le Dieu d'amour et de bonté, la vérité même, me donne, ainsi qu'à tous ceux qui liront ce livre, de trouver et de reconnaître en nous la vérité. Amen[2]. » Mouvement d'intériorisation qui accorde l'être à lui-même et lui fait reconnaître *en lui* la vérité ; il n'est point une seule des raisons invoquées qui ne réponde à cette préoccupation, mieux, à cette passion eckhartienne : ramener l'homme au seul lieu où il soit « un » avec lui-même, et *donc* avec Dieu ; car être en soi c'est être en Dieu, et « ce qui est en Dieu est Dieu[3] »**. Telle est déjà la fine pointe de l'enseignement contenu dans la première partie : « Il faut que l'homme s'applique beaucoup à se détacher de lui-même*** et de

---

* *Parénétique*, adj. - 1574 : relatif à la parénèse, à la morale. – *Parénèse*, n.f. - 1586 : discours moral, exhortation à la vertu (*Le Grand Robert de la langue française*, tome VII).

** Ainsi encore *Le livre de la consolation divine*, in *Traités*, pp. 130-131 : Dieu « est l'Un absolu, sans que s'y ajoute la moindre multiplicité d'une distinction, ne serait-ce que d'une pensée, du fait que tout ce qui est en lui est Dieu lui-même ».

*** De ce « détachement » dont on sait qu'il est repos de l'être en soi et coïncidence avec lui-même.

toutes les créatures et ne connaisse d'autre père que Dieu seul. Ainsi, rien ne peut le faire souffrir ni l'affliger, ni Dieu ni la créature, ni rien de créé ou d'incréé, et tout son être, vie, savoir et amour, est de Dieu, en Dieu, et Dieu[4]. » C'est là que s'identifient l'homme bon et la bonté, l'homme vrai et la vérité, le juste et la justice, le sage et la sagesse — enfin, donnant son sens dernier à cette sorte de litanie à portée ontologique, le Fils de Dieu et Dieu le Père.

La richesse de la seconde partie décourage l'analyse et provoque simplement à la lecture. S'appuyant indifféremment sur « les saints et les maîtres païens[5] », mêlant considérations sublimes et remarques de bon sens, glanant des arguments dans l'Écriture et la vie de tous les jours, sans même hésiter à en appeler aux connaissances scientifiques de son temps (cosmogonie héritée d'Aristote), Eckhart déploie les facettes d'une rhétorique soucieuse de frapper et de convaincre. Plusieurs des images qu'il retient entreront dans la tradition spirituelle et, une fois encore, seront reprises par Jean de la Croix : la pierre dont « la tendance à se diriger vers le bas » demeure opérante même lorsqu'elle est tombée sur le sol — ainsi de la vertu, qui ne cesse d'incliner vers ce qui est bon[6] ; le feu qui « s'engendre lui-même dans le bois, lui communique sa propre nature et son propre être, en sorte que tout est un seul feu, également propre à tous deux, sans différence, sans plus ou sans moins[7] ». Sont évoqués aussi les thèmes du Dieu-naissance[8], de la proximité de Dieu qui souffre lui-même dans l'homme[9], de l'unité avec Dieu, l'homme étant appelé à devenir « un dans l'Un, l'Un en lui-même[10] ». Sont repris et accusés plus encore les propos déjà rencontrés dans les *Instructions spirituelles* concernant le péché ; ils le seront sous une forme qui retiendra l'attention des juges, lesquels feront condamner explicitement l'affirmation suivante : « Dieu voulant en quelque manière que j'aie commis des péchés, je ne voudrais pas ne pas les avoir commis, car c'est ainsi que la volonté de Dieu est faite "sur la terre", c'est-à-dire par la

L'histoire et ses parcours

faute, "comme au ciel", c'est-à-dire par le bien accompli[11]. »* Tout est ici mené par le sens d'une relation personnelle qui décidément détourne l'homme de tout centrement sur lui-même ; Eckhart évoque par deux fois un texte de saint Augustin, qu'il se plaît à développer en s'enchantant des redondances qu'il pose : « Seigneur Dieu, ma consolation ! Si tu me détournes de toi pour me renvoyer ailleurs qu'à toi, donne-moi un autre "toi", afin que j'aille de toi à toi, car je ne veux rien que toi[12]. »

La troisième partie du texte évoque les exemples édifiants de personnages qui ont su se tenir dans la souffrance avec dignité et sans surenchère : David et la mère des Macchabées, un Père du désert, un malade anonyme ; sont évoqués Socrate, le Livre de la Sagesse, « les Livres de l'Ancien et du Nouveau Testament, comme ceux des saints et ceux des païens ». Significative, sans doute, la dernière page de ce texte, qui pourrait faire songer à une date de composition relativement tardive, dans la mesure où l'on y perçoit l'écho des premières mises en cause dont lui-même fut bientôt l'objet : « Bien des esprits grossiers diront que beaucoup de paroles que j'ai écrites dans ce livre et ailleurs ne sont pas vraies » ; à quoi Eckhart, se couvrant de l'autorité d'Augustin avant d'évoquer en parité celle de Sénèque, répond en suggérant que ses propos pourraient bien ressortir à une sagesse qui antécède le cours du temps et le développement de la conscience des hommes : « Il dit que Dieu a déjà fait maintenant ce qui est encore à venir, même dans des milliers et des milliers d'années, à supposer que le monde dure encore si longtemps, et qu'il fera aujour-

---

* Il faudrait se garder de refaire l'erreur des juges en tirant cette phrase hors de son contexte ; ce que Eckhart cherche à définir, en rejetant en l'occurrence une souffrance de type névrotique, c'est en quoi consiste « le juste repentir de mes péchés » : « Je regrette mon péché sans en souffrir, de même que Dieu regrette tout le mal sans en souffrir. » L'acharnement des juges de Cologne, lors des premiers procès, ira au-delà de cette mise en cause particulière, puisqu'ils ne retiendront pas moins de treize articles tirés de ce traité.

d'hui encore ce qui est passé depuis des millénaires[13]. » Orgueil ou sobre constatation de la valeur *inactuelle* d'une vérité qui excède le temps dans le temps lui-même ? « Si quelqu'un ne comprend pas cela, qu'y puis-je ? »

De l'homme noble — le troisième des traités — est de composition antérieure, puisque l'auteur s'y réfère explicitement dans le texte évoqué à l'instant[14]. Malgré sa brièveté — guère plus développé qu'un sermon — il n'en contient pas moins de deux propositions suspectées par les juges de Cologne lors des premiers procès. C'est par ailleurs un texte de force étrange, plus que d'autres peut-être traversé de vibrations personnelles ; mais toujours sur la base d'un enseignement des plus fermes : naissance de Dieu dans l'âme, exaltation de l'unité — « Un avec l'Un, un de l'Un, un dans l'Un et, dans l'Un, un éternellement[15] » —, exploitation rigoureuse de la distinction entre l'homme intérieur et l'homme extérieur. Le texte s'ouvre sur une série d'oppositions qui définissent la nature vraie de l'homme : nouveau et jeune *versus* vieux, céleste *versus* terrestre, intérieur *versus* extérieur, ami *versus* ennemi, noble enfin *versus* esclave. Si l'on passe sur quelques notations qui relèvent de ce que l'on appellerait « un sexisme scripturaire » — « Dame Ève » du côté de l'extérieur, et Adam, l'« élément mâle », identifié à l'homme intérieur — l'essentiel du mouvement tient dans l'énoncé des différentes figures que peut et doit prendre la décisive « sortie » de lui-même qu'il incombe à l'homme d'opérer — son départ hors de l'éphémère, son retour dans la vérité de son être. Éminente dignité de l'homme ! Rien ne peut ôter de lui l'image éternelle qu'il est, pas même l'obscurcissement dû à la faute. Qu'il consente donc à passer de la connaissance « vespérale » des créatures considérées en elles-mêmes à la connaissance « matutinale » qui appréhende Dieu et toutes les créatures « dans l'Un que Dieu est lui-même ». Ainsi de l'homme noble : « Il est un, et reconnaît Dieu et la créature dans l'Un[16]. »

Une fois encore, il s'agit là d'une perspective que l'on retrou-

L'histoire et ses parcours

vera chez Jean de la Croix : même achèvement de la connaissance première, qui va de la créature à Dieu, dans cette « connaissance seconde » (*trasero*) qui connaît la créature par Dieu. Il y faut, dit Eckhart, une sortie et un retour, afin d'identifier de la sorte « le plus haut et le meilleur de la créature » avec « le fond le plus intime de la nature divine et de sa solitude[17] », et pour qu'à partir de son origine s'affirme ainsi la « noblesse » de l'homme. Les dernières pages dudit traité illustrent ce rapport entre le fondamental et ce qui en découle, et ce à propos de l'atteinte de la béatitude par l'exercice de la connaissance. Saint Augustin, omniprésent en ce texte, dit un jour qu'il convient que l'homme *aime* en vérité, et non point qu'il aime à aimer. Ainsi Eckhart affirme-t-il que l'homme doit *connaître* Dieu, sans s'attarder à connaître qu'il le connaît. Comment l'entendre ? L'homme aborde ordinairement l'essentiel à partir de ses conséquences, alors que Dieu fait le chemin inverse. Illustration plaisante : « La nature fait l'homme à partir de l'enfant et la poule à partir de l'œuf, mais Dieu fait l'homme avant l'enfant et la poule avant l'œuf[18]. » Application immédiate à l'homme : « Dieu donne d'abord l'être à toute créature, et ensuite, dans le temps et cependant hors du temps, séparément, tout ce qui appartient à l'être. » La béatitude, qui se situe au niveau de l'être, consiste donc à connaître Dieu — à être « un avec l'Un » — et seulement alors à connaître que l'on connaît. Car l'ultime ne se trouve pas dans la conscience psychologique, et malheureux qui s'en contente : « Je dis donc qu'il n'y a pas de béatitude sans que l'homme ait conscience et sache bien qu'il contemple et connaît Dieu, mais Dieu veuille que ce ne soit pas là ma béatitude. Si cela suffit à un autre, qu'il s'y tienne, mais j'en ai pitié[19]. » Car tout l'homme, certes, doit être saisi en « retour » — mais à une condition : qu'il soit d'abord « sorti » de lui-même pour communier à l'ultime et appréhender toutes choses *noblement* à partir de là.

Le traité *Du détachement* est l'un des plus sublimes de la littérature universelle. L'on en a parfois contesté l'authenticité, alors que tout en lui « sonne » à la manière eckhartienne et que nombre de passages obscurs des sermons trouvent à s'ouvrir à partir de cette clef. Il est de telle importance doctrinale qu'il mérite d'être retrouvé plus à loisir, au moment où seront abordées les « figures de la vérité » que sont — entre autres — détachement, abandon, nescience. Quel plus grand éloge que de pouvoir dire de cette attitude fondamentale ce qui fait d'elle « la plus haute et la meilleure vertu » : « Le détachement est si proche du néant que rien n'est assez subtil pour trouver place dans le détachement, sinon Dieu seul[20] »* ?

---

* Pour une présentation de ce traité, cf. ci-dessous, pp. 190 *sq.*

VI

Le prédicateur

En 1313, son troisième séjour parisien achevé, Maître Eckhart quitte, pour n'y plus revenir, la capitale intellectuelle de l'Occident. A cinquante ans passés, il a tout connu : étude, conseil spirituel, expérience de l'enseignement, responsabilités institutionnelles. Il est l'un des membres les plus en vue d'un ordre religieux en plein essor, en forte prise sur les réalités qui comptent en ce temps. On se souvient qu'après son « provincialat » en Saxonie, la province de Teutonie avait souhaité à son tour l'avoir comme supérieur ; c'est là qu'il retourne sans avoir toutefois à assumer cette charge. Nommé vicaire du Maître général de l'ordre, Béranger de Landora, il reçoit pour tâche plus précise d'administrer les couvents de moniales dominicaines établis dans cette province.

A partir de cette date et pour une dizaine d'années ou un peu moins, Maître Eckhart aura donc pour point d'attache la ville de Strasbourg. C'est de là qu'il rayonne sur l'Alsace et la Suisse, visitant sans relâche les couvents soumis à sa juridiction. L'on ne sait rien du détail de ses pérégrinations ; seuls en sont parvenus des échos indirects provenant du témoignage de moniales qui attestent son passage dans leur monastère, sans se soucier d'autres précisions. Ainsi du couvent de Töss, en Suisse, où vécut Elsbeth Stagel, auteur de la *Vie* de Suso ; c'est par elle que l'on connaît les quelques particularités évoquées plus haut concernant les circonstances de la composition du *Livre de la consolation divine*.

Rien ne dit que Eckhart dut assumer alors la tâche de fonder de nouveaux monastères, comme il avait été amené à le faire quelques années plus tôt, en tant que provincial de Saxonie, pour trois couvents de prêcheurs. La province du Nord semble avoir été d'ailleurs plus abondamment fournie que celle du Sud en couvents d'hommes (elle en aurait compté guère moins d'une cinquantaine), alors que la Teutonie s'enorgueillissait du nombre de ses monastères féminins : on parle de soixante-quinze couvents de ce type contre neuf seulement en Saxonie. Les travaux ne manquaient donc pas pour le « modérateur » de ce véritable réseau, qui avait charge en outre du tiers ordre dominicain de ces régions*, sans compter le millier de béguines réparties dans plus d'une centaine de « béguinages » autour de Strasbourg. Maître Eckhart allait donc de monastère en monastère, comme le fera plus tard un Suso. Sans doute demeure-t-il quelque temps en chacun de ces lieux, répondant aux besoins et traitant les questions qui se présentent. Il prend aussi la parole — honneur rendu à son titre de « prêcheur » —, assurant les homélies au cours des offices qui scandaient la vie religieuse et sacramentelle de ces moniales. Rien n'interdit d'ailleurs de penser — bien des indices au contraire inclinent en ce sens — que ces sermons furent prononcés d'aventure devant des auditoires plus vastes et plus mêlés, comme le sont ceux qui, de tout le voisinage, se rassemblent dans les églises conventuelles pour la pratique dominicale ou lors des grandes fêtes.

---

* On prit coutume, à l'intérieur des familles religieuses, de parler de « premier ordre » pour les moines et de « second ordre » pour les moniales. Quant au « tiers ordre », il était constitué de laïcs agrégés à cette famille par une unité d'inspiration et des engagements particuliers.

L'histoire et ses parcours

Cette activité de prédicateur, Eckhart ne l'avait-il assumée auparavant que de façon épisodique ? En ce cas la quasi-totalité des sermons qui sont parvenus jusqu'à ce jour daterait de cette décennie. Cela fut avancé. Il est certes vraisemblable d'imaginer que ce genre de production répond plus directement à la fonction qui était la sienne durant cette période. A coup sûr, d'ailleurs, ses tâches d'enseignement et d'administration n'avaient dû lui laisser que peu de loisir au cours des vingt premières années de son ministère. Pourtant l'on a pu noter que tels de ses sermons, faisant allusion à des événements datables au demeurant, avaient dû être prononcés avant l'époque qui nous retient. Quoi qu'il en soit, c'est sans doute dans ces années 1313-1322 que furent fixés par écrit le plus grand nombre de ces textes.

Il importe de comprendre le mécanisme complexe qui mena alors de la parole prononcée en chaire aux écrits proprement dits — une procédure dans laquelle la part qui échut au zèle de ses auditrices est sans doute énorme. Eckhart partait d'un passage de l'Écriture proposé par la liturgie du jour (c'est ce qui permet, en se référant au missel dominicain de ce temps, de fixer le jour et le mois, sinon l'année, de tels de ces sermons) ; à vrai dire, il ne se livrait pas alors à une exégèse littérale comme il l'aurait fait dans un cours de théologie, mais le verset retenu, traité parfois, et de façon consciente, en marge de son sens obvie, lui servait de pré-texte pour développer, de façon souvent accommodatrice, ce qui lui tenait à cœur : l'éloge mille fois répété de l'union à Dieu par la pratique de la liberté intérieure, du détachement, du vide.

Cette piste trouvée, Eckhart se montrait intarissable et laissait se déployer ses talents d'orateur. Non qu'il se soit livré jamais à des développements incontrôlés, moins encore à du bavardage : ses formules sont denses, ses expressions ramassées, et il sait s'excuser auprès de ceux qui l'écoutent lorsqu'il lui arrive d'excéder la mesure commune, à moins qu'il ne brusque son propos en se résolvant à laisser de côté tel point pourtant annoncé mais dont l'abord s'est trouvé retardé par ce qu'exigèrent les premières réflexions. Ceci pour souligner que l'on se trouve là, bien souvent, devant des improvisations, saisissant sur le vif une parole à son état naissant, à la fois fermement structurée — le professeur n'est jamais loin — et totalement libre dans son déploiement. De tels écrits donnent l'impression d'avoir été, sinon strictement sténographiés — un procédé inconnu à l'époque — du moins transcrits et rapportés avec le maximum de soin et d'exactitude. L'on se prend donc à imaginer un travail de post-rédaction assumé par telle de ces moniales. Ainsi se constitua peu à peu un véritable corpus de textes, fixés, recopiés, transmis de monastère en monastère — avec les inexactitudes inévitables en pareille aventure : elles justifièrent certaines dénégations de l'auteur présumé lorsqu'on le mettait après coup devant telle formule qu'il était censé avoir prononcée et en laquelle il ne pouvait se reconnaître. En matière si délicate, la piété enthousiaste peut être responsable de plus d'une déformation.

Est-ce à dire que l'on ne dispose aujourd'hui que de textes incertains? Pour en décider, il convient d'aller jusqu'au bout du processus qui les mena jusqu'à aujourd'hui. Les difficultés que connut Maître Eckhart et la condamnation dont il fut bientôt l'objet entretinrent une atmosphère de soufre et de secret autour d'écrits que l'on gardait sous le manteau sans que l'on puisse songer à leur assurer une audience publique. La tradition manuscrite, assez tardive et incroyablement compliquée, véhicula au cours des siècles suivants quelque cent soixante pièces mises sous son patronage. L'histoire de leur influence est impossible à reconstituer, et il est hors de doute que certaines des thèses que l'on en tira ne répondent pas à l'opinion de leur auteur supposé. Un travail de critique interne et externe s'imposait — mais il fallut attendre une date récente pour le voir s'engager de façon sérieuse. Il est sur le point d'aboutir, mettant enfin à la disposi-

L'histoire et ses parcours

tion des chercheurs et du public un corpus de textes pratiquement hors de conteste*. De cet ensemble, il serait outrecuidant de vouloir tirer une synthèse doctrinale en bonne et due forme. Si la pensée, le plus souvent, en est des plus fermes, on ne saurait attendre de ce genre lit-

* Jusqu'au début du siècle n'était disponible que l'édition de Franz Pfeiffer, publiée en 1857 à Leipzig, sans véritable apparat critique (sous le titre *Deutsche Mystiker des vierzehnten Jahrhunderts*, t. 2 : *Meister Eckhart*). Étaient rassemblés là quelque 110 sermons, 18 traités (!) et 68 fragments. Différentes traductions en allemand moderne s'en étaient suivies, parmi lesquelles furent davantage pratiquées celles de Büttner (*Meisters Eckharts Schriften und Predigten*, 2 vol., Iéna, 1903) et de Schulze-Maizier (*Meisters Eckharts deutsche Predigten und Traktate*, Leipzig, 1929 et 1938).

En France, Paul Petit présenta un choix de textes traduits sur la version de Büttner (Maître Eckhart, *Sermons et traités*, Gallimard, Paris, 1942, réédition en 1987, avec une préface de Jean-Pierre Lombard), et J. Molitor et F. Aubier se livrèrent au même travail, sur la traduction cette fois de Schulze-Maizier (Maître Eckhart, *Traités et sermons*, introduction de Maurice de Gandillac, Aubier, Paris, 1942). En 1993, Alain de Libera a publié chez Flammarion, sous le même titre *Traités et sermons*, une actualisation de cet ouvrage, gardant la sélection opérée par Molitor-Aubier, mais traduisant les textes à nouveau frais et les réordonnant selon la nouvelle numérotation des sermons réalisée par Josef Quint.

C'est dans les années trente — en 1936 exactement — que s'engagèrent de véritables travaux de fond, dus essentiellement au prestigieux eckhartien que fut Josef Quint. Joignant des dons d'historien et d'archiviste à une exceptionnelle précision de lecture, il consulta tous les manuscrits disponibles, en découvrit un certain nombre d'autres, procéda à la pondération réfléchie de leur fiabilité et, par recoupements internes, se prononça en faveur de certaines authentifications possibles, en commençant par les textes les plus assurés. Pour conclure cette recherche, qu'il mena sans relâche jusqu'à sa mort survenue en 1977, il avait programmé cinq tomes, à paraître d'abord en fascicules (chez l'éditeur Kohlhammer, à Stuttgart). Le dernier de ces volumes, achevé en 1963, comprend les quatre *Traités* dont il a déjà été question. Quant aux quatre premiers livres, ils étaient destinés à contenir ceux des quelque cent soixante *Sermons* attribués à Maître Eckhart qui auraient été reconnus comme authentiques. Trois de ces volumes furent achevés ; ils présentent respectivement vingt-huit pièces (t. I, à partir de 1936 ; publication en un volume en 1958), puis trente-sept (t. II, 1971), enfin vingt-sept (t. III, 1976). En tenant compte des sermons « doubles », c'est-à-dire attestés dans

téraire une précision telle que l'on est en droit de l'exiger d'un traité théorique. Les circonstances de lieu, de temps, d'auditoire appellent nuances, accentuations, glissements de sens. La seconde partie du présent ouvrage s'efforcera de mener sur tous ces points une analyse rigoureuse. Ce que dès à présent l'on peut tenter de mettre en valeur, c'est un certain « style » de la prédication eckhartienne. On le résumerait au mieux en parlant à son propos d'une parole *singulière*; au sens peut-être où elle s'avère originale, à nulle autre seconde, au sens surtout où elle manifeste un engagement personnel de son auteur, qui, toute pudeur étant sauve, ne peut effacer la marque d'une expérience qui fonde des certitudes. Plus le propos se montre inattendu, plus Maître Eckhart l'appuie de façon solennelle et vibrante. « Notez-le bien ! », martèle-t-il à satiété pour soutenir l'attention de son auditoire ; ou encore : « Remarquez-le », « Prêtez maintenant attention avec zèle à ce mot[1] » ; plus insistant : « Vous demandez souvent comment vous devez vivre. Apprenez-le ici avec application[2]. » Et encore : « Remarquez ceci avec application et sérieux[3]. » « Prêtez grande attention et retenez bien ceci. Vous avez là tout mon prêche[4]. »

---

deux versions différentes, ce sont quatre-vingt-six documents que l'on est autorisé d'ores et déjà à tenir pour fiables.

La version française de Jeanne Ancelet-Hustache, utilisée ici même, a été réalisée à partir de là, comme l'est également la refonte de l'édition Molitor-Aubier récemment menée à bien par Alain de Libera. C'est également sur cette base que nous venons de produire une traduction de deux de ces sermons (n°s 52 et 71), à côté d'une version nouvelle du traité *Du détachement* (Maître Eckhart, *Du détachement et autres textes*, *op. cit.*), ainsi que de deux autres sermons (n°s 2 et 86), sous le titre Maître Eckhart, *Le château de l'âme* (Desclée de Brouwer, Paris, 1995).

Pour compléter ce panorama, il convient d'ajouter que Josef Quint pensait proposer encore, dans le tome IV de sa grande édition qu'il ne put mener à terme, une trentaine d'autres sermons — ce qui porterait leur nombre total à un peu moins de cent vingt. Après un temps d'incertitude, une nouvelle équipe s'est mise à la tâche, autour de G. Steer, et l'on est en droit d'espérer la conclusion prochaine de ce grand œuvre.

L'histoire et ses parcours

Eckhart se cite lui-même, enchérit sur ses propos et sur ceux des autres : « J'ai dit aussi en outre », « j'ai dit parfois[5] », « j'ai coutume de dire souvent une parole qui est vraie[6] », « j'ai dit récemment[7] ». Certaines fois, la référence se fait plus précise : « Comme je l'ai dit au monastère *Mariengarten*[8] » ; « comme je l'ai dit précédemment au *Mariengarten* — si ce n'est pas en vain que vous étiez là[9] » ; « j'ai dit à Paris, à l'École[10] » ; « hier, une question fut posée à l'École entre de grands clercs. "Je m'étonne, dis-je[11]..." » ; « j'ai prêché un jour en latin, et c'était le jour de la Trinité, et j'ai dit[12] ». Ou encore, plus familier : « Lorsque je suis venu hier dans ce monastère, j'ai vu[13]... » Exemples entre mille d'un procédé constant où la présence du « je » atteste d'une vie et suscite la curiosité : « En quatrième lieu je dis [...] C'est pourquoi je veux dire un mot que j'ai prononcé vendredi dernier [...] C'est pourquoi je dis[14]... » Il y a de la familiarité, mais aussi une puissance d'affirmation à se mettre ainsi perpétuellement en scène — et toujours au service d'un « dire » qui décentre le témoignage, le détournant de la personne pour l'orienter vers la vérité à dire. D'où ces correctifs qu'il s'impose à lui-même : « J'ai dit parfois [...], maintenant je le dis autrement, dans un autre sens[15]. » Ou encore : « L'être est-il vérité ? Si l'on interrogeait tel ou tel maître, il dirait "Oui !" Si l'on m'avait moi-même interrogé, j'aurais répondu "Oui !", mais maintenant je dis "Non !"* »

A cette attestation du « je » répond l'appel au « tu ». Eckhart apostrophe son auditoire, pour l'entraîner dans le mouvement de sa pensée. « Comment faut-il que tu sois[16] ? » ; « or tu pourrais dire[17] » ; « si donc tu veux vivre et que tes œuvres vivent, tu dois

---

* Emilie Zum Brunn suggère que ce changement d'opinion a pu se produire sous l'influence des béguines que Eckhart eut charge de visiter à partir de 1313. Alors sa prédication et sa doctrine théologique se seraient « embrasées au contact d'une nouvelle expérience de la transcendance, dans un contexte qui ne fut assurément pas de seule lecture, mais de vie ». E. Zum Brunn, « Un homme qui pâtit Dieu », in *Voici Maître Eckhart, op. cit.*, p. 280.

être mort à toutes choses et être devenu néant[18] ». Voilà qui force l'écoute lorsque la parole se fait ardue et doit se ficher dans le souvenir : « Comment donc dois-je l'aimer ? — Tu dois l'aimer en tant qu'il est un Non-Dieu, un Non-Intellect, un Non-Personne, un Non-image[19]. » Il secoue de la sorte l'atonie et dissipe les peurs : « Personne ne doit penser qu'il est difficile d'y parvenir, bien qu'à l'entendre cela semble difficile et grand[20] » ; « cela ne doit paraître impossible à personne [...] Jamais rien n'a été plus facile [...] Je dis davantage : jamais rien n'a été plus joyeux à accomplir[21] ». Ou enfin et plus fortement encore : la joie que je vous annonce peut devenir vôtre « avant que vous sortiez aujourd'hui de cette église et même que j'aie fini aujourd'hui de prêcher[22] ».

Ce n'est pas qu'il diminue l'exigence : « Beaucoup de gens ne comprennent pas cela. Je n'en suis pas surpris[23] » ; mais il sait hiérarchiser les obligations et déculpabiliser son auditoire : « Je vous prie pour l'amour de Dieu d'entendre cette vérité si vous le pouvez ; et si vous ne l'entendez pas, ne vous en inquiétez pas, car je veux parler de vérité si éprouvée que peu de gens de bien doivent l'entendre[24]. » Et de conclure ces propos de particulière densité : « Savoir cela n'est pas nécessaire[25] » ; or donc « celui qui n'entend pas ce discours, qu'il n'inquiète pas son cœur avec cela. Car aussi longtemps l'homme n'est pas égal à cette vérité, aussi longtemps n'entendra-t-il pas ce discours ; car c'est une vérité sans fard qui est venue là du cœur de Dieu sans intermédiaire[26] ».

Insistance et solennité : Eckhart affectionne ces figures de style. Une façon pour lui de s'effacer devant une parole dont il ne serait que le véhicule : « Je le dis en bonne vérité et en éternelle vérité et en perdurable vérité[27] » ; « je le dis de par Dieu — c'est aussi vrai que Dieu vit[28] » ; « j'en suis aussi sûr que d'être un être humain[29] ». Ailleurs, c'est une incise qui scelle l'authenticité du dire : « Par le Dieu vivant, c'est vrai[30] » ; « en nom Dieu[31] ! » ; « vraiment, vraiment en nom Dieu, et soyez-en aussi certains que de la vie de Dieu[32] ». Assurance qui justifie l'extrême d'une mise personnelle : « Sur ma vie[33] ! » ; ou encore : « Ce que je vous ai dit, c'est vrai ; de quoi je vous donne la vérité pour témoin et mon âme en gage[34]. »

Concision, sobriété. Eckhart respecte son auditeur, et se garde de l'aborder dans ce qui pourrait être sa faiblesse — un certain enthousiasme de surface qui s'en tiendrait au sentiment d'une heure. Le maître est toujours présent, avec sa passion d'un enseignement solide, ordonné — propre. D'où un souci de clarté, et la mise en lumière d'articulations pédagogiques. Avec lui, l'on sait où l'on va ; et s'il déroge au plan annoncé, il le signale et s'en excuse : « Je néglige le premier et le troisième point et je parle du second[35]. » Lorsqu'il s'est laissé entraîner, il abrège la suite : « Maintenant je ne veux plus du tout parler du troisième mot[36] » ; « je voulais parler de quatre choses [...], mais j'en resterai là[37] » — à moins qu'il ne demande une prolongation : « Encore un petit mot de plus[38] » ; « encore un mot et c'est fini[39] » ; « encore un mot sur l'âme et ce sera tout[40] ». Lorsque enfin il touche au bout de son propre savoir, il l'avoue et s'abîme dans le silence : « Je ne sais pas et ne veux rien de plus ; par là ce sermon prend fin[41]. »

Ce souci pédagogique, cette proximité familière s'expriment également dans l'usage étonnant que ce spéculatif de génie sait faire des images et des comparaisons. « Aujourd'hui, en venant ici, confie-t-il, je me demandais comment je pourrais vous prêcher assez intelligiblement pour que vous me compreniez bien. Je pensai alors à une comparaison, et si vous pouviez la bien comprendre, vous comprendriez ma manière de voir et le fond de toutes les pensées que j'ai jamais prêchées[42]. » A la base de ce procédé, une conviction : Dieu n'est pas un esprit désincarné, intimement livré qu'il est à la nature et à l'histoire. « En vérité, si quelqu'un s'imagine recevoir de Dieu dans l'intériorité, la piété, la douceur et une grâce particulière plus qu'auprès de son feu et dans l'étable, tu ne fais pas autrement que si tu prenais Dieu, lui enroulais un manteau autour de la tête et le poussais sous un banc[43]. » Que Dieu soit donc dénudé, et qu'il apparaisse dans la pleine lumière des éléments de ce monde!

Eckhart peut alors annoncer : « Je vais faire une comparaison[44]. » Il se donne même la peine de faire la théorie du genre : « Je pensais cette nuit que toute comparaison est une condition préalable. Je ne peux pas voir une chose à moins qu'elle ne me soit semblable, et je ne peux pas connaître une chose à moins qu'elle ne me soit semblable[45]. » S'ensuit une théorie de l'image qui, par son ampleur, excède le propos actuel. Elle appelle un usage circonspect de cette figure de style : « La nature enseigne, et il me semble tout à fait juste, que l'on doive donner une idée de Dieu par des comparaisons, par celle-ci et celle-là, et cependant il n'est ni ceci ni cela, et c'est pourquoi le Père ne s'en contente pas, bien plutôt il se retire dans l'origine[46]. » Cette précaution prise, Eckhart s'en donne à cœur joie, et laisse aller son imaginaire non dépourvu d'humour : tracer en équilibre une circonférence avec le pied, dormir dans un bateau à l'ancre, autant d'images de la fermeté que doit connaître le cœur[47]; « certaines gens veulent regarder Dieu comme ils regardent une vache, avec les mêmes yeux; ils veulent aimer Dieu comme ils aiment une vache. Tu aimes celle-ci pour le lait et le fromage et pour ton propre avantage. Ainsi font toutes ces personnes qui aiment Dieu pour la richesse extérieure ou la consolation intérieure[48] »; ailleurs, Eckhart esquisse avec légèreté la scène où un agneau, un bœuf ou une vache et un éléphant ont à traverser un cours d'eau[49]; ou encore, dans ce même sermon, la façon dont se reproduisent les hommes, et le devenir du grain, du cuivre, du bois « appelés à se transformer en autre chose qu'eux-mêmes[50] ». Il parle de l'enseignement que l'on peut tirer en regardant le bois, l'or, la pierre[51]; ou du « mode de fécondité » du grain de blé[52]; il évoque la nécessité de briser la coque pour déguster le fruit[53], le « verdoiement » de la nature, l'épanouissement d'une fleur, la majesté de la mer, le parfum de la pomme qui reste en la main, les noix muscades qu'il fait bon savourer, la construction de la demeure, les différents métiers et jusqu'au « combat entre un serpent et une belette[54] »...

Un autre trait contribue à la vie de ces tableautins qui ne le cèdent guère à certaines fables de La Fontaine ou aux *Caractères* de La Bruyère — un trait à vrai dire plus sérieux et qui autoriserait que l'on fasse comparaison avec la structure des dialogues de Platon — : le véritable tic littéraire qui le fait se référer à temps et à contretemps aux opinions des « maîtres », les faisant converser entre eux et leur apportant la réplique, décernant éloges et blâmes, s'autorisant de l'un et s'amusant de l'autre. Ce jeu des citations confère à ces développements un tour à la fois grave et familier, énigmatique et rassurant. Parfois, le nom est évoqué — saint Augustin, partout présent, Grégoire, Denys, Bède le Vénérable, Jean Damascène, Jérôme, Bernard, mais aussi Boèce, Aristote, Platon, Sénèque. La plupart du temps, la citation demeure imprécise quant à son origine : « un maître », « les maîtres », « nos meilleurs maîtres ». Dans sa grande édition, Josef Quint a tenté de percer tous ces anonymats, non sans succès en nombre de cas. Les tables de son œuvre inachevée n'ayant pu être dressées, on ne peut que se faire une idée approximative de la quantité de ces références en soulignant que le seul tome I des œuvres latines, tel que publié par Konrad Weiss, ne recense pas moins d'un millier de citations bibliques, et environ deux mille autres citations portant sur près de cent trente auteurs et quatre cents œuvres. S'agissant des sermons, Eckhart distingue parfois « les maîtres païens » des autres[55] ; de façon habituelle il n'en fait rien, mêlant les autorités que représentent les uns et les autres — qu'il s'agisse de morts ou de vivants, et ce dernier cas vaut parfois des tableaux très animés : « Quand on en parla à l'École [il s'agit de la façon dont la déité est imprimée dans l'âme], quelques maîtres dirent [...] Ce fut contredit. D'autres maîtres parlèrent mieux et dirent [...] Vint le cinquième maître, il parla le mieux et dit[56]... » Il se sert parfois de ces opinions comme de repoussoirs : « Certains maîtres ont dit

[...] Quant à nous, nous disons[57] » — à moins qu'il ne les corrobore du sceau de sa propre certitude : « Un grand maître dit [...], et c'est vrai[58]. »

Ainsi Maître Eckhart use-t-il avec liberté des données de la nature, de son esprit d'observation, des enseignements de l'histoire, des acquis de sa culture. Il le fait sur un ton personnel qui accentue le charme de son discours. Parmi quelques-unes de ces confidences discrètes : « Je pensais cette nuit[59] » ; « on m'a récemment demandé[60] » ; « je pensais un jour en cheminant[61] » ; ou encore cette entrée en matière, qui dit bien qu'il savait se livrer à l'inspiration du moment : « Tandis que je venais ici, je pensais[62]... » La tendresse affleure parfois, comme lorsqu'il suggère que « toute la joie du Père, et sa caresse, et son sourire sont uniquement dans le Fils[63] ». Plus rares et d'autant plus précieux les regards qu'il permet parfois de jeter sur son expérience intime : « J'ai parfois coutume, quand je dois prier, de prononcer ces quelques paroles[64]... » ; plus émouvant encore : « Si vous pouviez voir avec mon cœur, vous comprendriez bien ce que je dis, car c'est vrai et la vérité le dit elle-même[65] » ; ou cette confidence, aveu d'une crainte : « En chemin, lorsque je devais venir ici, je pensais que je ne voulais pas venir : l'amour rendait mes yeux humides. Quand vous avez pleuré d'amour... — nous laisserons la question en suspens. Joie et peine viennent de l'amour[66] » ; cette authentification de son propos, enfin, qui dit avec pudeur qu'il parle d'expérience : « Si quelqu'un était dans une maison bien ornée de peinture, un autre qui n'y est jamais entré peut bien en parler, mais celui qui a été à l'intérieur le sait. J'en suis aussi certain que de vivre et que Dieu est vivant[67]. »

Vrai fils de saint Dominique, Maître Eckhart ne prise rien tant que la vérité. Ses sermons montrent à satiété avec quel art il sut la présenter et la rendre aimable.

VII

Vers la condamnation

C'est probablement en 1322 que s'acheva cette période particulièrement active de la vie d'Eckhart. Il fut alors appelé à prendre la direction du *Studium generale* de Cologne, qui tant avait compté dans la formation intellectuelle du jeune étudiant, quelque quarante années plus tôt. Immersion à nouveaux frais, par conséquent, dans une tâche prioritairement intellectuelle ; ce qui ne signifie pas qu'il délaissa son activité de prédicateur : n'est-il pas vraisemblable que furent alors prononcés, peut-être dans l'église du couvent, les sermons qui font référence directe et proche à une activité académique ? En quelle autre situation aurait-il pu mêler ces deux types de parole, au point de dire : « Hier, une question fut posée à l'École entre de grands clercs[1] » ? On peut penser que « l'École » n'était autre que le *Studium* dominicain de Cologne.

On sait la place éminente — le quasi-monopole — que tenait cette institution dans l'Allemagne d'alors ; cela d'autant plus qu'une véritable école de pensée, ainsi qu'on l'a vu, s'était développée là, sous l'influence d'Albert le Grand, au point de constituer, aux yeux de beaucoup, plus qu'une nuance différente, presque une alternative par rapport au thomisme parisien. Eckhart se situait parfaitement dans la ligne de cette conciliation espérée entre Augustin et Denys, entre métaphysique et mystique*. Il n'est pas étonnant qu'il soit apparu alors comme le représentant phare de cette tendance, nimbé par ailleurs de la double réputation de science et de sainteté qui s'attachait à son nom. De plus, ce fleuron de l'ordre dominicain ne pouvait qu'attirer sur lui certaines envies voire même jalousies nées du formidable développement de cette famille religieuse, de son hégémonie dans le domaine intellectuel, du talent qu'elle manifestait dans l'œuvre de prédication — pour ne point évoquer la puissance économique dont s'accompagnait pareille réussite. Un événement allait ajouter encore à cette litanie d'excellence : la canonisation de Thomas d'Aquin, qui fut chose acquise en 1323, moins de cinquante ans après sa mort. Religieux franciscains et prélats séculiers ne pouvaient que se sentir relégués dans l'ombre de cet arbre opulent ; pour eux, pour d'autres encore, venir à bout d'un Maître Eckhart serait déconsidérer son ordre en le frappant au sommet.

Un élément compta sans doute dans le délitement du tissu ecclésial qui favorisa l'éclosion de ce drame : l'on veut parler des interférences politiques. Sur ce plan, les temps décidément n'étaient pas bons, et la situation opposant la papauté à l'Empire n'avait cessé de se dégrader, jusqu'à contraindre chacun à une option tranchée. Henri II de Virnebourg, archevêque de Cologne et personnage clef de cette déplorable histoire, était grand électeur du Saint Empire ; comment n'aurait-il pas regardé avec ressentiment, et malgré son allégeance forcée au pape, des religieux que leur privilège d'exemption à l'égard des autorités ecclésiastiques locales mettait directement sous la juridiction et théoriquement la protection du pouvoir central de l'Église ?

Toutes choses étaient tendues à l'extrême depuis qu'en 1314 Louis de Bavière s'était proclamé roi d'Allemagne et avait affirmé sa prétention à l'Empire. Il parvint à ce but lorsqu'en 1322 il défit

---

* Cf. ci-dessus, note, p. 37.

L'histoire et ses parcours

Frédéric d'Autriche à la bataille de Mühldorf — l'année précisément où Maître Eckhart prenait son nouveau poste de responsabilité à Cologne. Ayant assis son pouvoir de ce côté des Alpes, Louis voulut tenter l'aventure italienne ; une terre qui, depuis l'hégémonie des Hohenstaufen à partir du milieu du XIIe siècle, opérait une véritable séduction sur les monarques du Nord, qui venaient chercher là un surcroît de légitimité. C'était risquer le conflit direct avec la papauté. Car Jean XXII, même exilé à Avignon, maintenait sa prétention à la suprématie sur le pouvoir politique, et exigeait que le nouveau maître de l'Empire vînt lui faire allégeance et recevoir de lui le titre envié. Louis de Bavière refuse, et le pape l'excommunie en 1324. Louis se fait néanmoins couronner, convoque un concile général et fait élire un antipape. Bon nombre de villes d'Allemagne du Sud choisissent la fidélité à l'empereur ; l'interdit est jeté sur elles, et l'on ne pourra plus désormais y célébrer les sacrements.

Dilemme cruel pour beaucoup. Les dominicains, dans leur grande majorité, prennent le parti du pape. Pas tous cependant, puisque le chapitre général de Venise s'inquiète en 1325 des agissements de certains frères de ces contrées. Un visiteur est nommé en la personne de Gervais, prieur d'Angers. Il est certain que, pour sa part, Eckhart n'encourut jamais un tel soupçon ; tout laisse à penser que son attitude fut sans reproche, ce qui contribua à attirer sur lui le courroux de l'archevêque Henri de Virnebourg. Voici donc venu le temps des suspicions, et bientôt de la violence, au fur et à mesure que se resserrera sur lui l'étau de la « justice » ecclésiastique ; au fronton de cette période, l'on est tenté d'inscrire le mot que Dante déchiffre à l'entrée de l'enfer : *Lasciate ogni speranza, voi ch'entrate**.

La vindicte politico-ecclésiale qui s'apprête à s'exercer sur Maître Eckhart avait beau jeu de se dissimuler sous les apparences

---

* Abandonnez toute espérance, vous qui pénétrez dans ce lieu.

d'un zèle en faveur de la pureté de la foi. L'on a suggéré ci-dessus que certains bégards ont pu se mettre sous l'autorité morale de ce maître de grand renom, en s'autorisant de ses écrits réels ou supposés, en forçant les propos qu'il aurait tenus, voire en composant des textes qui se seraient mêlés au corpus circulant sous son nom. Henri de Virnebourg a là une carte importante à jouer. S'appuyant sur la condamnation que le concile de Vienne avait fait tomber sur les bégards et même sur les béguines en 1311-1312 — ce que n'avait point attendu l'Inquisition, on l'a vu, qui peu avant avait conduit au supplice une Marguerite Porete —, il durcit la lutte contre ceux-là, désormais réputés hérétiques ; c'est ainsi qu'il fait condamner au bûcher un Gauthier de Hollande en 1322. C'est justement, une fois encore, l'année où Maître Eckhart accède à une fonction qui le met en ligne de mire...

Dès 1325, Eckhart commence d'être entraîné dans cette spirale de violence. Le 1er août de cette année-là, le pape nomme deux dominicains notoires, Nicolas de Strasbourg et Benoît de Côme, comme visiteurs apostoliques en Teutonie. L'on n'entend plus parler du second ; quant à Nicolas, qui avait été lecteur au *Studium* de Cologne, il appréciait grandement Maître Eckhart — en porte témoignage la *Somme philosophique* qu'il avait composée dans la seconde décennie du siècle — et fit l'impossible pour disculper son illustre confrère. L'action qu'il engagea aboutit ainsi à un non-lieu. Lui-même paya cette attitude et fut l'objet d'un procès fomenté par l'archevêque de Cologne en raison de son attachement décidé à son collègue et ami. Il put néanmoins traverser cette tempête sans perdre la confiance des autorités de l'ordre, qui le maintinrent jusqu'au bout dans des charges d'importance.

Nicolas s'efforce de limiter l'influence de deux dominicains aventuriers, Hermann de Summo et Guillaume de Niedecke, qui devaient se révéler les adversaires les plus acharnés et les plus efficaces de Maître Eckhart en toute cette période. Les choses vont

L'histoire et ses parcours

à ce point que l'on tente de les exclure de l'ordre, mais ils trouvent protection près de l'archevêque, et ce sont eux qui, en 1326, porteront devant lui l'accusation d'hérésie contre leur confrère. Henri de Virnebourg, constatant que, dans leur ensemble, les dominicains refusent de sévir contre celui qui est la gloire de leur ordre, intente alors contre lui, de façon bien plus sérieuse, un procès d'Inquisition. Maître Eckhart sera donc mis en cause par une juridiction dont les dominicains ont eu très tôt la responsabilité principale ; il est vrai que l'archevêque choisit alors ses juges parmi des clercs d'autre tendance et qui d'ores et déjà lui sont globalement défavorables : le théologien séculier Maître Reyner et le franciscain Pierre de l'Estate.

Hermann de Summo et Guillaume de Niedecke se chargent de la basse besogne. Ce sont eux qui dressent un premier inventaire de propositions suspectes, tirées des ouvrages tombés dans le domaine public — l'œuvre latine et *Le livre de la consolation divine* — mais aussi, et de façon moins contrôlable, des sermons allemands. Il semblait jusqu'à une date récente que cette première liste comportait quarante-neuf propositions — un chiffre qu'authentifie le texte de défense (*Verteidigungsschrift*) produit en cette occurrence par Eckhart lui-même ou l'un des siens ; une récente étude vient d'accréditer l'évidence que ce chiffre procède d'une erreur de copiste dédoublant l'un de ces articles dans la version transmise à Eckhart, de sorte que la liste officielle déposée près le tribunal n'en comportait que quarante-huit[2]. L'opiniâtreté des détracteurs apparut dans sa force lorsque presque aussitôt une seconde liste fut constituée, comportant cette fois cinquante-neuf articles, certains repris de la précédente, d'autres nouveaux. Au siècle suivant, Nicolas de Cues affirmera pour son compte qu'une troisième liste fut établie, avec des propositions tirées du Commentaire de saint Jean. Certains pensent même que circulèrent alors au moins quatre ou cinq listes de ce genre. Quoi qu'il en soit, lorsque l'accusation fut portée devant la cour d'Avignon, ce ne sont pas moins d'une centaine d'articles qui furent envoyés à l'appui de la plainte, avec l'aval de l'archevêque.

Eckhart comparaît devant le tribunal de Cologne le 26 septembre 1326. Il proteste d'abord contre cette procédure, arguant de son exemption et rappelant qu'il n'est comptable de ses dires et de ses gestes qu'à l'égard du pape et de l'université de Paris, l'autorité qui l'a reconnu comme « maître ». Il accepte néanmoins de s'expliquer sur les formules qui lui sont reprochées, non sans avoir récusé un certain nombre d'entre elles qui manifestement lui sont attribuées par erreur ou malveillance. Il reconnaît que, parmi les autres, certaines sont « rares et subtiles » ; il justifie leur sens, tout en se déclarant prêt à les désavouer si l'on parvient à lui démontrer qu'elles sont fausses. Il conteste par là l'accusation d'hérésie, puisque, affirme-t-il, « seule l'adhésion obstinée à l'erreur fait l'hérésie et l'hérétique ».

Ces deux premières listes d'accusation ainsi que la défense d'Eckhart sont attestées par un document de quatorze feuillets découvert dans la bibliothèque de Soest au cours des années vingt de notre siècle. Augustin Daniels, leur premier éditeur, les interpréta comme une sorte de résumé officiel des arguments échangés lors des débats de septembre 1326 ; pour sa part, Gabriel Théry, qui en produisit presque aussitôt une édition commentée[3], accentua ce jugement en évoquant une copie d'archives censée relater avec précision le déroulement de la séance ; enfin, Josef Quint mit le sceau sur cette ligne interprétative en parlant de « procès-verbal de deux discussions ayant eu lieu devant la commission convoquée par l'archevêque ». Dans l'étude mentionnée ci-dessus, Louis Sturlese conteste de façon convaincante cette version des faits : il montre que le manuscrit de Soest est une composition émanant du cercle des eckhartiens qui, à Cologne, restèrent fidèles à la mémoire du maître avant et après la publication de la bulle le condamnant. Ce document fut en effet déposé à Soest en 1421 par le dominicain Jacob von Schwefe qui en avait

L'histoire et ses parcours

eu connaissance précisément au *Studium* de Cologne. Il est vrai que cet écrit composite, qui comprend les deux listes d'accusation avec les réponses intercalaires de l'accusé — le tout inscrit entre une déclaration introductive et une présentation finale —, a les allures d'un véritable manifeste provenant de partisans zélés ; il connut une large diffusion, la trace de plusieurs copies ayant été retrouvée, dont l'une vint en possession du cardinal Nicolas de Cues.

Quoi qu'il en soit, les choses à Cologne allèrent leur cours. La mauvaise foi des accusateurs étant avérée, Eckhart comprend qu'il n'a plus à se plier à une procédure dont il conteste la légitimité. Aussi, lorsque au début de 1327 Henri de Virnebourg, dépité de ce qu'il tient pour des atermoiements, passe la mesure en citant devant son tribunal Nicolas de Strasbourg, le visiteur nommé officiellement par les autorités de l'ordre, Maître Eckhart, le 24 janvier, en appelle solennellement au pape, et déclare se soumettre par avance à son jugement. En attendant, pour couper court aux suppositions, il se décide à un acte public. Le 13 février 1327, il monte en chaire dans l'église des dominicains de Cologne, accompagné de son collègue Conrad de Halberstadt ; celui-ci lit en latin et Eckhart traduit immédiatement en allemand la déclaration suivante où transparaît le sentiment d'une dignité bafouée : « Moi, Maître Eckhart, docteur en sacrée théologie, proteste avant toute chose, prenant Dieu à témoin, que j'ai toujours réprouvé toute erreur sur la foi et toute corruption des mœurs autant que j'ai pu, ces erreurs étant contraires à ma condition de maître et à mon ordre. Si donc on trouvait quelque proposition erronée concernant ce que j'ai dit, que je l'ai écrite, dite ou prêchée, en privé ou en public, en quelque lieu ou en quelque temps que ce soit, directement ou indirectement, selon une doctrine suspecte ou fausse, je la révoque ici expressément et publiquement devant tous et chacun de ceux qui sont ici présents. »

Comme bien l'on pense, cet acte ne suffit pas à désamorcer la crise. Au contraire. Venant le 22 février retirer ses lettres « dimissoires » (c'est-à-dire l'autorisation de partir pour Avignon) auprès du tribunal, Eckhart s'entend dire que son appel a été rejeté. Refusant de se plier à la poursuite de la procédure colonaise, Maître Eckhart, malgré l'interdiction qui lui en est faite, prend alors le chemin de la cour papale. L'accompagnent trois frères enseignant au *Studium generale* et le provincial de Teutonie lui-même, Henri de Cigno — ce qui donne la mesure du soutien qu'il connaissait auprès des siens. Il est suivi par Hermann de Summo, porteur des accusations de Henri de Virnebourg et sans doute de la centaine de propositions que l'on espérait voir condamnées par les juges d'Avignon.

A partir de cette date, les informations se raréfient, et l'on entre progressivement dans la nuit et le brouillard. Il est avéré pourtant que le vice-procureur général des dominicains, Gérard de Podhans, adresse une supplique au pape pour dénoncer les agissements de Summo et de Niedecke, demandant que l'on fasse arrêter le premier lors de son arrivée à Avignon et qu'on l'emprisonne avant que de le renvoyer en sa province. Il n'en fut probablement rien, car l'intéressé jouissait du soutien de Henri de Virnebourg, et le pape ne pouvait se permettre de désavouer un si puissant personnage, dont la position personnelle importait tant dans la lutte qu'il menait contre Louis de Bavière. Quant à Guillaume de Niedecke, il déclara qu'il était disposé à s'engager dans les armées de l'empereur insoumis. On ne sait s'il passa à l'acte.

A Avignon, Maître Eckhart séjourna vraisemblablement dans le couvent des dominicains de cette ville, situé sur une île du Rhône, non loin du Palais des papes. De ce bâtiment et de ses archives, il ne reste rien ; il est probable que le site même a été effacé par les modifications que connut le cours du fleuve. Les confrères qui accompagnaient Eckhart depuis Cologne purent-

L'histoire et ses parcours

ils demeurer près de lui ? Fut-il livré à la solitude, comme le sera Jean de la Croix dans les dernières semaines de sa vie, en son quasi-exil du couvent d'Ubeda ? Les plus grands des mystiques ont souvent connu de ces dérélictions inhumaines.

Le franciscain Guillaume d'Occam était lui-même présent à Avignon en ces années-là. Il y était arrivé en 1325, pour répondre lui aussi d'accusations d'ordre doctrinal. En 1328 — après la mort d'Eckhart, selon toute vraisemblance — excédé par la tournure de la procédure qui le concernait, il quitte Avignon et rejoint Louis de Bavière à Pise. Excommunié, se retournant contre le pape qu'il taxe à son tour d'hérétique, il meurt à Munich en 1349, après avoir produit nombre d'écrits traitant de la question controversée de la pauvreté stricte, et ouvrant par ailleurs la voie au « nominalisme* ». Par telles allusions postérieures aux événements, on apprend de lui que Maître Eckhart comparut plusieurs fois devant le tribunal des cardinaux et des théologiens chargés d'instruire son procès, et que, sans doute las, peut-être désabusé, ayant résolu par ailleurs de faire confiance à ses juges, il ne mit aucune ardeur à se défendre et ne tira sans doute pas tout le fruit possible des lacunes, des erreurs et des contradictions du dossier à charge. Peut-être même ne sut-il expliquer clairement ce qu'il entendait par cette formule ou par cette autre, puisque les opinions que Occam lui prête, en le traitant aimablement de fou, paraissent ici ou là pour le moins fantaisistes.

En face de l'accusé, des membres de la curie. Le cardinal français Jacques Fournier, le futur Benoît XIII, dont on possède, par citation dans un document postérieur, les bribes d'un rapport de

---

* On appelle ainsi le système de pensée pour lequel les « universaux », prédicats génériques des jugements d'existence (v. g. homme, animal ou être par rapport à individu singulier), ne sont que des « noms » — termes abstraits définissant des qualités et ne possédant aucune existence propre. Opposé au « réalisme » de la langue, le « nomalisme » occamien ouvre la voie à une tradition qui culmine de nos jours avec le « positivisme logique » des pensées formelles dotées de « langues symboliques ».

grande sévérité ; le dominicain Guillaume-Pierre Godin, qui avait suivi les cours du maître à Paris et fut peut-être celui qui obtint une modération du jugement final par rapport à la position violente de la commission ; bien d'autres encore qui demeurent inconnus. Tous jugèrent des propositions tirées de leur contexte, car ils n'eurent pas accès, d'évidence, aux originaux, écrits pour beaucoup d'entre eux dans une langue qu'ils ignoraient. Ils se fièrent donc à la teneur des articles venus de Cologne, derrière lesquels se profilait l'ombre maléfique de Hermann de Summo. Josef Koch, éminent spécialiste de Maître Eckhart, a pu affirmer que jamais procès ecclésiastique ne fut mené sur une base d'accusation aussi fragile.

Le document remis au pape par les théologiens avignonnais — le *Votum avinionense* — a été retrouvé dans les archives du Vatican en 1935. Sur la centaine de propositions soumises à leur verdict, ces théologiens en retiennent vingt-huit qu'ils jugent devoir être déclarées « hérétiques ». Le texte comporte à chaque fois un assez vague résumé de la réponse que fournit Maître Eckhart lorsqu'il eut à s'expliquer devant la commission ; mais l'impression prévaut qu'il s'agit en cela d'un exercice imposé, qui ne manifeste de la part des juges aucune volonté de compréhension — pas même la prise au sérieux des dénégations de l'accusé touchant l'authenticité de tel propos qui lui était prêté. Le maître comprit que les jeux étaient faits. Comment expliquer autrement qu'il n'ait pas cherché à produire des raisons convaincantes, se limitant souvent à arguer de sa bonne foi et se soumettant par avance au verdict qui serait rendu ?

Ce verdict, il n'en eut pas connaissance, la mort l'ayant devancé. Quelles furent les circonstances de la mort de Maître Eckhart ? Elles resteront sans doute à jamais celées. Quand survint-elle ? Probablement au début de l'année 1328. Lorsque la nouvelle en parvint à Cologne, Henri de Virnebourg prit peur : le procès n'allait-il pas être interrompu — ce qui l'aurait privé d'une arme dont il avait impérieusement besoin ? Il s'en ouvrit à Jean XXII dans une lettre dont on ne regrettera guère qu'elle ait été perdue. Sa teneur transparaît assez dans la réponse *rassurante* que le pape lui adresse le 30 avril 1328 : que l'archevêque ne se trouble pas ! La procédure engagée ira à son terme. Il y fallut presque un an encore, puisque la bulle de condamnation, *In agro dominico* (« Dans le champ du Seigneur »), est datée du 27 mars 1329. Henri de Virnebourg n'en fut sans doute que médiocrement satisfait, dans la mesure où il attendait une mise en cause portant sur la totalité des propositions en question et jetant la suspicion sur la personne du maître et sur l'ensemble de son œuvre ; or nombre des articles soumis à la curie avaient été laissés pour compte ; par ailleurs, Jean XXII précisait que la bulle serait promulguée dans le seul diocèse de Cologne. La machine de guerre mise en route n'avait pas produit les fruits escomptés.

Un préambule de tonalité sévère évoque la souffrance du pape à constater qu'épines et chardons ont envahi le « champ du Seigneur » ; l'artisan de ce désordre est ensuite désigné, et la raison de ses erreurs mise au jour dans une phrase laconique : « Il a voulu en savoir plus qu'il ne convenait. » Appel indirect à l'obscurité de la foi ? Mais où faudrait-il fixer une limite, établir une « convenance » ? Dieu n'est-il pas la seule mesure de la connaissance que l'homme peut acquérir de lui ? Paradoxalement, cette phrase en elle-même insensée touchait juste, négativement : chez Eckhart, la « volonté » est tout entière ordonnée à un au-delà de toute « connaissance » imaginable, à l'union entre la fine pointe de l'intellect et le fond de la déité.

Les vingt-huit articles sanctionnés par la commission des théologiens sont ensuite énoncés, sans les attendus que comporte le *Votum avinionense*, sans non plus, il va de soi, les réponses de Eckhart et leur réfutation. Cela donne un document bref, une liste austère où se mêlent des considérations disjointes, sans le lien vivant qui les éclaire souvent dans les développements du maître. S'il ne s'agissait là d'un jeu futile, l'on pourrait placer la plupart d'entre eux en exergue à tel ou tel des points de sa doctrine que l'on va s'efforcer dans un instant de mettre en lumière. Car Maître Eckhart n'a pas renié pour l'essentiel les propos qu'on lui prête ici ; excepté deux d'entre eux qu'il ne reconnaît pas pour siens — la bulle, contrairement au *Votum*, les rejette en fin de liste, et les déclare hérétiques mais sans affirmer que Eckhart les ait tenus —, il a authentifié tous les autres : c'est bien cela qu'il a dit, et c'est cela qu'en toute bonne foi il a pensé être vrai.

Comment faut-il donc entendre le fait, souligné par la bulle en sa dernière partie, qu'« à la fin de sa vie » il ait « désavoué les vingt-six articles » ? « Il voulait qu'ils fussent absolument et totalement révoqués, comme ils l'avaient été un à un, soumettant sa personne, ses écrits et ses paroles à la décision du Siège apostolique. » Aurait-il donc reconnu qu'il s'était trompé ? La chose est impensable. Car les « défenses » qu'il esquisse ont presque toutes la même structure : Je n'ai jamais pensé ce que l'on me fait dire à partir de telle affirmation — et voici le sens que j'y ai inscrit et que je redis ici en toute bonne foi. Son « désaveu », sa « révocation » portent donc sur l'interprétation déviante qu'il s'étonne que l'on ait donnée à ses tentatives pour mettre en langage d'homme l'indicibilité de Dieu. Peut-être cette restriction est-elle perceptible dans ce passage du texte de la bulle dont on peut penser qu'il traduit fidèlement ses sentiments : il désavoua « tout ce qu'il avait écrit ou enseigné dans les écoles ou dans ses sermons qui pourrait faire adopter dans les esprits des fidèles un sens hérétique ou erroné contraire à la vraie foi ».

Si l'on excepte les deux derniers articles mis hors jeu en ce qui le concerne — c'est pourquoi il est dit n'en avoir désavoué que vingt-six —, les autres sont répartis en deux groupes adornés de pondérations diverses : les quinze premiers sont reconnus franchement hérétiques — « et par le son que rendent les mots employés et par l'enchaînement des idées » —, tandis que les onze autres sont dits « malsonnants, très téméraires et suspects d'hérésie, quoique avec beaucoup d'explications et de compléments ils puissent prendre ou avoir un sens catholique ».

Nuance importante. Avec Maître Eckhart, comme avec les plus grands de ceux qui se vouèrent à l'absolu, l'on se trouve sur une ligne de crête. Rien n'autorise à penser qu'il se soit engagé en ces passes dangereuses par assurance téméraire ou goût de l'insolite. Il a été rejoint par ce qui en lui est plus puissant que lui, et il a eu l'intrépidité de bousculer le langage pour signifier l'au-delà du langage. Face à un tel créateur, n'est-il point raisonnable qu'on lui rende les armes et qu'on lui fasse *d'abord* crédit ?

Reste la capacité à relier en fin de compte cette diction de l'ultime à ce qu'en peut percevoir le langage commun. On a souligné le souci pédagogique dont font preuve ses explications ; mais il n'était pas comptable de la réception que chacun est censé en faire, en payant le prix fort d'un « détachement » onéreux à l'égard des représentations. Eckhart était à coup sûr en avance sur son temps ; son erreur fut peut-être de faire trop crédit aux puissances de compréhension de ses interlocuteurs — mais de cette « erreur », sept siècles plus tard, beaucoup lui sont encore redevables. Le temps serait alors venu d'acquitter notre tribut à l'expérience qui fut la sienne en la laissant innerver notre propre langage : Dieu et Dieu, Dieu et l'homme, l'homme et l'homme ne sont ni un ni deux — mais la loi de leur être, la forme de leur unité propre et de leur union mutuelle sont cette unité de l'un et du deux qui est la marque de l'abîme, la rencontre béatifiante entre la substance et la relation. A la mise en lumière de ce principe logique sera consacré, tel un portique royal, le premier développement de la seconde partie du présent ouvrage — base assurée d'une intelligence libératrice des propositions « téméraires » et « suspectes » qu'il eut toute raison de cultiver.

Reste la question de sa réhabilitation institutionnelle. L'on peut penser qu'elle viendra en son temps, lorsque cet essentiel aura été mené assez loin et avec la rigueur qui convient. Pour l'heure, Maître Eckhart vient d'achever sa tâche. Il est heureux qu'il n'ait pas été le témoin de sa ruine apparente. Mais l'histoire ne devait pas en rester là et, de ce temps à nos jours, elle a su dévider le fil d'une continuité dans l'exigence et la passion du vrai.

VIII

L'écoute des siècles

Eckhart s'est abîmé dans l'ombre. Son destin historique n'est pas scellé pour autant. Il semble au contraire que l'acharnement de ses ennemis, qui trouva une confirmation provisoire dans ce jugement de circonstance, ait, en de certains cercles, engendré par ses excès mêmes une attention nouvelle à cette ligne d'expérience et de création de langage. Cette histoire posthume de l'eckhartisme mérite au moins d'être esquissée.

Quelle fut la réaction de l'université de Paris — la seconde puissance à l'égard de laquelle Eckhart se reconnaissait comptable de ses propos — face à cet événement inouï de la condamnation d'un « maître en sacrée théologie » issu de ses rangs ? Le mutisme des siècles à cet égard est total. Nul écho d'une acceptation ni d'une mise en cause du verdict d'Avignon. Les autorités majeures de l'ordre dominicain, en revanche, réagirent dans un premier temps de façon défavorable à l'accusé. A en croire l'historiographie la plus récente[1], les responsables de la province de Teutonie, qui s'étaient tenus aux côtés de Maître Eckhart au long de ces années, furent purement et simplement déposés. Si l'on n'osa pas, semble-t-il, sévir contre le *Studium generale*, demeuré globalement favorable à celui qui l'avait dirigé au moment même où s'esquissait sa disgrâce — l'on rappellera dans un instant comment un courant eckhartien ne cessa de s'y affirmer —, on sait que des

« visiteurs » mandatés pour ce que l'on appelle une « œuvre d'assainissement » se livrèrent à de tels excès que des plaintes furent formulées qui remontèrent jusqu'au pape. Période de tensions qui trouvèrent à s'apaiser avec l'élection en 1333 d'un nouveau Maître général des dominicains en la personne de Hugo de Vaucemain. On verra les formes que prit alors sans tarder la liberté plus grande qui suivit cette nomination.

Auparavant, il importe d'évoquer le cas de celui que l'on tient pour un disciple direct et très proche de Maître Eckhart, le bienheureux Henri Suso, né peu avant le siècle, vers 1296, et qui fut porté sur les autels par la ferveur populaire. Il fut le seul à oser produire, au temps même du procès d'Eckhart et sans doute avant sa mort (puisque l'on date cet écrit de 1327) un libelle de grande beauté que de bons spécialistes de cette époque disent être le texte peut-être le plus difficile de cette école de mystique spéculative : *Le livre de la vérité*[2]. Suso était dominicain lui aussi, avait été étudiant au *Studium* de Cologne, et avait puisé là le culte du vrai qui transparaît dans le titre de cet opuscule si bien adapté à l'esprit de Eckhart. Dans les cinq chapitres de cet ouvrage, il fait montre d'une exigence qui ne le cède en rien à celle de son maître. Sous forme dialoguée, en de brèves sentences de nature parfois aphoristique, Suso illustre de mille manières les exigences de l'union avec Dieu à laquelle l'homme est appelé par voie d'intelligence. Lui, qu'aucun document n'atteste présent dans le petit groupe des fidèles qui entourèrent Eckhart au moment de son procès à Cologne, s'avère là un défenseur pénétrant et intrépide, même si le genre littéraire dont il fait choix l'amène à user davantage de nuances que ne le fit souvent son héros. Celui-ci est évoqué directement sous le nom de « disciple », opposé dans le plus long développement (chapitre V) au « sauvage », un qualificatif peu amène qui désigne un représentant type de la doctrine et de la spiritualité des bégards. Tout l'effort de Suso tend à montrer que, sous des formulations apparemment proches les unes des autres, le dis-

L'histoire et ses parcours

ciple et le sauvage se réfèrent à deux corps de doctrine mutuellement incompatibles, ce qui impose la tâche d'une séparation des plus fines entre le bon grain et l'ivraie.

Cet écrit ne passa pas inaperçu et valut à son auteur une citation en bonne et due forme devant un tribunal interne à l'ordre, institué lors du chapitre provincial de Trèves réuni en 1332. Suso s'y montra courageux et produisit une défense des plus fermes de son maître, y ajoutant cette touche d'exquise sensibilité qui est la marque de son génie propre lorsqu'il évoqua les procès de Cologne et d'Avignon : « Le cœur tremblant, il [Eckhart] fut mis en jugement. Et on l'accusa de beaucoup de choses, dont celle-ci : ils dirent qu'il faisait des livres dans lesquels se trouvait une fausse doctrine, qui souillait le pays tout entier par l'impureté hérétique. C'est pourquoi on le traita fort mal, lui tenant des propos très rudes[3]. » Suso, heureusement, ne connut pas le même traitement. L'accession au généralat de Hugo de Vaucemain — qui s'accompagna de la révocation du vicaire général Bertrand Carrerie, adversaire du maître — rendit bientôt l'atmosphère plus respirable et n'est sans doute pas étrangère à cela. Il est vrai que Louis Sturlese évoque une autre hypothèse, celle selon laquelle Suso, ébranlé par cette action dont il fut l'objet, aurait modifié sa façon de voir et son comportement[4] ; ce soupçon n'est toutefois guère vraisemblable, dans la mesure où l'on sait que Suso, même s'il ne récidiva pas dans sa défense explicite de Eckhart, ne cessa jusqu'à sa mort, survenue en 1366, de se référer à lui et de répandre ses écrits.

On a toutes raisons de voir un autre disciple immédiat du maître en la personne de Jean Tauler, né en 1300 ; à partir de Strasbourg où il résidait, il mena dans l'ordre dominicain une brillante carrière de prédicateur jusqu'à sa mort, survenue en 1361. Il est possible qu'il ait connu personnellement Eckhart ; mais pas plus que Suso, il ne semble avoir été actif dans le groupe des collègues et disciples qui prirent son parti au moment des événements de Cologne. C'est après cela qu'il fut en contact avec les milieux du *Studium generale* ; il semble qu'alors Berthold de Moosburg, dont il sera question dans un instant, l'ait gagné à cette cause, et qu'il se soit dès lors déclaré partie prenante de la ligne de pensée « Albert - Dietrich - Eckhart*». Tauler fut essentiellement un prédicateur. La réserve qui s'imposait après la condamnation de 1329 fit que, pas plus que Suso, il ne parle jamais directement en faveur du maître ; dans son sermon n° 15, il l'évoque pourtant sous la figure d'un « aimable maître » et, de façon plus essentielle, comme un *alter Christus* — un « autre Christ » —, ajoutant ce jugement propre à disqualifier ceux qui le contestent : « Il parlait à partir de l'éternité, et vous le comprenez à partir du temps**. » Quels qu'en soient les mérites, il est néanmoins indubitable que Tauler, moins encore que Suso, ne déploya jamais personnellement la puissance spéculative qui fut celle de Maître Eckhart. On se défend mal du sentiment que domine en ces textes une dimension éthique qui ne trouve à s'éclairer qu'en seconde instance des thèses les plus décisives de celui dont il se veut l'héritier.

D'intérêt pour le moins aussi grand l'appréciation que l'on peut faire de l'orientation qui prévalut au *Studium generale* dans les vingt années qui suivirent la condamnation. L'on sait déjà que le rédacteur de la *Verteidigungsschrift* contenue dans le manuscrit de Soest était probablement un familier de la pensée et des écrits de Eckhart appartenant à ce cercle. L'histoire atteste qu'un groupe de fervents eckhartiens y demeura actif, y compris dans les années les plus sombres, sans tenir compte du verdict avignonnais. Lorsque après 1333 l'étau se fut quelque peu desserré, c'est au

---

* Entendons : Albert le Grand - Thierry de Freiberg - Eckhart.
** Écho d'un propos de Maître Eckhart lui-même : « L'âme est créée en un lieu entre le temps et l'éternité, qu'elle touche l'un et l'autre. [...] Elle agit dans le temps, non pas selon le temps, mais selon l'éternité » (S. 47, II 108).

L'histoire et ses parcours

grand jour que cette ligne de pensée s'affirma à nouveau ; en aboutissant toutefois à une impasse, et peut-être à un échec provisoire[5]. En 1335 en effet, peu après la mort de Jean XXII survenue en 1334, Berthold de Moosburg, dernier représentant notable de la « théologie rhénane », fut envoyé précisément à Cologne. L'arrivée au *Studium generale* de cette personnalité ne pouvait être comprise, compte tenu de ses antécédents, que comme un aval donné à ce que l'on pourrait appeler un « eckhartisme modéré ». Car Berthold était demeuré proche de son maître Thierry de Freiberg, dont chacun savait qu'il avait été l'ami de Eckhart et avait influencé sa pensée. Certes, Thierry (ou Dietrich) de Freiberg était surtout connu pour son opposition sans nuances au thomisme parisien ; mais Berthold, auteur d'un commentaire de Proclus, avait sur ce point des positions moins tranchées ; il tenta de ramener le petit groupe des « eckhartiens orthodoxes » à une voie moyenne qui aurait pris le relais de la tradition Albert le Grand-Thierry de Freiberg ; c'est à cette cause, on l'a vu, qu'il gagna un Tauler — sans pouvoir toutefois aller plus loin. Le temps qu'il demeura au *Studium generale* reste imprécis, tout comme la date de sa mort, même s'il est certain qu'elle est à situer après 1360. Cependant l'on poursuivait à Cologne, mais dans l'ombre désormais, la lecture de Maître Eckhart : une anthologie de son œuvre y fut même composée et est attestée à la date de 1386.

Par là, sans doute aussi par l'habitude prise de se référer à sa pensée dans les monastères où avaient circulé des copies de ses sermons et de son œuvre allemande, l'influence du maître continua de se faire secrètement ressentir dans les milieux de la mystique flamande — par exemple chez Jan Van Ruusbroec, dit l'Admirable (1293-1381) — et sans doute aussi chez les mystiques anglais du XIVe siècle, Julienne de Norwich et l'auteur anonyme du *Nuage d'inconnaissance*. A vrai dire, la mystique nuptiale de Ruusbroec, le moine augustinien de Groenendaal, se rattache plus immédiatement à la pensée de Hadewijch d'Anvers qu'à celle de

Maître Eckhart, et les parentés que l'on décèle entre Eckhart et lui sont un écho diversifié de cette référence qui, à de certains égards, leur est commune. Il reste que *Le Royaume des amants de Dieu* et surtout *Les Noces spirituelles*, vers 1350, inclinent moins vers la mystique spéculative des Rhénans que vers la *devotio moderna* du siècle suivant.

En déroulant le cours du temps, l'on rencontre ensuite le cardinal Nicolas de Cues, personnage de vaste culture et d'ampleur insolite. A mi-chemin entre le Moyen Age et la Renaissance — il vécut de 1401 à 1464 —, il fit à sa façon revivre en sa personne le double modèle du théologien-penseur et du mystique-homme d'expérience. Ses recherches logiques portant sur la « coïncidence des termes opposés » représentent un maillon dans la chaîne ininterrompue qui, de Maître Eckhart à la grande dialectique du début du XIXe siècle, ouvre l'univers de la réflexion à l'efficience du tiers terme, compris dans son inexistence même et dans la force négative de son pouvoir médiatisant — « fond sans fond » où s'abîme tout substantialisme et d'où renaît la possibilité d'unifier sans confusion l'un lui-même et le multiple. Ses deux ouvrages principaux, *De la docte ignorance* (1440) et l'*Apologie de la docte ignorance* (1449), se situent dans la droite ligne d'une mystique spéculative qui donne le pas à l'intellect et au paradoxe de son déploiement négatif dans l'atteinte par l'homme de sa réalité ultime. L'on sait que Nicolas de Cues pratiquait les écrits du grand mystique rhénan, et qu'il disposait d'un exemplaire de la fameuse *Verteidigungsschrift* issue du milieu colonais. Lorsqu'on lui reprocha de se référer ainsi à une pensée explicitement condamnée, il eut le courage de rejeter l'argument, affirmant que Maître Eckhart avait été mal compris de ses juges. Une opinion qu'un siècle après les événements pouvait se permettre d'exprimer ce prince de l'Église ; aujourd'hui encore on la reçoit néanmoins comme un propos isolé, exprimant certes la continuité d'une trace historique, mais signant aussi bien le maintien de sa marginalité.

L'histoire et ses parcours

Les trois siècles suivants, du XVIᵉ au XVIIIᵉ, se signalent par une sorte d'effacement de toute référence explicite à la pensée et à l'œuvre du Thuringien. On peut cependant, sans se livrer à des extrapolations indues, noter la permanence d'un esprit, qui prend parfois la figure de reviviscences étonnantes. Évoquer ici le nom de Luther ne va pas sans certaine ambiguïté, dans la mesure où ce n'est pas en l'occurrence un essentiel d'ordre doctrinal qui les rapprocherait ; il reste que l'un et l'autre occupent une place comparable, en des temps de fondation pour l'un et de refondation pour l'autre, à l'égard de la constitution de la langue allemande et de la définition de son vocabulaire original par rapport à ses antécédents latins. Luther traduit la Bible, mais Eckhart avant lui avait largement réalisé une transposition en langue « vulgaire » des principaux termes de la scolastique ; par mille canaux, la force d'invention de ce courant premier se déverse dans les choix que devait opérer celui que l'on tient, deux siècles plus tard, pour le vrai créateur de la langue théologique allemande*.

Inscrire Ignace de Loyola, le fondateur des jésuites, dans cette postérité pourrait relever du paradoxe. Il est probable que de l'un à l'autre nulle influence directe ne saurait être relevée. Mais la pensée du mystique éminent que fut Ignace rejoint d'étonnante façon l'intuition eckhartienne du non-dualisme. Ici et là, même appel à une création-émanation — flux originel délivré de toute représentation substantialiste — et à une immanence qui n'est pas de nature à faire pièce à l'accueil radical du transcendant. « Ne pas être enserré par le plus grand, être pourtant contenu dans le

---

* Cette influence sur Luther — et sur d'autres — des « choix lexicaux » à l'actif de Maître Eckhart a été soulignée par Hans Eggers dans sa *Deutsche Sprachgeschichte*, publiée à Stuttgart en 1976. Cf. vol. III, pp. 170 *sq*. — Référence dans l'étude de Donatella Bremer Buono intitulée « Le langage de la mystique dans l'œuvre allemande de Maître Eckhart », in *Voici Maître Eckhart*, *op. cit.*, p. 244.

plus petit, voilà qui est divin* » ; ce quasi-aphorisme d'inspiration ignatienne** a pour répondant sur le plan de l'agir la fameuse formule « synergique » que la tradition attribue cette fois à Ignace lui-même : « Que telle soit la première règle de l'action : fie-toi à Dieu comme si le succès des choses dépendait tout entier de toi et en rien de lui ; en sorte cependant que tu te donnes à la tâche entière comme si toi ne devais rien faire, et Dieu seul toutes choses[6]. » Un propos que Maître Eckhart tenait analogiquement lorsque, s'efforçant de justifier à Avignon le sens des propositions qui finalement seront proscrites dans les articles 16 à 19 de la bulle de condamnation, il affirmait que les œuvres extérieures sont bonnes et même nécessaires dès lors qu'elles expriment la liberté d'un acte intérieur. Ce qui appellerait une mise en regard éclairante et parfaitement fondée du « détachement » eckhartien et de l'« indifférence » ignatienne. Il n'est pas jusqu'à la mention chez l'un comme chez l'autre de la « déité » au-delà de Dieu qui ne demanderait une comparaison plus poussée.

Non moins étonnante la parenté d'esprit entre Maître Eckhart et Jean de la Croix. Avec en plus, cette fois, la probabilité d'une influence directe, dans la mesure où les milieux spirituels que fréquenta le carme espagnol eurent mille occasions d'un contact avec les productions du nord de l'Europe auquel l'expansionnisme de Charles Quint les liait pour lors dans l'unité d'un destin politique. Dans le véritable creuset culturel que représentait l'Espagne du XVIe siècle, bien des tendances venaient à se fondre : mysticisme

---

* Même tonalité chez Maître Eckhart : pour celui qui cultive l'« esprit de sagesse », « la plus petite chose devient comme la plus grande » : s. 59, II 193.

** Il est tiré d'un *Éloge sépulcral de saint Ignace* publié à Anvers en 1640, dans un livre intitulé *Imago primi saeculi*, pour commémorer le premier centenaire de la fondation des jésuites. Hölderlin, par deux fois, a utilisé cette formule, dans son latin originel, en guise d'exergue à telles de ses œuvres — en particulier *Hyperion*. Voir à ce propos Gaston Fessard, *La dialectique des Exercices spirituels de saint Ignace de Loyola*, Aubier, Paris, 1956, pp. 167-169 (traduction de cette maxime : p. 168, note 2).

L'histoire et ses parcours

des Flandres, coups de boutoir des protestants d'Allemagne et de France contre la forteresse catholique, influence musulmane au sud, présence artistique de l'Italie, appel du Nouveau Monde, et ces *alumbrados* ou « illuminés » en butte à l'Inquisition comme l'avaient été autrefois bégards et autres Frères du libre Esprit dans l'Europe du Nord. Dans cet incroyable bouillonnement, Jean de la Croix, comme Eckhart deux siècles et demi plus tôt, sut s'embarquer pour le grand voyage intérieur. Sur deux points au moins il retrouve l'inspiration la plus pure du grand Rhénan : sa conception du *nada*, le rien, proche du néant eckhartien en ce qu'il marque de son exigence de détachement et de nudité la rencontre de Dieu à laquelle l'homme est convié ; de même ce qu'il nomme « de mon centre le centre le plus secret », où l'on décèle une résurgence du « fond sans fond » de la mystique du maître rhénan. Poète autant et plus que ne le fut son illustre prédécesseur — de résonance moins austère et plus proche de la nature —, le docteur de la Nuit ne fut certes pas condamné, mais traversa mille adversités, jusqu'à être emprisonné par ses frères en religion et à mourir dans la solitude d'une disgrâce à l'intérieur de son ordre. L'on verra plus loin à quel point il importe de revenir de l'opposition que l'on instaure parfois entre la « mystique spéculative » de l'un et ce que de façon contestable l'on appelle le « mysticisme psychologique » de l'autre : Jean de la Croix, le docteur de la foi pure, ne le cède guère à Eckhart lorsqu'il s'agit de dire les formes théoriques et les conditions de ce qui est pour l'un et pour l'autre l'unique fin de l'existence — l'union de l'homme et de Dieu.

Dans cette histoire de l'eckhartisme, il faut encore mentionner, à titre de relais, Jacob Boehme, le « pauvre cordonnier de Görlitz » (1575-1624), théosophe de *L'Aurore* (1612) et du *Grand mystère* (1623), chez qui s'exprime une synthèse ambiguë du mysticisme naturel de la Renaissance et d'une doctrine biblique qui s'épanouit dans une reconnaissance de la négation au cœur de la divinité. Par l'intermédiaire de son disciple et ami Abraham von Frankenberg, il eut en effet quelque ascendant, secondaire en vérité, sur Johann Scheffler, plus connu sous le nom d'Angelus Silesius. Ce dernier, fils d'un luthérien polonais noble, naquit en 1624, se convertit au catholicisme en 1653, fut ordonné prêtre en 1661 et mena jusqu'à sa mort, en 1677, une lutte ardente contre ses anciens coreligionnaires. Philosophe et médecin, homme de grande élévation intellectuelle, il publia, en 1674, un seul ouvrage, *Le Pèlerin* (ou *L'Errant*) *chérubinique*, qui suffit à faire de lui, aux yeux des historiens de la spiritualité, le dernier des grands « mystiques allemands ». Nombre d'influences s'exercèrent sur lui, perceptibles dans les 1 674 épigrammes en forme de distiques qui composent les six livres de cet ouvrage poétique de facture unique. L'on ne saurait dire que Maître Eckhart tienne la palme dans cette lignée de ses prédécesseurs — parmi lesquels l'« Avertissement au lecteur » cite en revanche Tauler et Ruusbroec — mais, à le fréquenter, le familier du Rhénan peut y respirer à l'aise une parenté d'inspiration et parfois d'expression : même tension dans la forme paradoxale ou dialectique, même goût d'une pensée menée à l'extrême. Le « je » dont Angelus Silesius use plus largement que ne le fait Eckhart est de portée directement ontologique : il s'agit de l'*homme* déifié. A cet achèvement d'une vie illuminée par le travail de l'intelligence est ordonnée l'épreuve de l'« abandon », le choix d'une « retraite » hors des soucis immédiats, le culte d'une « quiétude » sans laquelle il n'est point d'union possible avec l'absolu. Ne trouve-t-on point en cela l'équivalent du « détachement » eckhartien ? Ajoutons l'intrépidité des formules qui parlent de l'unité de l'homme et de Dieu, et le sens d'une gratuité qui retrouve le *ohne warum* du maître rhénan :

> La rose est sans pourquoi ; elle fleurit parce qu'elle fleurit,
> Elle ne fait pas attention à elle-même, ne demande pas si on la voit (I 289).

L'histoire et ses parcours

Ce thème du « sans pourquoi » refera surface à une époque récente, en particulier chez Heidegger.

Absorbé pour sa part dans une lutte titanesque contre les hydres des pouvoirs absolus, qu'ils soient d'ordre politique ou religieux, le XVIIIe siècle *philosophique* — car c'est désormais dans ce champ du savoir et dans la logique qu'il met en œuvre que l'influence eckhartienne se fera le plus sentir — ne va guère au-delà d'une compréhension immédiate et quasi néantisante du mouvement de négation. Il reviendra à l'idéalisme allemand des dernières années de ce XVIIIe siècle et des premières décennies du siècle suivant d'exprimer ce négatif sous sa forme *réfléchie*, comme se niant lui-même, et susceptible d'exprimer de la sorte l'essence de ce qui est, le *fond sans fond* de l'être, le mouvement du devenir qui inscrit dans les figurations contingentes l'intemporalité de l'origine. Mise en forme d'éléments qui structurent la pensée de Maître Eckhart : c'est dans la philosophie de Hegel (1770-1831) que cette référence s'impose avec le plus de force, jusqu'à induire pour l'essentiel une rencontre mutuellement éclairante entre ces deux visions du monde et leur articulation discursive.

Hegel n'eut certes qu'une connaissance réduite des textes du Rhénan. Il semble que quelques-uns se soient offerts à sa lecture au temps de sa formation, à Berne peut-être et plus probablement à Francfort, au cours des dernières années du XVIIIe siècle ; plus que d'influence décisive pour lui, il convient d'évoquer alors certaine parenté d'inspiration. Quelques formules typiques seront retenues qui émailleront tel de ses écrits, en particulier l'affirmation eckhartienne selon laquelle « l'œil qui regarde la montagne n'est pas la montagne, alors que l'œil qui regarde Dieu est Dieu lui-même ». C'est plus tard, peu avant la fin de sa vie, alors que l'essentiel de sa pensée avait trouvé sa propre formulation, que de façon plus explicite, Hegel fut éveillé à cet univers. On connaît l'anecdote qui met en scène Franz von Baader (1765-1841), philosophe catholique dont l'importance réelle n'excède guère la révélation enthousiaste qu'il fut amené à faire ce jour-là ; il aurait entretenu Hegel de la découverte qu'il venait de faire lui-même de la pensée de Maître Eckhart, avec suffisamment de clarté et de force de conviction pour que Hegel puisse conclure : « S'il en est ainsi, nous n'avons besoin de rien d'autre. »

Une étude portant sur cette conjonction foncière de la mystique spéculative de Maître Eckhart et de ce que l'on ne craindra point d'appeler la spéculation authentiquement « mystique » de Hegel reste à produire et devra l'être un jour. En sus d'une sérieuse immersion dans la pratique des textes de l'un et de l'autre, elle requiert le sens d'une vraie *logicité* fondamentale. Il serait présomptueux de ne faire que l'esquisser ici hors la confrontation exigeante entre la lettre et le mouvement de leurs discours respectifs. Qu'il suffise d'indiquer, sous mode programmatique, quelques-uns des « lieux » qu'il faudrait alors prendre en compte : leur commune insistance sur la capacité de l'intelligence — « intellect » pour Eckhart, « raison » pour Hegel — à connaître le vrai ; leur engagement respectif contre l'insuffisance du sentiment et de la seule volonté d'une part, contre l'exaltation romantique du savoir immédiat et de l'enthousiasme religieux d'autre part (*Schwärmerei*) ; la critique des immédiatetés représentatives et l'habitation nouvelle de toute contingence au terme du procès de réflexion et de médiation ; le sens positif d'une négation redoublée qui puise son efficace dans l'identité fondatrice entre l'être et le néant ; la compréhension de l'être comme devenir et comme essence ; l'identité en advenir entre le temps et l'éternité, exprimée ici et là dans la mise en évidence du « maintenant éternel » ou « intemporel », *lieu sans lieu* de la connaissance véritable ; enfin l'affirmation de l'unité entre l'un et le multiple, entre l'identité et les différences.

S'agit-il là des thèses essentielles qui formeraient le fond d'une « philosophie allemande » ? C'est dans cet esprit que, réassumant l'histoire, l'on parla dès lors de Maître Eckhart comme du *phi-*

losophus teutonicus type. Il est vrai que sa postérité dialectique, déployée de façon exemplaire et encore indépassée dans l'œuvre de Hegel, porte jusqu'à aujourd'hui une exigence dont la fécondité ne s'est pas démentie et qui demande à être menée plus avant. On ne forcera pas trop les choses en les comprenant comme l'épreuve de cette *dialectique sans synthèse* qui, contrairement à l'image convenue, représente sans aucun doute l'apport original de Hegel à cette ligne de pensée. Ce qui implique une étude rigoureuse du moyen terme et de son fonctionnement — procédure logique qu'un Maître Eckhart sut exprimer dans un discours d'expérience au temps de sa première découverte et que Hegel mena à certaine perfection en ce qui concerne son expression théorique. Une rencontre *philosophique*, qui certes n'est pas sans incidence *religieuse*, chez l'un et chez l'autre ; jouant de certain humour, on pourrait évoquer à ce propos la parole lucide de l'un des fondateurs de l'esthétique musicale caractéristique de la modernité : « La voie moyenne est la seule qui ne mène pas à Rome[7]. » Car l'intelligence du tiers terme, dans son inexistence fondamentale et fondatrice, n'entend la voie « moyenne » que comme le chemin de l'unité des extrêmes — ce qui est aussi libérateur pour les personnes qu'inquiétant pour les institutions.

On se souvient que c'est au milieu du XIXe siècle que pour la première fois les textes de Maître Eckhart, fût-ce de façon insatisfaisante, furent proposés au public dans des volumes facilement accessibles ; l'édition de Franz Pfeiffer vit le jour à Leipzig en 1857 ; elle est à l'origine de l'enthousiasme qu'Arthur Schopenhauer manifesta pour ces « merveilleux écrits », y puisant sans mesure ce qu'ils ne contenaient sans doute pas : la référence à une conception du néant qui le saisit moins comme le *lieu sans lieu* d'un flux autocréateur que comme l'état d'indifférence où le vouloir-vivre pourrait s'abîmer sans retour. Un glissement de sens parallèle à celui auquel Schopenhauer se livre lorsque avec la même ardeur il incorpore à sa négation du premier degré la lecture qu'il fait du *nirvana* de la tradition bouddhique.

Le xxe siècle portera la gloire d'avoir fourni les instruments littéraires nécessaires à une appréciation plus exacte de la pensée du maître rhénan. Si l'on y ajoute le travail impressionnant qui présentement s'attache à comprendre les tenants et les aboutissants de ces siècles médiévaux trop longtemps méconnus — étude des sources, du contexte historique et culturel, des influences et des filiations, bref de ce qui est à même de restituer ces œuvres à leur sens originel en les préservant des pièges de la récupération — l'on est en droit de s'attendre à un nouveau printemps herméneutique. Certains prodromes s'en laissent percevoir qui dépassent le stade de l'exégèse pour engager une vision du monde qui vaille actualisation de ce que l'on pouvait pressentir voici tantôt sept siècles. Il convient de signaler ici quelques-uns de ces lieux de naissance.

C'est un jugement convenu que d'évoquer à ce propos le nom de Heidegger. Il est vrai que celui-ci a lu Maître Eckhart, et qu'il en a retenu plus d'un aspect relevant de l'essentiel ; par exemple la méditation sur le *ohne warum*, le « sans pourquoi », qui, par-delà Hölderlin et Angelus Silesius, est explicitement référé à la pensée du Rhénan ; par exemple encore le concept et la réalité d'une *Gelassenheit*, qui débordent la banalité d'un simple « abandon » d'ordre ascético-moral pour rejoindre l'exigence ontologique d'un « laisser-être l'être » ; par exemple enfin la procédure de l'*Entbildung*, qui est moins une « désimagination » globale qu'une procédure de détachement des images selon l'ordre de leur apparition première ; et cela pour revenir à leur vérité, laquelle, par ce redoublement de négation, donne sa figure à cette « expérience subjective des images » à quoi Eckhart, loin de toute visée iconoclaste, entend mener son disciple[8].

S'agit-il là d'une préfiguration de la « différence ontologique » qui signe pour Heidegger la nécessité d'un « retour » de l'étant à l'être ? Le traitement eckhartien de l'image aurait davantage affaire avec cette procédure qu'avec la « déconstruction » postheideggerienne marquée de méfiance à l'égard du logos. Le « retour » ici évoqué ne peut que faire dresser l'oreille des familiers de Maître Eckhart, tentés de reconnaître en ce terme un précieux avatar de la « percée » (*durchbrechen*) qui est le complément, ou plutôt la diction réflexive du mouvement des origines — le « sortir », le « fluer ». Mais c'est alors que l'insatisfaction peut se faire jour. Certaine faiblesse de la pensée de Heidegger — qui pourrait être responsable de ses errements politiques — ne tient-elle pas dans le fait que cette atteinte de la « clairière » de l'être à partir de la négation de l'étant serait un retour qui ne se redouble pas réflexivement dans la négation de ce retour lui-même ? S'ensuivrait un déficit en réalisation d'histoire, un manque face à la tâche qui consiste à réinvestir l'étant par la clarté de l'être. L'on verra que Maître Eckhart, pour sa part, ne faillit pas à cette tâche essentielle — et c'est pourquoi l'on comprend le jugement drastique de Wolfgang Wackernagel qui conclut ici : « Pour ce qui est de l'*Entbildung* et de la *Gelassenheit*, une connaissance raisonnée de Maître Eckhart [...] dispense de toute référence à Heidegger — et non pas l'inverse[9]*. »

Pour être complète, la perspective ici esquissée devrait s'arrêter sur la contribution d'un Michel Henry portant sur la signification ontologique de la critique de la connaissance chez Maître Eckhart[10] et sur l'intérêt qu'un homme tel que Georges Bataille manifesta à l'occasion à l'endroit de la pensée du Rhénan. L'écart entre ces deux hommes — l'un, ancré dans le courant phénoménologique, et qui sut mettre en honneur une nouvelle conception du sujet, l'autre conjuguant d'originale façon les traditions marxienne

---

* L'exacte visée eckhartienne est définie là au plus juste lorsqu'il est parlé d'une « désimagination constitutrice de la diversité des images » (« L'être des images », in *Voici Maître Eckhart*, op. cit., p. 472).

et nietzschéenne — donne la mesure, plus qu'ambiguë dans le cas de Bataille, de l'intérêt que peut éveiller la redécouverte de cet univers de pensée. Qu'il soit permis de déployer encore la diversité de ce spectre en évoquant tel jugement de Carl Jung (1875-1961), que la « psychologie analytique » — « science, écrit-il, qu'il faut concevoir empiriquement, du point de vue humain » — ne semblait pas particulièrement disposer à trouver intérêt dans la métaphysique-mystique d'un Maître Eckhart. Ce qu'il découvre en lui, dès 1920, c'est ce qu'il appelle la « relativité de Dieu », ou encore le fait qu'entre l'homme et lui se dessine le mouvement d'une « identité symbolique ». Jung trouve dans Eckhart confirmation du fait que « Dieu n'existe pas "absolument", c'est-à-dire indépendamment du sujet humain ni en dehors de tout conditionnement humain[11] ». Ce que l'on pourrait entendre comme un athéisme radical, mais aussi bien comme le constat élémentaire de ce que le sujet connaissant ne saurait être tenu en dehors de la constitution de son objet. Dire en ce cas que Dieu est une « fonction psychologique de l'homme », ce n'est pas nécessairement le comprendre comme une projection seconde et illusoire ; car l'âme est aussi bien alors une fonction de la divinité ; double approche qui viserait en chacun des termes une structure d'identité originaire enracinée dans une double négation — « un fond qui ne fonde qu'en s'effondrant[12] ». Il se pourrait qu'une telle approche — qui certes ne se limite pas à celle de Jung, mais la complète dans ce mouvement de réversibilité — ne soit pas infidèle à Eckhart.

Un autre trait force l'attention : la parenté possible — sinon l'identité — entre l'inconscient jungien et le fond sans fond du maître rhénan. La « sortie » de Dieu — répondant au « flux » qui définit le devenir-essentiel de son être-néant — et la « percée-retour » qui dit le sens réflexif de cette négation originaire ne pourraient-elles être comprises comme l'expression symbolique — réelle et sur-réelle — du double mouvement par quoi l'inconscient émerge à la conscience à la façon d'une force issue de

L'histoire et ses parcours

l'âme, tout en faisant l'aveu en retour du sans-fond de ce fond ? A quoi l'on peut ajouter que l'« inconscient collectif » si fort cultivé par Jung n'est peut-être pas loin de la conception eckhartienne de la « nature » — cet universel dont il dit par exemple que le Christ l'assuma en son incarnation *avant* que de faire sienne la singularité d'un individu déterminé : « Alors la nature humaine devint Dieu, car il assuma la nature humaine essentiellement, et non un être humain [13]. »

L'on pourrait multiplier presque à l'infini l'histoire de telles influences. Ainsi, par l'intermédiaire de Jung, John Cage, le grand musicien américain, a-t-il connu Eckhart et maintes fois confessé la dette qui est sienne à son égard [14]. Plus curieusement encore, en un sens plus subtil, l'on a pu situer dans une mouvance eckhartienne « les écrivains qui croient nécessaire de fonder leur création sur une recherche de l'absolu ». En soulignant l'ampleur de cette référence diffuse, puisque aussi bien « de Mallarmé à Maurice Blanchot ou à Marguerite Duras*, les modernes n'ont cessé de s'interroger à ce sujet [15] ». Est-il exact d'inscrire ce rapport à l'absolu sous la raison d'un « silence » qui serait origine et terme de tout discours ? Il est vrai que Maître Eckhart cultive cette réalité, puisqu'il parle d'un « désert silencieux où jamais distinction n'a jeté un regard [16] ». Mais une telle qualification — qui n'est pas sans rappeler le « silence sonore » d'un Jean de la Croix — relève moins d'une indicibilité des choses et d'une incapacité concomitante à parler que d'un redressement du discours qui le place sur

---

* S'agissant de Marguerite Duras au moins, un tel rapprochement ne vaut qu'à apprécier à sa juste profondeur ce qu'elle nomme le « *non-croire* » ; après avoir lu Spinoza, Pascal, Ruusbroec, elle affirme en effet : « J'ai vu la foi des mystiques comme un désespoir du non-croire. » Et elle ajoute : « Je continue à les voir ainsi, absolument, complètement. — Ils poussent les cris du non-croire » (Marguerite Duras, Xavière Gauthier, *Les Parleuses*, Éditions de Minuit, 1974, pp. 239-240). Il est vrai que le jugement d'Alain Michel qui vient d'être rapporté la concernant porte sur une parenté de portée ontologique, bien en deçà du « dégoût physique violent » que lui ont toujours inspiré les chrétiens.

son orbite de vérité; car Eckhart ajoute dans ce même sermon : « Ce fond est un silence simple, immobile en lui-même, et par cette immobilité toutes choses sont mues, et sont conçues toutes les vies que les vivants doués d'intellect sont en eux-mêmes[17]. »

Produire une parole qui ne rompe point le silence de l'abîme : c'est là vers quoi veut ramener Eckhart. C'est là aussi qu'il faudrait situer la rencontre que bon nombre de spécialistes des mystiques orientales estiment possible entre ces deux univers : que l'on songe par exemple à cette doctrine du non-dualisme qu'est en vérité la pensée d'un Dogen, le fondateur de l'École de Soto au XIIIe siècle. En rappelant une fois encore, à ce propos, le jugement de Jung selon lequel « la pensée d'Eckhart vient du fond de l'esprit collectif commun à l'Orient et à l'Occident[18] ». Explorer ces rapprochements serait un préalable à la réalisation du souhait d'un Taisen Deshimaru, l'introducteur du zazen en Occident; n'appelait-il pas de ses vœux ce que, d'un terme ambigu, il nomme la « fusion de l'esprit oriental et de l'esprit occidental » — condition à ses yeux pour atteindre « la plus haute dimension de la vie[19] »* ?

* Il faudrait évoquer encore à ce propos la haute personnalité du comte Dürkheim qui, avant de découvrir le zen au Japon, avait éprouvé, à méditer Eckhart, une « impulsion » qui l'accompagna tout au long de sa vie : cf. Gerhard Wehr, *Karlfried Graf Dürkheim. Ein Leben im Zeichen der Wandlung*, Kösel-Verlag, Munich, 1988, p. 236. — En 1943, Dürkheim publia au Japon un opuscule sur le grand mystique rhénan qu'il tint toujours pour son « maître »; on y lit qu'à ses yeux « Eckhart et le zen ont beaucoup en commun ». Cette proximité ne procède pas tant pour lui de rapprochements entre ces doctrines respectives, mais d'une identité d'exigence en ce qui concerne la pureté et le détachement : « Peut-être y a-t-il ici et là la même atmosphère de clarté cristalline, telle qu'on la trouve au sommet d'une haute montagne un clair matin d'automne. Ici et là pareille liberté de cœur. L'on se tient sur un terrain des plus fermes où l'on se trouve emporté par-delà toutes choses, et l'on est pourtant au milieu d'elles, et le monde est transparent et clair par-devant les yeux comme si l'on l'appréhendait par le fond. Ainsi en va-t-il chez Eckhart, et ainsi en va-t-il dans le zen » (extrait du livre de Dürkheim cité par Gerhard Wehr, *op. cit.*, p. 161).

L'histoire et ses parcours

La dernière référence obligée, dont il convient de dénoncer la légitimité, concerne l'annexion tout arbitraire que tels théoriciens du nazisme ont tenté de pratiquer à l'égard de Maître Eckhart. Ainsi d'Alfred Rosenberg qui, sous le titre de « Mystique et action » (*Mystik und Tat*), consacre à celui qu'il appelle « l'apôtre des Allemands » un chapitre de son livre *Le mythe du XXe siècle*, véritable manifeste de l'idéologie exaltant la « race » germanique[20]. « Avec Maître Eckhart, écrit-il, l'âme nordique est venue pour la première fois totalement à la conscience d'elle-même[21] » ; prêchant la « liberté de l'âme par rapport à tous les dogmes, Églises et papes[22] », Eckhart, malmené et condamné, aurait été « repris » — négativement — par l'Église instituée ; après six siècles de silence, il serait devenu urgent d'entendre à nouveau cette voix qui, par-delà amour, humilité, miséricorde et grâce, met au sommet d'une anthropologie libérée la « noblesse » de l'âme[23]. « Noblesse », autant dire — pour Rosenberg — « race » : car « race et Je, sang et âme sont dans la plus étroite connexion, et la doctrine de Maître Eckhart ne peut valoir pour un bâtard, pas plus que pour cet hétérogène mélange de races qui à partir de l'Est s'est infiltré au cœur de l'Europe et constitue l'élément par quoi Rome fait montre de la plus entière soumission[24] ». Cette doctrine spirituelle libératrice (*Seelenlehre*), est-il alors précisé, s'adresse « aux porteurs du même sang ou d'un sang apparenté[25] », à ceux que Eckhart aurait eus en vue lorsque à la fin du sermon relatif au « Royaume de Dieu* » il aurait évoqué à mi-mot la nécessité d'une telle connivence raciale : « Ce discours n'est adressé à personne d'autre qu'à celui qui déjà peut le nommer sien, comme sa vie propre, ou du moins le possède à la manière d'une nostalgie de son cœur[26]. »

---

* Ce sermon, évoqué sans autre référence, ne fait pas partie des 86 authentifiés dans la nouvelle édition de Quint. Rosenberg charge ce texte de tant de signification qu'il le retient comme exergue inscrit sur la page de garde de son ouvrage.

A quoi il n'est pas difficile de rétorquer que la *parenté d'âme* requise en l'occurrence par Maître Eckhart a pour contenu le commun « détachement » à l'égard des valeurs de la chair et du sang. L'examen de la doctrine auquel on va maintenant se soumettre le montrera à loisir.

DEUXIÈME PARTIE

ÉCLATS DE SA VISION

Tel est Maître Eckhart, tel aussi son univers. Telle est son œuvre, tel aussi le sillon que sa pensée creusa à travers les siècles. Le déploiement de ce que l'on peut appeler sa « biographie spéculative » a fait apparaître déjà plus d'un aspect de son monde intérieur. Il reste à l'explorer de façon plus systématique, en pratiquant des coupes transversales sous l'égide de quelques grands thèmes, véritables piliers de sa vision du monde : le principe logique tout d'abord qui commande la structuration de son discours, le mouvement de la naissance — naissance de Dieu, naissance de l'homme —, les grandes orientations de son anthropologie spirituelle et les attitudes dans lesquelles elle s'incarne, leur expression enfin dans des types humains particulièrement significatifs. Autant d'*éclats* d'une vision *une* qui permettent d'intégrer en leur lieu les notions clefs de la *déité* et de l'*étincelle de l'âme*, du *flux hors de Dieu* et de la *percée en retour*, de l'*intelligence* et de la *liberté*, du *détachement* et de l'*abandon*. La tension entre le néant de la créature et le sur-néant de la déité se résout dans l'appréhension d'une *unité* marquée de la gratuité d'un « sans pourquoi » qui porte le poids de l'être et détermine tout agir de vérité.

Cette reprise systématique se fera essentiellement au travers d'une relecture de l'œuvre allemande, *Traités* et *Sermons*. Pourquoi ce choix ? L'une des clefs de l'univers eckhartien, a-t-on pu dire avec justesse, est la façon dont il conjugue en toute occurrence le souci du *Lesemeister* et celui du *Lebemeister* — l'homme de la quête intellectuelle et de l'enseignement d'une part, le maître spirituel d'autre part, celui qui, pour lui-même et pour d'autres, énonce les figures dans lesquelles cette doctrine manifeste sa puissance de vie. Double préoccupation à finalité unitaire qu'attestent les deux parts de son œuvre : celle qui, écrite en latin, s'adresse par priorité à un public savant, et celle qui, en allemand de l'époque, a pour premiers destinataires moniales et fidèles. De part et d'autre, avec ici et là un accent différent que légitiment ces contextes, Eckhart poursuit un but à la fois double et unique, de formation de l'intelligence et d'éveil du vouloir, ou encore d'annonce du vrai et de sa traduction au concret de l'expérience.

Pour permettre un meilleur centrement du regard, cette *unité métaphysique-mystique*, partout présente, sera recherchée ici dans le versant de l'œuvre où elle se trouve exprimée de façon éminente, selon sa destination la plus large et avec toutes les ressources d'une langue qui se déploie dans la fraîcheur de sa prime création. Il importait donc de le redire : nulle méfiance en cela à l'égard d'un exercice de la pensée que l'on soupçonnerait de certaine sécheresse, et dont on craindrait qu'elle ne bride les élans de la volonté ou du sentiment. En pratiquant ici le corpus des *Sermons* et des *Traités* allemands, notre souci sera au contraire de montrer à loisir que la pensée pour Eckhart n'est ni alibi ni faux-fuyant, pas même un moyen pour l'obtention d'un but de plus haute venue, mais bien une *fin* — parce qu'elle tient *en elle* elle-même et son autre, et qu'elle est à ce titre le seul lieu et le seul agent de la béatitude. A ce compte, une démonstration semblable pourrait être opérée à partir d'une lecture prioritaire de l'œuvre latine.

Dans un sermon prononcé un 23 juin, la veille de la fête du Baptiste, Eckhart prend soin de détailler les thèmes récurrents de sa prédication : « Quand je prêche, j'ai coutume de parler du détachement et de dire que l'homme doit être dégagé de lui-même et de toutes choses. » Vient en second lieu la nécessité pour l'homme d'« être réintroduit dans le Bien simple qui est Dieu ». Après un troisième point qui fait devoir de se souvenir « de la grande noblesse que Dieu a mise dans l'âme afin que l'homme parvienne ainsi merveilleusement jusqu'à Dieu », Eckhart évoque en une quatrième instance « la pureté de la nature divine », pour conclure magnifiquement : « Dieu est une parole, une parole inexprimée[1]. » — La structure de l'exposé aurait pu être calquée sur ce schéma directeur que l'on tient du maître lui-même, car l'ordre des considérations y est des plus significatifs : d'abord le détachement, comme ce qui fonde toute réalité, en l'homme et en Dieu, dans cette vacuité d'être qui définit leur essence ; en seconde instance, le mouvement du retour (ou de la percée), dont il n'est pas sans signification qu'il intervienne ici avant ce qui concerne la sortie (ou le flux), signifiée en troisième lieu par « la noblesse que Dieu a mise dans l'âme » ; enfin seulement, après que l'accent a été mis de la sorte sur ce que l'on a appelé plus haut une « anthropologie spirituelle », le regard se porte sur la « nature divine », aux limites du langage et dans une « pureté » qui reprend symboliquement et concrètement le parcours antérieur.

A suivre cet ordre des choses, on traduirait peut-être au plus près le procès intérieur de cette pensée, sa rumination incessante. Ailleurs, il est vrai, Eckhart propose une vue encore plus ramassée de sa vision du monde, énoncée dans une seule expression qui est comme un précipité de toutes les autres : « J'ai quelquefois parlé d'une lumière qui est dans l'âme, qui est incréée et incréable. » Une lumière dont, précise-t-il, « je parle toujours dans mes sermons », car elle « saisit Dieu sans intermédiaire, sans que rien le recouvre et dans sa nudité, tel qu'il est en lui-même ». « C'est là, conclut-il, le saisir dans l'accomplissement de la naissance[2]. » Une seule chose, donc, mais dont découle, à tout prendre, un périple assez semblable à celui que l'on a vu pédagogiquement distribué en quatre temps : la lumière de l'âme, qui l'apparente à Dieu, est ce qui permet de l'appréhender en retour dans sa nudité. L'intérêt de ce nouveau texte est qu'il met en jeu deux notions clefs à même de dessiner l'entrée dans cet univers : la réalité logique et ontologique de l'*unité* immédiate (« sans intermédiaire ») et le mouvement de la *naissance*, dans son accomplissement multiple et toujours identique — naissance de Dieu, naissance de l'homme, naissance de Dieu en l'homme et naissance de l'homme en Dieu.

En ce même lieu, faisant montre d'un souci pédagogique qui va bien au-delà d'une *captatio benevolentiae*, Eckhart avait déclaré : « Aujourd'hui, en venant ici, je me demandais comment je pourrais vous prêcher assez intelligiblement pour que vous me compreniez bien. Je pensai alors à une comparaison, et si vous pouviez la bien comprendre, vous comprendriez ma manière de voir et le fond de toutes les pensées que j'ai jamais prêchées[3]. » Suit l'image de l'œil et du bois qu'il regarde : alors même que l'un et l'autre demeurent ce qu'ils sont, dans la vision accomplie ils « deviennent comme un, en sorte que l'on peut dire en vérité "œil-bois", et le bois est mon œil ». Or, pour Maître Eckhart, s'il en est ainsi pour les choses matérielles, les « choses spirituelles » relèvent bien plus encore de pareille unité. C'est donc bien l'*unité* qui est la base de cette vision du monde ; le *quodammodo fieri omnia* de saint Thomas (« devenir d'une certaine façon toutes choses »), s'il vaut pour toute connaissance et même la plus matérielle, acquiert une portée ultime et doit être pris au pied de la lettre lorsqu'il s'agit du rapport de l'homme et de Dieu : « L'œil dans lequel je vois Dieu est l'œil même dans lequel Dieu me voit : mon œil et l'œil de Dieu ne sont qu'un œil, et une vision, et une connaissance, et un amour. » Une assertion qui avait tant frappé Hegel : elle pousse la relation sujet-objet, au sein de l'acte de connaître, jusqu'au point où l'objet se révèle être un sujet et où les deux sujets se reconnaissent dans leur identité d'origine.

Éclats de sa vision

Maître Eckhart, sous des formes diverses, n'a rien dit d'autre que cela. Chacun de ses sermons, après une citation/pré-texte, introduit une variation neuve sur cette unique vérité. Il sera fait ici à son exemple : chacun des thèmes abordés, à partir de l'unité et de la naissance, sera l'occasion d'un parcours global qui dira la noblesse commune de l'homme et de Dieu sous la raison de leur identité d'origine et de terme.

I

Deux en tant qu'Un

« Pour Eckhart plus encore que pour un autre, sa doctrine ne peut être comprise au moyen de quelques lambeaux arrachés çà et là à ses œuvres : on doit la saisir à partir de son centre et dans son ensemble[1*]. » Pareille assertion mériterait d'être placée en exergue de toute entreprise qui entend rendre justice à cette pensée complexe et la rejoindre dans ce qui fait son équilibre véritable. Il est alors expédient de se poser cette question : Eckhart n'aurait-il pas fourni lui-même la clef de son univers, un sésame susceptible d'ouvrir les portes de son royaume intérieur ?

Il semble que tel soit le cas. Au détour de développements qui sont souvent de grande complexité fusent en effet comme des traits de lumière aptes à éclairer l'ensemble du paysage et capables de délivrer le principe de base de cette mystique spéculative. Une indication que l'on surprendra par exemple au cœur du *Livre de la consolation divine*. La seconde partie de ce traité, on l'a vu, énonce « environ trente propositions » susceptibles, chacune pour sa part, « de consoler dans sa souffrance l'homme raisonnable[2] ». La hui-

---

* Le contexte dans lequel se situe ce jugement fait de lui un argument qui disqualifie les juges d'Avignon, dans la mesure où ils prononcèrent une condamnation sans nuances à partir de propositions tirées de leur lieu d'origine et converties en « thèses » ou en aphorismes censés rendre compte d'une vision globale.

tième de ces raisons bénéficie d'une explication relativement ample, comme si Eckhart avait conscience de toucher là à un point de particulière importance[3]. Un vase unique ne peut contenir à la fois deux boissons ; ainsi l'homme doit-il se vider totalement de lui-même pour se remplir de Dieu. Eckhart énonce alors le procès qui, de la déité à Dieu, s'exprime comme « la naissance de l'Un et l'égalité de l'Un en l'Un et avec l'Un, [...] le commencement de l'amour épanoui et ardent ». Eckhart commente aussitôt en tirant de là un principe logique d'ordre général : « Il est dans la nature de l'amour qu'il flue et jaillisse de deux qui ne sont qu'Un. Un en tant qu'Un ne produit pas l'amour. Deux en tant que deux ne produit pas l'amour. Mais Deux en tant qu'Un produit nécessairement l'amour conforme à sa nature, pressant, ardent[4]. »

Texte remarquable. Il implique un dessein philosophique qui récuse pareillement les extrêmes du monisme et du dualisme, en soulignant leur commune incapacité à « produire l'amour »*. Car l'amour est de l'ordre de la relation, et vise l'*égalité* de termes *différents* qui demeurent tels au sein de leur rapport. En langage technique que la grande dialectique saura polir six siècles plus tard, cela signifie que chacun de ces termes logiques — le Un, le Deux — n'est lui-même en vérité qu'en *pré-supposant* l'autre, c'est-à-dire en le postulant comme sa propre condition, comme sa « vérité » et comme partie intégrante de ce qu'il est. Le Un réduit à lui-même ne connaît pas la relation ; le Deux figé dans l'« étrangereté » de ses termes constitutifs ne connaît pas la relation ; seul l'engendre et la connaît le Un qui par structure d'origine, sans nulle antécédence ni hiérarchie, est en lui-même articulé et expose la richesse de cette unité dans deux termes

---

* Par opposition au *monisme*, pour qui toutes choses sont constituées d'une seule et même substance, le *dualisme* tient que le monde et toute réalité s'expliquent par deux principes opposés. Le propre de Eckhart est au contraire de penser *à la fois* l'un et le multiple, dans leur identité d'origine, sous l'égide de la *relation*.

pleinement égaux : *Deux en tant qu'Un*. C'est ce principe logique justement qui permet à Maître Eckhart de penser la radicale unité de l'homme et de Dieu sans antécédence ni hiérarchie, mais sans davantage de fusion qui réduirait les différences.

Une seule fois dans ses *Sermons* — celui-là fut prononcé en la fête de saint Dominique, sans doute en présence de frères prêcheurs familiers de ce vocabulaire — Eckhart traduit cette conviction métaphysique-mystique en termes de logique classique héritée d'Aristote. « Des maîtres subalternes, affirme-t-il, enseignent à l'École que tous les êtres sont divisés en dix catégories et ils les refusent toutes à Dieu. Dieu n'a rien de commun avec aucun de ces modes d'être et il n'est privé non plus d'aucun d'eux. » Pour ces « maîtres », le premier mode, celui qui connote le plus d'être et où tout ce qui est puise son être propre, est la substance ; quant au dernier, celui où il y a le moins d'être, il se nomme relation ; or *en Dieu relation et substance sont parfaitement identiques* : « Ils ont un même archétype en Dieu[5]. » — Ici, l'être se trouve donc compris comme ce qui possède autonomie et tient par soi-même ; à l'extrême de cette qualification, la *substance*, réalité opaque, sans « flux » ni « retour », qui est ce qu'elle est et rien de plus ; à l'autre extrême, la *relation*, dans laquelle chacun des termes en jeu n'existe ou ne subsiste que dans la transition à l'autre. Or Eckhart, quand il s'agit de Dieu, c'est-à-dire de la réalité véritable et accomplie, identifie substance et relation — Un *en tant que* Deux, Deux *en tant qu'*Un. Il retrouve ainsi la compréhension que Thomas d'Aquin donne de l'être de Dieu, lequel se pose comme l'identité d'un *esse in* et d'un *esse ad* — d'une autonomie substantielle et d'une relation qui livre cet être à l'autre *en tant qu'*autre. En somme, l'être de Dieu est si pleinement achevé qu'il n'est point tenu par la fixité de l'être : il est l'être en étant le non-être de cet être. Un autre sermon dit la même chose en d'autres termes lorsqu'il avance à propos du vieillard Siméon que « l'Esprit saint était en lui : là où l'être et le devenir sont Un[6] ». Substance-relation, être-devenir : c'est toujours le mouvement qui emporte la réalité en révélant la dualité qui la constitue dans son unité même.

Évoquant le désarroi de Marie-Madeleine près du tombeau vide, Eckhart joue une nouvelle fois de cette relation entre le Un et le Deux pour montrer comment la vérité s'efface lorsque l'un de ces termes vient à se substituer à l'autre au lieu de se montrer identique à lui en le présupposant : « Elle cherchait un seul corps mort et trouva deux anges vivants. [...] Elle cherchait ce qui était semblable et trouva la dissemblance : un ange était à la tête, l'autre aux pieds. [...] C'est le propre de Dieu d'être un. Parce qu'elle cherchait un et trouva deux, elle ne pouvait pas être consolée, ainsi que je l'ai dit souvent[7]. » Elle trouva deux ; et ces deux étaient séparés, comme étrangers l'un à l'autre — substances sans relation — l'un à la tête, l'autre aux pieds ; elle trouva deux *en tant que deux*, et cela ne produit pas l'amour. Elle n'aurait été heureuse que si elle avait trouvé « Deux en tant qu'Un » — ce qui aurait scellé l'unité du Christ et d'elle-même, et aurait fait d'elle et de lui, non plus des substances mutuellement opaques, juxtaposées, mais des êtres de relation, ouverts à leur identité d'origine.

C'est le propre de Dieu d'être un. Un en tant que deux, puisque telle est la vérité du un. Car « Un en tant qu'Un ne produit pas l'amour ». N'est donc enclose en ce dire aucune réduction des différences, aucune extinction de la dualité, rien qui ressemblerait à un monisme ontologique ; la vérité est que le un originel est en lui-même deux, et que cette *égalité du un avec lui-même comme autre* est ce qui produit l'amour. Un-égalité-amour, c'est la diction de Dieu comme uni-trinité*; c'est aussi le schème intelli-

---

* « Dans la déité on attribue l'égalité au Fils, la chaleur et l'amour à l'Esprit saint. » Ainsi s'exprime l'unité articulée qui est le dire du Père *comme Père*: « L'Un est le commencement sans aucun commencement. L'égalité est le commencement de l'Un seul et reçoit son être et son commencement sans aucun commencement » (*Le livre de la consolation divine*, in *Traités*, p. 112).

Éclats de sa vision

gible qui permet de penser l'unité de l'homme et de Dieu — plus largement l'éternelle présence de toutes choses en Dieu comme Dieu. Sans fusion et sans dualisme, sans antécédence chronologique comme sans hiérarchie.

A coup sûr, l'œuvre de Maître Eckhart est un hymne à l'unité — à l'unité de Dieu, à l'unité de l'homme, à l'unité de l'homme et de Dieu, à l'unité de toutes choses en Dieu. Qui pourra le comprendre? L'homme noble. Car « qui est [...] plus noble que celui qui est né, d'une part du plus haut et du meilleur de la créature, et d'autre part du fond le plus intime de la nature divine et de sa solitude »? Ayant posé cette question, le traité *De l'homme noble* peut conclure par l'énoncé de cette tâche en forme d'aphorisme : « Un avec l'Un, un de l'Un, un dans l'Un et, dans l'Un, un éternellement[8]. » Eckhart s'enivre de ces formules abruptes délivrées de toute redondance, où la réalité « nue » vient à se dire avec la plus grande économie de moyens. Car rien n'est inutile qui permet de ne pas se laisser abuser par la discursivité du langage, en figeant par exemple le « d'une part » et le « d'autre part » qui, dans la formulation rappelée ci-dessus, en appellent à deux moments de l'analyse et mettent en échec le simple monisme de l'émanation.

C'est bien ainsi qu'il faut entendre, dans ce même texte, une affirmation qui paraît d'abord sans beaucoup de nuances : « Toute espèce de médiation est étrangère à Dieu[9]. » D'évidence, le terme de « médiation » (*mittel* dans l'original) n'est pas à entendre ici comme le sera dans la dialectique postérieure la *Vermittlung*, à savoir comme le pur mouvement de relation — instance en elle-même inexistante et par quoi les extrêmes existent comme unité — mais banalement comme un « intermédiaire » doté de son épaisseur propre, pièce médiane qui ne dirait pas l'unité des deux termes, mais les figerait dans une extériorité redoublée en occupant entre eux une tierce position. Ne disposant pas de la distinction logique et fonctionnelle entre médiation et intermédiaire, Eckhart ne peut éviter une forme quelque peu abrupte qui, dans un premier temps, paraît privilégier un terme au détriment de l'autre : « Il n'existe de distinction, écrit-il, ni dans la nature de Dieu ni dans les Personnes selon l'unité de leur nature. La nature divine est Un, et chaque Personne aussi est l'Un et le même Un qu'est leur nature [10]. » Il ajoute toutefois : « La distinction entre l'être et l'essence est saisie comme Un et est Un » — tout en corrigeant aussitôt : « C'est seulement là où cet Un n'est plus en lui-même qu'il reçoit, possède et produit une distinction. » Ainsi le discours procède-t-il par corrections successives : « Dans l'Un on trouve Dieu et celui qui veut trouver Dieu doit devenir un. [...] Dans la distinction on ne trouve ni l'Un ni l'être, ni Dieu, ni repos, ni béatitude, ni satisfaction [11]. » D'évidence, la « distinction » — comme aussi l'« intermédiaire » — serait ici de l'ordre d'une étrangèreté dualisante, et mettrait obstacle à cette forme d'unité achevée que doit être la *relation une du Un et du Deux.*

Ce qui s'annonce ainsi du côté de Dieu trouve à se redire au bénéfice de l'homme. Très vite pourtant, cette fois, le stade des affirmations juxtaposées se trouve dépassé au bénéfice d'une inclusion réciproque ou d'une présupposition de l'unité et de la « diversité » : « Sois un, afin que tu puisses trouver Dieu. En vérité, si tu étais vraiment un, tu resterais un aussi dans la diversité et la diversité deviendrait un pour toi et ne pourrait t'entraver absolument en rien. L'un demeure également un en mille fois mille pierres tout comme dans quatre pierres et mille fois mille est aussi certainement un nombre simple que quatre est un nombre [12]. » Deux en tant qu'un, un en tant que mille fois mille : tel est le principe logique à partir duquel Maître Eckhart peut *penser* l'unité de Dieu et du monde.

Un tel refus de tout substantialisme dualisant de la représentation est caractéristique de ce type de pensée. Pour qu'on l'entende bien, Eckhart ne craint pas de se faire pressant et d'user d'un humour appuyé. A propos d'un thème qu'il chérit — les

Éclats de sa vision

anges sont multiples, et tous ensemble ils sont un, comme chacun d'eux est un —, il dérive une nouvelle fois vers la perfection de l'origine : « Pour celui qui pourrait saisir la distinction sans nombre et sans multitude, "cent" serait autant que "un". Même s'il y avait cent personnes dans la Déité, celui qui pourrait saisir la distinction sans nombre et sans multitude n'y reconnaîtrait cependant qu'un Dieu. » D'aucuns, il est vrai, s'en étonnent — « gens incroyants et certains chrétiens ignorants » — parfois même des clercs « en savent là-dessus aussi peu qu'une pierre » ; pour eux, en effet, c'est là une question de quantité : « Ils considèrent "trois" comme trois vaches ou trois pierres. » Celui en revanche qui appréhendera « la distinction sans nombre et sans multitude » verra aisément que « trois Personnes sont "un" Dieu[13] ».

Distinction sans nombre et sans multitude : leitmotiv trois fois répété. « Nombre au-dessus du nombre[14] ». Par là peut être reconnue l'uni-trinité de Dieu, par là aussi l'unité de l'homme et de Dieu, et dans cette lumière — toute diversité ramenée à son centre — l'unité de l'homme avec lui-même dans sa double nature, intérieure et extérieure. Car « la plus haute perfection de l'esprit [...] selon le mode de l'esprit », c'est que l'âme saisisse Dieu « seulement selon le fond, en tant qu'il est au-dessus de toute essence ». L'on ne peut y reconnaître pourtant la perfection ultime de l'homme, en son corps et en son âme ; car, insiste Maître Eckhart, « la plus grande perfection, c'est que l'homme extérieur soit totalement maintenu ». Et d'expliquer : « De cette façon je suis spirituellement "un" selon mon [propre] fond, tout comme le fond [divin] est "un". [...] C'est pourquoi l'esprit ne peut jamais parvenir à la perfection si le corps et l'âme ne sont pas parfaits[15]. » Telles sont les conséquences d'une anthropologie spirituelle inscrite jusque dans les structures du corps et du monde.

C'est que la négation qui là se trouve à l'œuvre est toujours une négation redoublée ou, comme il sera dit plus tard, une

« négation réflexive ». « Dieu est "Un", affirme Maître Eckhart, il est une négation de la négation[16]. » Faut-il donner à cette expression — un hapax dans son œuvre ? — le sens fort qu'il acquerra plus tard, au sein de l'idéalisme allemand ? Mais quelle autre signification pourrait lui être reconnue ? Alors que la négation simple s'exprime dans la dualité des termes — ou encore dans leur juxtaposition oppositive — la négation redoublée, quant à elle, ramène réflexivement ce mouvement à lui-même et montre comment le un n'est un qu'en étant deux : « Un est la négation de la négation et la privation de la privation. […] Toutes les créatures ont en elles-mêmes une négation ; l'une nie qu'elle soit l'autre. Un ange nie qu'il soit un autre. Mais Dieu a une négation de la négation ; il est "Un" et nie toute autre chose, car rien n'est en dehors de Dieu[17]. » C'est bien pourquoi le multiple de la distinction est identique en lui à l'Unité qu'il est : « La distinction, précise à ce propos Maître Eckhart, provient de l'Unité : la distinction dans la Trinité. L'Unité est la distinction et la distinction est l'Unité. Plus la distinction est grande, plus grande est l'Unité, car c'est une distinction sans distinction[18]. » Une négation de la négation, en somme*.

Unité multiple de Dieu, unité multiple de l'homme et de Dieu. « Bien des personnes simples s'imaginent qu'elles doivent considérer Dieu comme étant là-bas et elles ici. Il n'en est pas ainsi. Dieu et moi nous sommes un. Par la connaissance j'accueille Dieu en moi ; par l'amour, je pénètre en Dieu. […] L'agir et le devenir sont un. […] Dieu et moi nous sommes un dans cette opéra-

---

* En contrepoint, ce texte latin d'Eckhart dans son *Commentaire sur la Sagesse*, véritable jonglerie verbale rien moins que formelle : « Tout ce qui se distingue par indistinction est d'autant plus distinct qu'il comporte d'indistinction, car ce qui le distingue est sa propre indistinction. Inversement, il est d'autant plus indistinct qu'il comporte de distinction, parce que c'est sa propre distinction qui le distingue de l'indistinction. En conséquence, il sera d'autant plus indistinct qu'il sera distinct, et réciproquement » (cité dans *Voici Maître Eckhart, op. cit.*, p. 441).

tion : il opère et je deviens[19]. » Être et devenir, agir et devenir : Dieu et l'homme ne se font pas face comme des substances, car la relation qui les lie d'origine signe leur unité *dans* leur distinction même. A ce compte, il est aisé de l'entendre : « Tout ce qui est plus que l'un est trop[20] » ; nul danger par là d'annuler la différence et les différences, puisque celles-ci ne sont pas un « plus » par rapport au Un, mais sont sa structure et sa texture mêmes.

Eckhart, dans cette visée, a coutume d'introduire une distinction verbale qu'il importe de prendre en compte, une sorte de gradation selon l'ordre d'une précision croissante. Entre l'être et l'opération, on l'a vu, il n'existe pas de distance ; à tout le moins, précise-t-il ailleurs, lorsque cette relation se situe « dans l'éternité ». En ce cas, « l'inclusion, le lien est total, on a nécessairement affaire au même ». Le texte poursuit alors : « Où Dieu et l'âme doivent être unis, il faut qu'ils soient égaux. Où toute inégalité fait défaut, il n'y a nécessairement que l'Un. Alors se produit non seulement une union par inclusion, mais plutôt l'unité, non seulement la ressemblance, mais le même. » Dans cette perspective, il est alors affirmé que le Fils n'est pas « semblable » au Père mais « le même » que lui, « un » avec lui[21]. Où il n'est pas toujours aisé, il est vrai, de serrer le vocabulaire au plus près, dans la mesure où certaines imprécisions de la traduction ici citée compliquent la tâche du lecteur — ce qui est dit relever de l'« égalité » se trouvant souvent rabaissé sur le plan de la « similitude »…

En recoupant ce passage avec d'autres, nombreux, qui mettent en œuvre cette sorte de montée en puissance de l'unité, il serait loisible de distinguer quatre niveaux : 1) la simple similitude ou ressemblance (souvent dite *glîchnisse*) ; 2) l'égal ou l'égalité (*glîch, glîchheit*), que Jeanne Ancelet-Hustache rend souvent par « semblable » ou par « le même » ; 3) l'état de ce qui est « uni » ; enfin 4) ce qui est « un », purement et simplement. — Quand il évoque la relation entre Dieu et l'homme, ce qui advient à chaque page de ses *Sermons*, Eckhart parle communément de leur « égalité » ;

mais il ajoute mainte fois que cette égalité n'est autre que l'expression dans l'ordre du divers d'une « unité » qui procède du fond sans fond et de Dieu et de l'homme. « Dans la ressemblance (*in glîchnisse*), énonce *Le livre de la consolation divine*, l'âme hait la ressemblance, ne l'aime pas en soi et pour elle-même, elle l'aime bien plutôt à cause de l'Un caché en elle[22]. » « Et comme la ressemblance (*glîchnisse*) flue de l'Un, attire et séduit par la puissance et dans la puissance de l'Un, pour cette raison ni repos ni satisfaction n'est donnée à celui qui attire ni à celui qui est attiré jusqu'à ce qu'ils soient réunis en Un[23]. » En Un, ou dans l'unité — ce qui est autre chose qu'être simplement « uni » : car en vérité, « il est dans l'âme quelque chose de si apparenté à Dieu que c'est un et non uni. [...] Si l'homme était tout entier ainsi, il serait totalement incréé et incréable ; si tout ce qui est corporel et déficient était ainsi compris dans l'Unité, ce ne serait rien d'autre que ce qu'est l'Unité elle-même[24] ». Les juges de Cologne et d'Avignon, l'on s'en souvient, ne laissèrent pas passer de telles audaces, malgré les explications fort nettes fournies par Maître Eckhart. Elles reviendront plus loin de façon plus directe ; pour l'heure, il importe de retenir que l'homme et Dieu, pour Eckhart, sont de telle parenté que seule l'« unité », au sens plein de ce terme, est capable de dire leur relation d'origine : *deux en tant qu'Un* — Un comme l'être qui *est* devenir, comme la substance qui *est* relation, comme l'unité qui se nie elle-même et qui nie sa propre négation.

La fécondité de ce principe métaphysique-mystique est sans bornes. A titre d'exemple, réellement fondateur, on évoquera seulement la façon dont il permet de comprendre la part qu'il revient à l'homme d'assumer dans l'émergence de son être et la gestion de son destin spirituel — co-créateur de lui-même et co-engendreur de Dieu. Car se trouve bouleversée par là la représentation habituelle d'une antécédence du donateur par rapport au donataire ; en vérité, n'est-ce pas en effet le donataire qui donne au donateur d'être donateur ? Le texte intitulé *Voici Maître*

Éclats de sa vision

Eckhart à qui jamais Dieu rien ne cela, œuvre probablement d'un proche disciple attentif à rendre exactement ses propos, avance en ce sens : « Maître Eckhart dit dans un sermon[25] : mon humilité donne à Dieu sa Déité, et l'on montre cela ainsi. En effet, le propre de Dieu est de donner, mais Dieu ne peut donner s'il n'a quelque chose qui soit réceptif à son don. Or je me rends réceptif à son don par mon humilité et c'est pourquoi je fais de Dieu un donateur par mon humilité, et comme donner est le propre de Dieu, je donne ainsi à Dieu ce qui lui est propre par mon humilité. » Il en va de même pour un seigneur qui veut faire quelque don : il lui faut « trouver un preneur », faute de quoi il ne saurait devenir donateur ; en effet, « du fait qu'il prend, le preneur fait du seigneur un donateur[26] »*.

Ainsi l'homme donne-t-il à Dieu d'être Dieu, étant participant du fond sans fond de son unité. « Dieu a un tel besoin de nous chercher, comme si vraiment toute sa Déité en dépendait, ainsi qu'il en est réellement. Et Dieu peut aussi peu se passer de nous que nous de lui, car même si nous pouvions nous détourner de Dieu, Dieu ne pourrait jamais se détourner de nous. » Maître Eckhart n'entend donc pas prier Dieu pour qu'il lui donne quelque chose, pas plus qu'il n'entend le louer pour ce qu'il en aura reçu : il veut prier Dieu pour être rendu « digne de recevoir » ;

---

* Dans un fragment de sermon (s. 16 a, I 144), Eckhart affirme semblablement que la suppression de tout intermédiaire entre moi et un mur ferait que je sois « près du mur, mais je ne serais pas dans le mur ». Et il poursuit : « Il n'en est pas ainsi pour les choses spirituelles […] : ce qui reçoit est [identique] à ce qui est reçu, car il ne reçoit rien que lui-même. » La conclusion ne manque pas de saveur : « C'est subtil. A qui comprend, on a suffisamment prêché. » Où « recevoir » ne peut être séparé d'un « donner en retour », ainsi que l'exprime Jean de la Croix dans la « Vive flamme d'amour » : l'âme étant « ombre de Dieu » par le moyen d'une « substantielle transformation », « elle fait en Dieu, par l'entreprise de Dieu, ce que Dieu fait en elle par soi-même, et de la même façon qu'il le fait ». C'est pourquoi « elle donne Dieu à Dieu même en Dieu. Et cela est l'entier et le vrai don que l'âme fait à Dieu » (Jean de la Croix, *Œuvres complètes*, *op. cit.*, p. 800).

il veut le louer « parce que son être et son essence l'obligent à donner ». Cela est si vrai qu'à vouloir en priver Dieu, on « le priverait de son être propre et de sa propre vie [27] ».

Le secret de cette parfaite réciprocité ? « Plus Dieu est reconnu comme Un, plus il est reconnu comme Tout [28]. » Et encore : « Plus on connaît Dieu lucidement et profondément comme Un, plus on connaît la racine dont sont issues toutes choses. Plus on connaît comme Un la racine et le noyau et le fond de la Déité, plus on connaît toutes choses [29]. » En vérité, Dieu est Un et il n'y a que Dieu ; mais en cette unité sont compris les siècles des siècles et tous les univers.

II

Dieu-naissance

Un mot caractéristique du vocabulaire eckhartien peut résumer cette exaltation d'une unité intérieurement articulée dans ses propres différences — unité de l'être ou de l'agir et du devenir dans lequel ils se disent — c'est celui de « naissance ». Un terme qui demande à être soustrait à tout statisme représentatif dans la mesure où il connote origine et « processualité » : parler de naissance, c'est en effet parler d'engendrement, c'est-à-dire d'un « faire-naître » qui conduit, par réflexivité, à l'apparition de soi-même comme autre, sans que soit brisé le lien de l'unité intérieure à soi-même :

> Ô le Trésor si riche
> où commencement fait naître commencement !
> Ô le cœur du Père
> d'où à grand-joie
> sans trêve flue le Verbe !
> Et pourtant ce sein-là
> en lui garde le Verbe. C'est vrai[1].

Or dans ce Verbe, c'est l'homme et c'est le monde entier qui se trouvent produits, en sorte que Dieu, « sortant » de lui-même dans l'acte de sa naissance, s'identifie à cette extériorité totale qui demeure en lui-même. Citant Platon, Maître Eckhart évoque ailleurs cette pureté « qui n'est pas dans le monde ni hors du monde », qui « n'est ni dans le temps ni dans l'éternité » et « n'a ni extérieur ni intérieur » : « C'est à partir d'elle que Dieu, le Père éternel, diffuse la plénitude et l'abîme de toute sa Déité. Il l'engendre ici dans son Fils unique et pour que nous soyons le même Fils. Et engendrer est pour lui demeurer en lui-même, et demeurer en lui-même est engendrer hors de lui-même[2]. » Ainsi le monde entier se trouve-t-il investi par cette Unité dont il procède sans pour autant jamais lui échapper : « Tout demeure l'Un qui jaillit en lui-même[3]. » Phrase abyssale en son laconisme : il ne suffit pas de dire que *l'Un est le Tout*, il faut encore comprendre que *toutes choses sont l'Un*. Ce que Eckhart précise aussitôt en ce qui concerne le sujet humain : « "Ego", le mot "Je", n'appartient en propre à personne, sinon à Dieu seul dans son unité. "Vos", ce mot veut dire "vous", c'est-à-dire : que vous soyez un dans l'unité ; "ego" et "vos", "moi" et "vous", cela indique l'unité[4]. »

L'engendrement est donc unique. Le faire-naître de Dieu est identiquement naissance de Dieu, naissance de l'homme et du monde ; à les distinguer, ce sont deux étapes — mieux encore, deux aspects — d'une réalité *une* que l'on atteint alors : « Le Père engendre son Fils unique et de cette effusion s'épanouit l'Esprit saint qui est l'Esprit de l'un et de l'autre ; dans cette effusion, l'âme jaillit et flue, et l'image de la Déité est imprimée dans l'âme et dans ce flux et ce reflux des trois Personnes l'âme est reconduite et est en retour formée dans sa première image sans image[5]. » Un seul mouvement pour deux cercles l'un à l'autre intérieurs et qui ne sont en vérité qu'un seul cercle. « Je l'ai d'ailleurs dit souvent : quand Dieu sort de lui-même, il retourne en lui-même[6]. »

« La première émanation et la première diffusion par laquelle Dieu se diffuse, c'est la procession de son Fils qui s'épanche en retour dans le Père[7]. »

Des Trois la boucle
est profonde et terrible,
ce contour-là
jamais sens ne saisira :
là règne un fond sans fond.
Échec et mat
temps, formes et lieu !
L'anneau merveilleux
est jaillissement,
son point reste immobile[8].

Il y a les Trois, il y a l'Un. Il y a l'Un qui *est* Trois et les Trois qui *sont* Un. Eckhart sait que Dieu est infiniment au-dessus du nombre, il dit parfois qu'il pourrait être mille sans cesser d'être Un[9] ; loin de lui par conséquent de corriger la Trinité en disposant un quart terme au-dessus ou en dehors de ces Trois. Le terme de « déité », par lequel d'ordinaire il désigne l'unité absolue, *dans* les Trois et *au-delà* d'eux — comme le *fond sans fond* d'où procède et auquel fait retour la boucle « profonde et terrible », l'« anneau merveilleux » en son jaillissement immobile — ne peut être postulé que comme le *vinculum substantiale* (le « lien substantiel ») qui, à même le multiple des personnes, *dit* et *fait* leur unité essentielle. « Dans la déité, écrit-il en effet, on attribue l'égalité au Fils, la chaleur et l'amour à l'Esprit saint. L'égalité en toutes choses, mais d'abord et plus encore dans la nature divine, c'est la naissance de l'Un et l'égalité de l'Un en l'Un et avec l'Un, c'est le commencement de l'amour épanoui et ardent[10]. » Un-égalité-amour : forme de l'existence de « toutes choses », mais d'abord et de façon éminente « dans la nature divine ». Rapporté au Dieu des représentations trinitaires, le terme de « déité » est ainsi l'analogue de ce que, en théologie plus classique, l'on appelle la « nature » dans son rapport aux Personnes. Or la nature, en son unité fondatrice, n'a nulle existence en elle-même, n'étant que la somme négative de leur recouvrement plénier — ce que la théologie appelle leur « circumincession ». Car « les choses spirituelles ne sont pas séparées l'une de l'autre[11] », en sorte que celui qui est uni à l'une des Personnes — et il est de la vocation de l'homme, il est de sa nature d'être un avec le Fils — est uni à la déité tout entière.

Un parallélisme de structure peut être aisément décelé : au rapport déité-Trinité répond, du côté de l'homme, la relation entre un « quelque chose » originel — incréé et incréable — et les puissances qui traduisent la diffraction de ses potentialités, l'intelligence et la volonté ; une distinction que, pour faire bonne mesure et mener le parallèle à son terme, Eckhart complexifie parfois en adjoignant un troisième moment sous la forme d'une « puissance ascendante[12] ». De part et d'autre, il faudra dépasser le nombre *pour* atteindre au lieu de l'*unité indivise*. L'homme, en effet, devra quitter les régions où s'exercent sa volonté et son intelligence pour habiter ce « petit château fort dans l'âme », cet « unique Un », « élevé par-delà tout mode et toutes puissances[13] » ; quant à Dieu, il ne saurait aborder cette humanité de l'homme, analogue de sa propre déité, s'il ne se dépouille de sa multiplicité : « Cela lui coûtera tous ses noms divins et la propriété de ses Personnes. Il lui faut les laisser toutes à l'extérieur pour que son regard y pénètre. Il faut qu'il soit l'Un dans sa multiplicité, sans aucun mode ni propriété, là où il n'est en ce sens ni Père ni Fils ni Saint-Esprit, et où il est cependant un quelque chose qui n'est ni ceci ni cela[14]. » Propos à ce point ultime sous le vêtement de l'excès que Eckhart éprouve le besoin de les authentifier de façon solennelle : « Ce que je vous ai dit là est vrai, je vous en donne la vérité comme témoin et mon âme comme gage[15]. »

Structure limpide qui dessine une perspective indépassable. Au fil de ses multiples discours, Maître Eckhart ne s'en tient pourtant pas toujours à cette pureté du vocabulaire et de ses attributions. D'ailleurs, il importe encore de situer dans cette double

Éclats de sa vision

dynamique les règles d'emploi du terme qui est d'usage le plus courant, le terme de « Dieu ». L'ampleur de sa portée permet des glissements de sens qui préviennent heureusement tout figement de ces structures dynamiques en schématismes morts : de la déité à la Trinité, l'on a rappelé quelle unité foncière définissait la relation et les relations ; il en va de même entre le « petit château fort » de l'homme et les puissances qui disent sa temporalité et son devenir. Et il en va encore de même lorsque sont en jeu l'unité et la distinction entre la déité et la part incréée-incréable de l'homme d'une part, entre Personnes divines et puissances humaines supérieures de l'autre. Le terme de « Dieu » en effet est comme le lien d'unité entre tous ces moments. Employé de façon *absolue*, il désigne l'ultime de la déité en sa diffraction trinitaire ; de façon plus spécifique, *relative* en quelque sorte, il qualifie, ainsi qu'on le verra, à la fin du procès, cette réalité proprement seconde qu'engendre l'apparition de la créature : « Lorsque, de par ma libre volonté, je sortis et reçus mon être créé, alors j'eus un Dieu ; car, avant que ne fussent les créatures, Dieu n'était pas "Dieu", plutôt : il était ce qu'il était. Mais lorsque furent les créatures et qu'elles reçurent leur être créé, alors "Dieu" n'était pas Dieu en lui-même, plutôt : il était "Dieu" dans les créatures[16]. » Sous cet aspect, « Dieu » qualifie la réalité telle qu'elle intervient « à partir de la créature », autrement dit telle qu'elle se déploie, si l'on peut dire, au niveau second, comme *diction relative* de la déité une, à *parité de sens avec les créatures en tant que multiples*, sans pouvoir satisfaire ce qu'elles recèlent d'incréé et d'incréable : « Dieu, en tant qu'il est "Dieu", n'est pas la fin suprême de la créature, car pour autant qu'elle est en Dieu, la moindre créature a la même richesse que lui. » D'où la prière : « être déprise de "Dieu" », afin de pouvoir « accueillir la vérité » et « en jouir éternellement là où les anges les plus élevés et la mouche et l'âme sont égaux, là où je me tenais, où je voulais ce que j'étais et étais ce que je voulais[17] ».

Une même ambiguïté essentielle affecte parfois les termes de

« Un » et de « Père », appliqués tour à tour et parfois simultanément à la déité et à la première Personne de la Trinité — celle-ci étant l'expression du dynamisme de naissance qui qualifie le « fond sans fond ». Il importe de s'en souvenir en regard de quelques-unes des innombrables expressions dont Maître Eckhart fait usage pour dire la réalité du Dieu-naissance. Ainsi : « "Père" veut dire naissance, non pas ressemblance, et désigne l'Un dans lequel la ressemblance fait silence et tout ce qui a désir de l'être s'apaise[18]. » Même visée originelle et finale dans cet autre texte : « Le Père est un commencement de la Déité, [...] et le Père [...] est une fin de la Déité et de toutes les créatures, demeurant en lui-même, en qui est le pur repos et une paix de tout ce qui a jamais acquis l'être. Le commencement est là en vue de la fin, car dans la fin suprême repose tout ce qui a jamais acquis l'être doué d'intellect[19]. » Par contre, ou dans le même mouvement mais de façon moins intégrative, le vocable de Père peut être tourné d'abord vers la production simple de ce qu'il fait naître : « Celui qui connaît la vérité sait bien que le mot "Père" porte en soi un pur engendrement et signifie avoir des fils. C'est pourquoi nous sommes dans ce Fils et sommes le même Fils[20]. » Enfin ce même terme peut conjuguer l'une et l'autre de ces acceptions, en rapportant l'engendrer un et multiple à l'expression du « fond sans fond » : « Notre nom, c'est que nous devons être engendrés, et le nom du Père est "engendrer", là où la Déité répand sa lumière à partir de la pureté première qui est la plénitude de toute pureté[21]. »

Ainsi sont reliés ciel et terre, éternité et temps, Dieu et l'homme. « Si l'on me demandait ce que fait Dieu dans le ciel, je dirais : il engendre son Fils, il l'engendre sans cesse dans sa nouveauté et sa fraîcheur et il éprouve une si grande joie en cette œuvre qu'il ne fait rien d'autre que l'accomplir. » Œuvre unique, véritable condensé de toutes les œuvres divines : « L'Esprit saint y est inhérent, ainsi que toutes les créatures. » Œuvre d'ampleur cosmique, par conséquent, avec pour scène infinie le ciel et la terre assemblés : « L'œuvre qui est sa naissance, Dieu l'opère dans l'âme, sa naissance est son œuvre et la naissance est le Fils. » L'homme est ainsi présent au cœur même de cet auto-engendrement de Dieu ; car Dieu ne s'engendre pas simplement « dans le ciel », mais aussi et en réalité « dans le plus intime de l'âme et si secrètement que ni ange ni saint n'en sait rien » ; pas plus que l'âme elle-même n'a prise sur cette naissance intime : elle ne peut « rien faire que de la subir », car « c'est l'affaire de Dieu seul[22] ». Mouvement qui ne recouvre donc pas la collation d'un don extérieur, car Dieu ne peut donner moins que Dieu ; il ne fait aucun don sans « se donner lui-même d'abord de la même manière et dans l'engendrement. [...] Dieu s'engendre totalement en moi pour que je ne le perde jamais, car tout ce qui m'est inné je ne le perdrais pas. Dieu a toute sa joie dans la naissance[23] ».

Cet engendrement du Fils et de toutes choses dans le Fils est la façon qu'a Dieu de s'engendrer lui-même. Cette œuvre identique à son être, il la produit « sans cesse » puisqu'il est lui-même le fruit de cet opérer. Agir toujours ancien et toujours nouveau, neuve « fraîcheur » de ce qui est de tout temps, nouveauté sans renouvellement ni novation : dans ce maintenant éternel se retrouve le paradoxe d'un devenir identique à l'être — ou encore d'une relation qui transit l'entière réalité de la substance. « Il n'y a pas de devenir [en Dieu], c'est un "maintenant", un devenir sans devenir, un nouveau sans renouvellement : voilà le devenir qui est son être. En Dieu est une subtilité* dans laquelle il ne peut pas y avoir de renouvellement[24]. » Quiétude d'un accomplissement qui trouve son répondant du côté de ce qui en l'homme est

---

* « Subtilité » traduit au moins mal le terme de « *kleinlicheit* », dont Jeanne Ancelet-Hustache souligne avec justesse qu'il intervient ici « aussi bien pour désigner le fond originel vers lequel fluent et d'où refluent les Personnes divines (Déité) que ce qui, dans l'âme, est ordinairement désigné par de nombreux termes différents, et surtout l'"étincelle" ou la "petite étincelle" ou le "quelque chose dans l'âme" » (*op. cit.*, p. 127).

de la nature de la déité même : « Il est aussi dans l'âme une subtilité si pure et si délicate qu'il ne peut pas y avoir en elle de renouvellement car tout ce qui est en Dieu est un "maintenant" présent sans renouvellement[25]. »

Maître Eckhart n'ignore certes pas la distinction théologique entre filiation par nature et filiation par grâce. Il arrive même qu'il lui donne un tour imagé, au risque de réintroduire une dualité de plans qui renverrait la naissance de l'homme — pas seulement dans sa dimension corporelle — du côté d'une secondarité quant à l'essence. Prêchant sur le mystère de l'Annonciation, il dit en ce sens, non sans s'excuser de ce que ces propos pourraient inférer de parfaitement incongru : « Je parle quelquefois de deux fontaines. Bien que cela sonne étrangement, nous sommes contraints de parler selon notre entendement. La première fontaine d'où jaillit la grâce se trouve là où le Père engendre son Fils unique. [...] La seconde fontaine, c'est quand les créatures fluent de Dieu ; elle est aussi loin de la fontaine d'où jaillit la grâce que le ciel l'est de la terre[26]. » Pareille précaution, qui sera utile lorsqu'il faudra discerner ce qui en l'âme est incréé et ce qui ne l'est pas, ne saurait toutefois annuler l'abondance des passages dans lesquels Maître Eckhart affirme que Dieu engendre son Fils dans l'âme et l'âme dans son Fils, et qu'il les engendre tous deux d'un unique mouvement et de toute éternité : « Le don le plus grand est que nous soyons enfants de Dieu et qu'il engendre en nous son Fils. [...] Le plus noble désir de Dieu est d'engendrer. Il n'est pas satisfait avant d'avoir engendré son Fils en nous[27]. » De même, avec plus de précision encore : « Dans l'âme qui est située en un actuel présent, le Père engendre son Fils unique et, dans cette même naissance, l'âme renaît en Dieu. C'est là une seule naissance ; chaque fois qu'elle renaît en Dieu, le Père engendre dans l'âme son Fils unique[28]. »

L'essentiel est alors d'échapper à la logique selon laquelle l'homme s'appréhenderait comme né *après* l'origine ; ou encore

Éclats de sa vision

de cesser de voir Dieu comme l'un des termes d'un ensemble dont l'homme, précisément, représenterait l'autre terme. En vérité, *il n'y a que Dieu et c'est pour cela qu'il n'y a que l'homme*. L'homme, en effet, n'est-il pas com-pris d'origine dans la « boucle profonde et terrible », dans le « jaillissement du point immobile » ? « La nature du Père est d'engendrer le Fils, conclut solennellement Maître Eckhart en l'un de ses sermons, et la nature du Fils est que je naisse en lui et selon lui ; la nature de l'Esprit saint est que je sois consumé en lui, et totalement fondu en lui, et que je devienne totalement amour[29]. » C'est ainsi que, *par nature*, la naissance de Dieu est la naissance du tout.

Naissance tout d'abord de la multitude des êtres dotés d'intelligence, promis à être fils dans ce que Eckhart appelle, même si sa mystique n'est pas d'abord nuptiale, les épousailles du Fils. « Au premier commencement de la pureté première, énonce-t-il en ce sens, le Fils a ouvert la tente de sa gloire éternelle et il est sorti de la hauteur suprême afin d'élever son amie, à qui le Père l'avait unie de toute éternité, pour la ramener à la hauteur suprême d'où elle est venue[30]. » Pour signifier cette unité d'origine, *unité d'être* bien avant qu'elle ne détermine une attitude éthique, Eckhart recourt à un exemple de bon sens : « Si je dois être un homme, je ne peux pas être un homme dans l'être d'un animal, il faut que je sois homme dans l'être d'un homme, mais si je dois être cet homme-ci, il faut que je sois cet homme-ci dans cet être-ci. » Argumentation dont il use immédiatement pour dire que la vocation de l'homme s'enracine dans cette réalité ontologique qui fait qu'il est lui-même Fils : « Si je dois être Fils, il faut que je sois Fils dans le même être dans lequel il est Fils, et dans nul autre[31]. »

Lancinante, revient l'affirmation : « Il t'a engendré comme son Fils unique, et non pas moindre[32]. » « Dans cette similitude, dit-il ailleurs, nous sommes tous un seul Fils[33]. » Quelle similitude ? Celle justement par quoi tous les hommes viennent à constituer un seul Fils dans le Fils. En vérité, « si l'homme doit connaître

Dieu, en quoi consiste son bonheur éternel, il doit être avec le Christ un Fils unique du Père, et c'est pourquoi, si vous voulez être heureux, vous devez être un fils, non pas beaucoup de fils, mais *un* Fils[34] ». Ce qui ne va point à réduire les diversités attachées à la réalité des individus ; car vous êtes « différents selon la naissance corporelle, mais dans la naissance éternelle vous devez être un, car c'est la nature qui prend origine en Dieu, et c'est pourquoi il n'y a qu'une seule émanation naturelle du Fils, non pas deux : une seule ». Partant, « être un seul Fils avec le Christ » implique que l'on soit « une seule émanation avec le Verbe éternel[35] ».

Comment dire avec plus de force que la filiation par grâce ne fait pas nombre avec la filiation par nature ? Deux siècles et demi plus tard, Angelus Silesius écrivait pour son compte dans l'« Avertissement au lecteur » qui ouvre son *Pèlerin chérubinique* : « Un homme ne peut être enfant de Dieu sans la filiation divine, c'est-à-dire sans posséder l'essence véritable du Fils de Dieu lui-même[36]. » Héritage et possession, là encore, d'ordre pluriel : citant un « maître ancien », Angelus Silesius avance en effet cette proposition de style si profondément eckhartien : « Dieu le Père n'a qu'un Fils, et ce Fils nous le sommes tous in Christo[37]. » Dans les lignes qui suivent, Tauler est évoqué à l'appui de cette affirmation selon laquelle nous devons « avoir la même essence qu'a le Fils de Dieu » ; cette référence, en ce lieu, à un représentant de la mystique rhénane n'autorise-t-elle pas à supposer que le « maître ancien » resté anonyme n'est autre que Eckhart lui-même ? « Dieu n'a qu'un seul Fils, et nous le sommes tous », rapporte Silesius ; « nous sommes tous un seul Fils », affirmait Maître Eckhart ; et, renchérissant sur cette unicité : « vous devez être un Fils, non pas beaucoup de fils, mais *un* Fils[38] ». Unité dans la filiation à propos de laquelle Eckhart avance encore cette formulation nouvelle, en ajoutant le processus par quoi l'homme peut la ratifier : « Le Père n'a qu'un Fils unique, et moins nous avons de pensée ou d'attention pour quoi que ce soit d'autre que pour Dieu, et moins nous regardons à l'extérieur, autant nous sommes transformés dans le Fils, autant le Fils naît en nous et nous naissons dans le Fils et nous sommes un seul Fils[39]. » Une formule qui, ramenée à l'essentiel, recoupe au plus près la citation de Silesius.

Le thème « Dieu-naissance » serait incomplètement traité si l'on ne tentait de montrer comment Dieu, dans son engendrement de lui-même à partir de la déité, porte à l'existence, non seulement la multitude des hommes qu'il agrège à son Fils, mais la création tout entière. Une réalité qui appelle double lecture. D'abord, et de façon positive, Eckhart souligne que les créatures, par là, sont revêtues de grande dignité et trouvent place au sein du mouvement qui est expression de l'esprit total. Réfléchissant sur ce qu'est en vérité le « lieu de l'âme » — « la Déité est seule le lieu de l'âme, et elle n'a pas de nom » —, Maître Eckhart affirme que ce « lieu sans nom » est « le lieu de toutes choses » : « En ce lieu sans nom, toutes les créatures verdoient et fleurissent dans une juste ordonnance, et la place de toutes les créatures se détermine absolument par le fond de ce lieu de juste ordonnance, et la place de l'âme flue de ce fond[40]. » Or le « fond » est ici l'abîme de la déité, d'où les créatures tirent leur noblesse — bien au-delà du Dieu des représentations ; car « Dieu, selon qu'il est "Dieu", n'est pas la fin ultime de la créature ; richesse aussi grande a en Dieu la moindre créature[41] ». La fin de la créature, c'est donc aussi, au-delà de Dieu, le « lieu sans nom » de la déité.

Pour autant, il est vrai de dire qu'il n'y a créature qu'autant qu'il y a Dieu, et que la distinction de Dieu à partir de la déité est contemporaine de l'apparition de la créature comme telle. L'on a vu que ce même sermon énonce à ce propos une doctrine sans ambiguïté. Ayant affirmé que l'homme, dans sa « cause première », n'avait pas de « Dieu », et qu'il était simplement cause de lui-même dans l'Un de la déité, Maître Eckhart lie d'étroite façon ce que l'on pourrait appeler la triple apparition concomitante de l'homme en sa forme temporelle, du Dieu des représentations et de l'ordre total de la création : « Lorsque, de par ma libre volonté, je sortis et reçus mon être créé, alors j'eus un Dieu ; car, avant que ne fussent les créatures, Dieu n'était pas "Dieu", plutôt : il était ce qu'il était. Mais lorsque furent les créatures et qu'elles reçurent leur être créé, alors "Dieu" n'était pas Dieu en lui-même, il était "Dieu" dans les créatures[42]. »

C'est sans atermoiement que la créature se trouve associée à la logique de cet engendrement de « Dieu en lui-même » que l'on a vue à l'œuvre et qui éclairait déjà le surgissement de l'homme. A l'origine et au terme de Dieu, de l'homme et de toutes choses, le « lieu sans nom », le « lieu de juste ordonnance » qu'est la déité ; *là* Dieu « était ce qu'il était » — écho du « Je suis qui je suis » — et l'homme était aussi ce qu'il était, et toutes les créatures, *identiques à Dieu même en Dieu*, étaient elles aussi simplement ce qu'elles étaient : naissance éternelle, existence du premier cercle. Cet engendrement premier-originaire — cette « première fontaine » —, parce que totalité et négation de négation, vient alors à *poser l'être*, dans toutes ses strates déterminatives — Dieu, homme, créature —, dans l'ordre et la logique de la multiplicité représentative : naissance temporelle, « seconde fontaine ». Et comme ce que la déité pose en dehors d'elle demeure *aussi* en elle, cet ordre de la représentation, de par son poids d'être, tend à retrouver le « lieu de juste ordonnance » dont il procède et qui, en dernier ressort, reste sa fin. Même si, aussi longtemps que l'homme n'est pas « détaché dans son intention » au point de ne viser que « Dieu seul en tant que Dieu », ce n'est qu'« un être d'accompagnement de la Déité » qu'il saisira et non pas celle-ci « nue en elle-même[43] ».

Cet engendrement de la déité par elle-même — comme Dieu, comme homme, comme créature — n'a rien de commun avec le mythe d'une chute impliquant une dégradation de l'être qui ne pourrait se résoudre que par un *rachat* venant de l'extérieur. La

Éclats de sa vision

marque que la déité imprime à l'être dans le mouvement de son engendrement originaire ne peut s'effacer — pas même en enfer, précise Maître Eckhart. Ce que Dieu donne, en effet, il le donne « selon le mode d'une naissance[44] », c'est-à-dire sous mode de réduplication de lui-même. Dieu, en vérité, ne peut donner moins que Dieu ; « car s'il en était ainsi que Dieu retienne quelque chose de son essence ou de son être originel par lesquels il s'appartient à lui-même — si Dieu en privait l'âme, ne fût-ce que de l'épaisseur d'un cheveu, il ne pourrait pas être Dieu, tant l'âme devient un avec Dieu[45] ». C'est à ce prix seulement que l'on peut parler d'un *Dieu-naissance*.

III

Homme-naissance

L'engendrement de Dieu n'a pas pour fin la seule naissance de la déité en elle-même et comme Dieu, à la façon d'une *causa sui* qui serait un absolu irrépétable. L'engendrement de Dieu s'accomplit dans la production de l'homme et du monde, posés « hors » de Dieu et devant faire retour à lui. Cela s'opère par le fait qu'homme aussi bien que monde reviennent à eux-mêmes, à ce *fond sans fond* qui est *en eux* la marque inaliénable de la déité. Telle est l'« ordonnance divine » qui s'épanouit dans l'« ordonnance de l'âme[1] ». Ici et là, l'une et l'autre « fontaine », naissance éternelle et naissance dans le temps, le même double mouvement — mouvement unique à double face — exprimé par deux verbes (et leurs dérivés) qu'il faudrait toujours entendre dans leur identité de paradoxe : *fliezen/ durchbrechen*, l'acte de « s'écouler » ou de « fluer » à partir de l'origine, et l'acte d'opérer, par le détachement, une « percée » en retour, à travers représentation et multiplicité, jusqu'au « lieu sans nom » de cette origine alors déterminée comme terme et comme fin.

Le thème de l'homme-naissance s'épanouit à l'articulation de cette *sortie* et de ce *retour*. Une nouvelle fois, et plus encore peut-être que dans le cas de Dieu, le concept simple de naissance revêt ici une double acception. L'une, de passivité, montre comment l'homme apparaît lorsque Dieu le fait naître, l'engendre ; l'autre, qui n'est pas chronologiquement seconde, insiste sur le fait que Dieu produit l'homme en lui communiquant ce qu'il est, et donc en faisant de lui un créateur — si bien que l'acception passive s'enveloppe de cette activité participée selon laquelle l'homme, dans l'instant même où il se reçoit, s'engendre lui-même, et non seulement lui-même mais aussi Dieu et la créature.

Selon le premier aspect, la part que l'homme assume dans la production de son être se limite à ne point laisser s'obscurcir en lui l'image de lui-même que Dieu a imprimée. Alors, « Dieu naît en tout temps dans un tel homme. Comment Dieu naît-il en tout temps dans l'homme ? Notez-le ! Quand l'homme dénude et dégage l'image divine que Dieu a naturellement créée en lui, l'image de Dieu est en lui manifestée ». Plus donc « l'homme dénude et rend claire en lui l'image de Dieu, plus claire est en lui la naissance de Dieu[2] ». Participation à l'acte créateur qui est consentement au dévoilement-manifestation de Dieu : « Il faut entendre ainsi la naissance de Dieu en tout temps : le Père dénude et dégage l'image et brille en elle[3]. »

Une telle naissance de Dieu en l'homme — le point est de grande importance — inverse aussitôt ses termes dans le mouvement d'une réciprocité constitutive : « L'homme naît en tout temps en Dieu[4]. » Le chemin est le même, exactement le même, que celui qui fut indiqué ci-dessus. En effet, « comment l'homme naît-il en tout temps en Dieu ? Notez-le ! Par le dégagement de l'image dans l'homme, l'homme se rend semblable à Dieu, car, par l'image, l'homme est semblable à l'image qu'est Dieu, celle que Dieu est selon la pureté de son essence[5] ». Ce qui pour lors est en cause, c'est l'identité entre naissance de Dieu en l'homme et naissance de l'homme en Dieu — pas encore la naissance de l'homme comme ayant en lui-même pouvoir de « faire naître ». Naissance originaire. Pour illustrer « la naissance perpétuelle de l'homme en Dieu », Maître Eckhart dira : « L'homme avec son image brille dans l'image qu'est Dieu, celle que Dieu est selon la pureté de son essence, et avec laquelle l'homme est un[6]. » Suit une distinction qui permet de dire que l'homme « est Dieu » « selon la partie de l'image par laquelle il est semblable à Dieu, et non pas selon sa nature créée », distinction qui s'applique à l'être du Christ lui-même. L'on retrouvera ces propos lorsqu'il sera question de ce qui, en l'homme, est incréé-incréable, et du détachement dont il doit faire preuve à l'égard de ce qui en lui relève de ce qui n'est pas « Dieu en tant que Dieu ». Pour l'heure, ce n'est point de cette « ordonnance de l'âme » qu'il s'agit, mais de Dieu seul en tant qu'origine et terme. Parlant de l'homme, Eckhart affirme en effet : « En le considérant comme Dieu, on ne le considère pas selon sa nature créée ; en le considérant comme Dieu, on ne nie pas sa nature créée en ce sens qu'il faudrait tenir cette négation pour l'anéantissement de sa nature créée, il faut bien plutôt l'entendre comme une assertion concernant Dieu par laquelle on nie qu'il y ait quoi que ce soit de créé en Dieu[7].* »

L'activité de l'homme qui procède de sa naissance en Dieu ne consiste pas seulement en un consentement à cette naissance, mais elle se traduit par l'exercice d'un pouvoir d'engendrement en retour. Car « jamais par la naissance rien ne fut si proche de Dieu, ni si assimilé à lui, ni si un avec lui, que l'âme le devient dans cette naissance[8] ». Assimilation, unité qui viennent de ce que Dieu ne peut donner moins que Dieu, tant il engage en cet acte la totalité de son essence. Tel est l'ordre de l'éternité, qui dépasse les impuissances du temps : « La nature de mon père voulait, selon sa nature, produire un autre père. [...] Mais la puissance faisant défaut, elle produisait ce qu'elle pouvait de plus semblable, c'était un fils. [...] Mais en Dieu est pleine puissance, c'est pourquoi en engendrant il produit son semblable. Tout ce que Dieu est en tant que puissance, vérité, sagesse, il le reproduit absolument dans

---

* A chaque fois que dans ce texte interviennent les termes de « semblable », « similitude », « ressemblance », il s'agit en fait d'« égal » ou d'« égalité ».

l'âme[9]. » C'est donc la déité même dans la distinction de ses Personnes — puissance, vérité, sagesse — qui constitue l'essence de l'âme, et qui la fait aussi puissante que le Père, aussi vraie que le Fils, aussi sage que l'Esprit.

La raison de cette assimilation qui institue l'homme dans un pouvoir créateur et co-créateur ? « Le Père et le Verbe sont deux Personnes et une vie et un être sans séparation[10]. » Lors donc qu'en son Verbe il fait de toi un fils dans le Fils, il ne peut faire autrement que se donner aussi à toi en tant que Père — et c'est ainsi qu'« il te donne le pouvoir d'engendrer avec lui toi-même et toutes choses et il te donne sa propre puissance comme à ce même Verbe. Ainsi, avec le Père, dans la puissance du Père, tu engendres sans relâche toi-même et toutes choses en un continuel présent ». Il n'est aucune différence, ici, entre le Père et l'homme, pas plus qu'il n'existe un quelconque « avantage » entre le Père et le Verbe : « Le Père et toi-même et toutes choses et ce même Verbe êtes un dans la lumière[11]. »

S'agit-il en cela d'un monisme intempérant qui réduirait l'homme et le monde à une excroissance de l'absolu sans leur reconnaître une autonomie réelle ? Mais la *différence* est inscrite *au cœur de l'absolu lui-même*, par le jeu d'une « négation de la négation » qui fait qu'il n'est *lui-même* que comme *autre que soi*. Encore une fois, *sortir* en l'occurrence est identique à *demeurer*, et l'extériorité, dans sa toute vérité, est expression d'une intériorité essentiellement plurielle : « Lorsque le Père engendra toutes les créatures, il m'engendra, je sortis de lui avec toutes les créatures et je demeurai pourtant intérieurement dans le Père. » Et de comparer pareils « sortir » et « demeurer » à la parole que lui-même « prononce maintenant » : elle « jaillit en moi, affirme Maître Eckhart, ensuite je m'arrête à mon idée, en troisième lieu je l'exprime et vous la recevez tous ; cependant elle demeure véritablement en moi. De même je suis demeuré dans le Père[12] ». Ainsi pour l'homme — sa sortie *réelle* est condition d'un retour qui ne soit pas moins *réel* : « Dieu exerce toute sa puissance dans sa naissance et il faut qu'il en soit ainsi pour que l'âme retourne à Dieu[13]. »

Il est donc naturel qu'à propos de Dieu et de l'homme Eckhart emploie la même expression — la plus forte qui se puisse imaginer, puisqu'elle souligne la réflexivité plénière d'un mouvement qui est identiquement « sortie » et « retour ». Et cela dans le même sermon. A propos de Dieu d'abord : « Dieu s'engendre à partir de lui-même en lui-même et s'engendre de retour en soi[14]. » A propos de l'homme ensuite : « L'âme s'enfante elle-même en elle-même et s'enfante à partir d'elle-même et s'enfante de retour en soi[15]. » Entre les deux, scellant cette fois l'identité entre les deux « fontaines », l'acte de la naissance, pleinement suffisant en lui-même en même temps que débordant de la totalité du créé : « Plus la naissance est parfaite, plus elle enfante. Je dis : Dieu est absolument un, il ne connaît rien que lui seul. Dieu s'engendre totalement dans son Fils, Dieu prononce toutes choses en son Fils[16]. » En somme, quand il s'agit de Dieu, ne connaître que soi c'est encore — c'est d'abord — se connaître comme tout.

La réalité de l'« homme-naissance » se situe ainsi, de façon radicale, à l'intérieur de cette totalité du « Dieu-naissance ». C'est dire que l'homme a lui aussi affaire à la production du tout — à l'engendrement de Dieu comme tout : « L'âme enfante à partir d'elle-même Dieu à partir de Dieu en Dieu ; elle l'enfante vraiment à partir d'elle-même ; elle fait cela afin d'enfanter Dieu à partir d'elle-même, là où elle a la couleur de Dieu ; là elle est une image de Dieu[17]. » La « couleur de Dieu » ! Le terme[18] se charge ici d'une portée ontologique à laquelle la beauté de l'expression confère une singulière puissance. Évoquant « la ténèbre cachée de l'éternelle impénétrabilité », « le principe premier de la pureté première qui est une plénitude de toute pureté » — « là j'ai éternellement reposé et sommeillé dans la connaissance cachée du Père éternel, demeurant intérieurement inexprimé » —, Eckhart délivre ces simples mots qui semblent mettre Dieu à la merci de l'homme, en montrant aussitôt comment ce dernier n'est posé en vérité que dans le mouvement d'une réciprocité plénière : « Dans cette pureté il m'a éternellement engendré comme son Fils unique dans la même image de son éternelle paternité, afin que je sois Père et engendre celui dont je suis engendré[19]. »

La naissance de l'homme s'accomplit en vérité dans ce mouvement par quoi l'homme fait naître Dieu lui-même. L'identité du Fils et du Père a pour corollaire en effet que le Père soit présent comme Père là où le Fils surgit comme une multitude de fils. Eckhart ne craint pas de dire : « Je suis transformé en lui, de sorte qu'il m'opère en tant que son être, un, non pas semblable ; par le Dieu vivant, c'est vrai qu'il n'y a aucune différence[20] » ; et de donner comme exemple de cette unité la transformation du pain eucharistié devenu corps du Christ. Auparavant, il avait su dire à nouveau l'unité des deux moments de cet unique procès : l'homme engendré comme fils (comme Fils) devenant pleinement participant, à ce titre, de la nature du Père. Tout d'abord, donc : « Le Père engendre son Fils dans l'âme de la même manière qu'il l'engendre dans l'éternité et non autrement. [...] Je dis plus encore : il m'engendre en tant que son Fils et le même Fils. » Vient alors la seconde affirmation : « Je dis davantage : il m'engendre non seulement en tant que son Fils, il m'engendre en tant que lui et lui en tant que moi, et moi en tant que son être et sa nature[21]. »

La *naissance de l'homme*, dans la plénitude de sa signification, prend place ainsi au cœur du mouvement total de la naissance de Dieu ; elle dit la nature du Père sous la figure du Fils (des fils) et engendre de là l'univers en sa totalité. Flux et reflux, provenance et percée en retour : telle est pour le spirituel la nouvelle échelle de Jacob[22] dont il ne cesse de parcourir les degrés, allant toujours plus au « fond », dans l'un et l'autre sens et par le jeu d'un seul et même mouvement, celui du « détachement ». « Toute notre perfection et toute notre béatitude, c'est que l'homme fasse la percée et dépasse tout le créé et toute la temporalité et tout l'être, et pénètre dans le fond qui est sans fond[23]. » Un dépassement du créé qui est aussi son habitation plus plénière, car le « fond sans fond » de Dieu est aussi le « plus que l'être » qui est au centre de la créature : « Plus on connaît Dieu lucidement et profondément comme Un, plus on connaît la racine d'où sont issues toutes choses. Plus on connaît comme Un la racine et le noyau et le fond de la Déité, plus on connaît toutes choses[24]. »

La densité de ces images — racine, noyau — renvoie inlassablement à une intériorité en puissance d'extériorisation. Dans un autre de ses sermons, Eckhart enrichit encore cette palette expressive, au terme d'un procès exemplaire qui montre comment la « percée » que doit opérer l'homme lui fait traverser jusqu'à l'être du Fils et toute représentation pour gagner le lieu « sans nom » auquel le Père se trouve identifié, la déité même d'où procèdent et Dieu et l'homme et le monde. La « puissance supérieure » de l'homme qu'est l'intellect parcourt en effet ce périple total : « Elle ne veut pas Dieu selon qu'il est l'Esprit saint, selon qu'il est le Fils, elle fuit le Fils. Elle ne veut pas non plus Dieu selon qu'il est Dieu. Pourquoi? Parce que là il a un nom. [...] Elle le veut là où il n'a pas de nom. Elle veut quelque chose de plus noble, quelque chose de meilleur que Dieu selon qu'il a un nom. Que veut-elle? Elle ne le sait pas; elle le veut selon qu'il est Père[25]. » Long prélude qui s'épanouit dans cet hymne à la puissance de création de ce qui est sans nom : « Elle le veut selon qu'il est une moelle d'où jaillit la bonté; elle le veut selon qu'il est un noyau d'où flue la bonté; elle le veut selon qu'il est une racine, une veine dans laquelle jaillit la bonté, et là seulement il est Père[26]. »

Ainsi se déploie l'ordre total des choses : « Le Père prononce en tout temps le Fils dans l'unité et répand en lui toutes les créatures. Toutes requièrent de retourner d'où elles ont flué. Toute leur vie, tout leur être est un appel et une urgence vers ce dont elles sont issues[27]. » Dans ce grand mouvement, l'homme représente une étape, un point de coalescence, une sorte de finalité en relais pour ce qui regarde l'ordre des vivants : « Toute naissance a l'être humain pour fin. C'est pourquoi un maître dit : on ne trouve aucun animal qui n'ait quelque ressemblance avec l'homme[28]. » C'est là que se fait la jonction entre l'éternel et le temps — car si toute naissance ici-bas converge en l'homme, elle prend ici la couleur et la forme et la réalité de la naissance même de Dieu : « Pourquoi Dieu s'est-il fait homme [...] ? Je dirais : pour que Dieu naisse dans l'âme et que l'âme naisse en Dieu. C'est pour cela que toute l'Écriture est écrite, et c'est pour cela que Dieu a créé le monde et toute la nature angélique : afin que Dieu naisse dans l'âme et que l'âme naisse en Dieu[29]. »

Cette naissance mutuelle est donc l'accomplissement de l'ordre total de la création, et c'est alors seulement que le « Dieu-naissance » vient à emplir la plénitude de son *concept* — le « principe » qu'il est se manifestant comme « terme » de tous les êtres, « car le premier commencement est là en vue du terme suprême[30] ». En cela, nul ajout qui annulerait un manque originel, mais la manifestation de toutes les potentialités de la « moelle », du « noyau », de la « racine », de la « veine » — cette manifestation étant signifiée par le « repos » que connaît là ce dynamisme d'autoréalisation : « Dieu lui-même ne repose pas là où il est le premier commencement, il repose là où il est un terme et un repos de tout être, non pas que cet être soit anéanti ; bien plutôt il est accompli là dans son terme suprême selon sa plus haute perfection[31]. » « Perfection » de la créature et de l'homme lui-même dans le « repos » de Dieu : l'« homme-naissance » ne trouve son achèvement que dans le « Dieu-naissance », et celui-ci ne vient à son terme que lorsqu'il enveloppe en lui-même et prodigue hors de soi — flux et retour — l'homme et la totalité du créé.

La naissance de l'homme dans le temps apparaît alors comme une attestation, une ratification de cette naissance éternelle selon laquelle l'homme en Dieu n'est pas moindre que Dieu. Aucune ombre de panthéisme dans cette vision des choses, mais la claire vue de ce que Dieu est Un, et que, de ce fait, il n'est rien qui soit radicalement hors de lui, puisque son intériorité — ce que l'on dirait son immanence à soi — est identique à l'extériorité dans laquelle elle se dit par libre nécessité. Il y a donc identité entre le « repos » que Dieu ne connaît qu'à l'extrême de son extériorité — en l'homme, en toutes choses — et l'accomplissement que l'homme n'éprouve que dans le *retour* qu'il opère au lieu de son origine.

Alors devient intelligible l'évocation d'un thème dont Maître Eckhart ne cesse de s'enchanter, et qui donne la clef de son anthropologie théocentrique : Dieu « est l'Un absolu, sans que s'y ajoute la moindre multiplicité d'une distinction, ne serait-ce que d'une pensée, du fait que tout ce qui est en lui est Dieu lui-même[32] ». Rien donc ne saurait être gagné comme provenant de l'extérieur et s'ajoutant à ce qui est ; car ce qui est *est*, et cela doit se manifester sans cesser de demeurer au centre : « Je peux acquérir la sagesse, je peux aussi la perdre, mais ce qui est en Dieu est Dieu, cela ne peut lui échapper[33]. » Qui en est revêtu ne peut le perdre, et l'on ne saurait l'acquérir par effraction : « Dieu réside dans une lumière vers laquelle il n'est pas d'accès. Il réside dans la pureté de son essence propre en laquelle il n'y a pas d'attributs. Ce qui est contingent doit être écarté. Il est une pure inhabitation en lui-même où il n'y a ni ceci ni cela, car ce qui est en Dieu est Dieu[34]. »

Là est la source de toute assurance : « Si je suis en lui, où Dieu est, je suis, et où je suis, Dieu est, à moins que la Sainte Écriture ne mente. Où je suis, Dieu est : c'est une pure vérité et elle est aussi véritablement vraie que Dieu est Dieu[35]. » Cette assurance, qui porte sur le « maintenant » d'une naissance commune, est actualisation du savoir qui porte sur l'origine : « Puisque tout ce qui est en Dieu, cela est Dieu, et puisque mon image a été éternellement en Dieu comme elle est maintenant et doit être à jamais, mon âme a donc été éternellement une et elle est Dieu, et je découvre ainsi que je suis en Dieu d'une façon d'autant plus haute que j'ai été éternellement Dieu en Dieu[36]. » Telle est la marque de l'être ou du « quelque chose » (*iht*) par opposition à ce qui n'est rien (*niht*) — si l'on entend ce dernier terme non pas au sens du « surnéant » qui est identique à la déité, mais comme exprimant la négation du premier degré qui marque la contingence de la créature : « "Rien" est ce qui ne peut rien recevoir de rien. "Quelque chose" est ce qui reçoit quelque chose de quelque chose. Il en est absolument ainsi en Dieu. Tout ce qui est "quelque chose" est en Dieu, absolument, là rien ne fait défaut. Quand l'âme est unie à Dieu, elle a en lui, dans toute sa perfection, tout ce qui est quelque chose[37]. » Ainsi se constitue le plérôme qui identifie la fin et le commencement : « Toutes choses sont égales en Dieu et sont Dieu lui-même[38] » ; de même : « Toutes les créatures sont en Dieu et sont sa propre Déité, et cela signifie une plénitude[39]. » « En lui n'est que l'Un qu'il est lui-même[40] » ; « en tout ce que des créatures je connais en Dieu, ne tombe là en moi rien que Dieu seul, car en Dieu il n'est rien que Dieu[41] ». Cette affirmation mille fois répétée, parfois jusqu'à l'enivrement, obsède l'univers eckhartien ; on la retrouve encore, avec une force singulière, dans le sermon 40, intitulé précisément « *Blîbet in mir* », « Demeurez en moi[42] ». Là est peut-être le dernier mot pour rendre compte, en son sens actif, du thème de l'homme-naissance, lorsque, étant *en* Dieu *identique à Dieu*, l'homme exerce la puissance créatrice et omni-bienfaisante qui est celle de Dieu même : « Remarquez le fruit que l'homme porte quand il est là. Quand il est un avec lui, ce fruit consiste en ce qu'il produit avec lui toutes les créatures et que, selon la mesure de son union, il apporte le bonheur à toutes les créatures[43]. »

IV

L'ordonnance de l'âme

Dieu et l'homme, l'éternité et le temps s'articulent donc dans un mouvement qui est à la fois *diction d'une identité originaire* et *production d'une unité différenciante* au-delà de toute représentation. Entre les deux termes de cette relation fondamentale, Maître Eckhart dispose ce qui est bien autre chose qu'un intermédiaire, bien autre chose même qu'une médiation : le monde angélique, à la fois exemple et modèle pour l'homme d'une liberté sans entraves que lui-même doit gagner au rythme de la percée qu'il lui faut opérer en retour, à travers toutes choses, à travers Dieu lui-même, vers l'abîme sans fond de la déité. Dieu, l'ange et l'âme : rien en cela qui pourrait évoquer la résurgence d'une hiérarchie exprimant des différences d'ordre substantiel. L'univers de pensée eckhartien ne récuse certes pas les oppositions — il connaît même le danger des exclusions, sans que pourtant soit jamais abolie la marque de la « ressemblance » qui est celle de l'être — mais il est traversé par la passion d'une *unité en devenir*, avec le souci concomitant de ne jamais penser des excellences qui ne soient de l'ordre de l'universel : « La lumière divine a inclus en soi la lumière de l'ange et la lumière de l'âme, en sorte que tout est ordonné, se tient debout et loue parfaitement Dieu[1]. »

Dignité d'une pensée qui, sous l'égide d'une lumière unique, refuse tout agenouillement. « Les membres de celui qui se tient

Éclats de sa vision

debout sont dans l'ordre. [...] La partie supérieure de l'âme doit se dresser dans une attitude ferme[2]. » Et non seulement la partie supérieure, mais le tout de l'âme et le monde même recueilli dans la fin qu'elle constitue pour lui : « Tout ce qui est ordonné doit être ordonné sous ce qui est au-dessus de soi. » Et Maître Eckhart d'expliquer qu'à moins d'être éclairées par « la lumière naturelle de l'âme, dans laquelle elles reçoivent leur être », les créatures ne peuvent plaire à Dieu. Il ajoute alors qu'il en est de même pour l'âme : sa lumière se doit d'être éclairée par l'ange qui « la prépare et la rend disponible, afin que la lumière divine puisse y opérer[3] ». Telle est l'« ordonnance » totale de l'être : elle ne s'inscrit pas sur une échelle de valeurs qui représenterait un dégradé, une perte progressive ; c'est de sortie et de retour qu'il est ici question, de déploiement et de rassemblement, de « flux » et de « percée ». Toutes choses sont divines *pourvu qu'*elles rejoignent en retour le lieu de leur origine ; car « Dieu n'opère pas dans les choses corporelles, il opère dans l'éternité ». D'où cette nécessité pour l'âme : « être recueillie, entraînée en haut et être un esprit » ; là en effet « Dieu opère, là toutes les œuvres sont agréables à Dieu. Jamais aucune œuvre ne plaît à Dieu à moins qu'elle ne soit accomplie là[4] ».

Ainsi se rassemblent l'homme et le cosmos, dans un mouvement d'assomption qui les apparie à « la seigneurie sacrée des anges où se trouvent l'ordonnance divine et l'œuvre divine et la sagesse divine et la ressemblance divine ou la vérité divine autant qu'il est possible[5] ». *L'ordonnance divine.* Elle s'exprime au premier chef par la naissance de Dieu tel qu'il procède de la déité — Père, Fils, Esprit, ou quelle que soit la figure représentative de cette relation intérieure à l'Un : « De la puissance divine jaillit la sagesse et de l'une et l'autre jaillit l'amour, c'est-à-dire l'embrasement. » Sagesse, puissance et amour — ou embrasement — « sont l'orbite de l'être », explique Maître Eckhart, « c'est un être suréminent, pur, sans nature. Sa nature est d'être sans nature[6] ». L'être, fondement suréminent, manifeste sa propre richesse en se distribuant ainsi sur l'« orbite » qui lui fait parcourir ses propres moments : puissance, sagesse, amour ; ternaire qui ne doit point voiler l'unité de l'origine : car « penser la bonté ou la sagesse ou la puissance, c'est cacher l'être et l'obscurcir par cette pensée. Une seule pensée ajoutée cache l'être. Telle est donc l'ordonnance divine[7] ». Ordonnance sur laquelle est modelée celle de l'âme : « Quand Dieu trouve dans l'âme l'égalité avec cette ordonnance, le Père engendre le Fils. [...] Ainsi l'âme doit, avec toute sa puissance, faire sa percée vers l'ordonnance divine[8]. »

Elle ne le peut qu'en laissant à son tour *s'ordonner* en elle les différentes puissances qui la composent. Sur ce point Maître Eckhart est d'une prolixité remarquable, et l'on n'en finirait pas de citer les énoncés dans lesquels il explicite cette « ordonnance de l'âme ». En elle est une « lumière naturelle suréminente [...] si pure et si limpide et si élevée qu'elle touche à la nature angélique ». Cette lumière, précise Eckhart, ne se répand jamais dans les puissances inférieures ; elle n'illumine l'âme que sous la condition que ces puissances inférieures « se subordonnent aux puissances supérieures et les puissances supérieures à la suprême vérité. [...] C'est ainsi que l'âme doit s'élever au-dessus d'elle-même vers l'ordonnance divine[9] ». Image féodale : tout s'emboîte « selon l'ordonnance d'une armée », où « l'écuyer est subordonné au chevalier et le chevalier au comte et le comte au duc », selon l'ordre d'une assistance mutuelle où « chacun vient en aide à l'autre[10] ». Eckhart n'ignore pas le fracas des armes et la nécessité du combat intérieur — mais le but de cette opération des puissances, c'est « qu'une paix sereine soit dans l'âme et un repos[11] ».

Cette visée d'unité étant toujours présente, il est loisible d'insister sur la spécificité des différents moments qui composent cette « ordonnance » totale. D'abord la partition la plus générique. « Les maîtres disent que l'âme a deux visages : le visage supérieur contemple Dieu en tout temps, et le visage inférieur regarde un peu vers le bas et dirige les sens[12]. » Le haut, le bas. Rien pourtant qui ressemble ici à l'attelage platonicien, cheval blanc cheval noir tirant par-ci par-là, dans un antagonisme de nature ; car l'âme demeure une en sa nature bi-face, et sa partie inférieure tire moins vers le bas qu'elle ne « regarde un peu » en cette direction pour « diriger les sens » et les amener à s'unifier dans cette partie supérieure qui, en elle-même, « ne sait rien du temps ni du corps[13] ». C'est que l'âme de Maître Eckhart n'est pas en dehors du corps : « Les yeux, les oreilles et les cinq sens, telles sont les marches par lesquelles l'âme sort dans le monde, et, par ces marches, le monde pénètre en retour dans l'âme[14]. » C'est pourquoi il convient de veiller sur cette frontière, pour éviter que ne la franchisse ce qui serait « préjudiciable à l'âme » — tout en sachant que la vérité provient ici d'une rectitude de l'intérieur : « Quoi que voie l'homme bon, il en devient meilleur[15]. » Non seulement il ne souffre pas alors de la proximité des sens, mais il permet que la lumière de Dieu se fasse sentir jusqu'à eux : « De même que l'âme se répand dans tous les membres, de même Dieu flue dans toutes les puissances de l'âme et les pénètre de ce flot de telle sorte qu'elles le répandent en bonté et en amour sur tout ce qui est alentour, afin que tout ait connaissance de lui. » Dieu flue ainsi « en tout temps, observe Eckhart, c'est-à-dire au-delà du temps, dans l'éternité et dans la vie en laquelle vivent toutes choses[16] ».

Le « visage supérieur » à présent : c'est sur lui que s'arrête Maître Eckhart. On sait déjà qu'il « touche à la nature angélique » ; il faut dire plus : « Par ses puissances supérieures, l'âme touche Dieu. Par là, elle est formée d'après Dieu. » Or, « formé d'après lui-même », Dieu quant à lui « tient son image de lui-même et de nul autre » ; cette image tient au fait qu'il « se connaît absolument lui-même et n'est rien que lumière ». Ce qui amène cette superbe conclusion : « Quand l'âme le touche par une véritable connaissance, elle lui est semblable en cette image[17]. » « Similitude » — en réalité, si l'on serre au plus près l'original, « égalité » — qui s'exprime à travers le jeu complexe des deux ou trois puissances qui composent la partie « supérieure » de l'âme. Deux ou trois : si Maître Eckhart s'en tient le plus souvent à la bipartition entre intellect et volonté — l'on a vu qu'avec ces deux puissances il s'agit d'une question de prééminence largement discutée en ce temps, question que Eckhart tranche pour son compte au bénéfice de l'intellect —, il sacrifie parfois à la division tripartite que véhiculait la tradition augustinienne ; cela, même s'il ne parle guère de la mémoire et donne un autre nom et une autre fonction, ainsi qu'on le verra, à la troisième des puissances qu'il évoque d'aventure.

Mais d'abord le plus courant. « Les maîtres disent que deux puissances fluent de la partie supérieure de l'âme. L'une se nomme volonté, l'autre intellect[18]. » D'emblée, Maître Eckhart, en ce passage, prend position sur le point controversé : « La perfection de ces puissances se situe dans la puissance supérieure qui se nomme intellect[19]. » Pour ne revenir que sommairement sur ce point déjà largement évoqué ci-dessus, lorsqu'il fut question de la tradition colonaise[20], on trouvera en premier lieu des textes sans appel : « L'intellect est plus véritablement "serviteur" que volonté ou amour. Volonté et amour se projettent sur Dieu en tant qu'il est bon et, s'il n'était pas bon, ils ne prêteraient pas attention à lui. L'intellect pénètre en haut jusque dans l'être, avant de penser à la bonté ou à la puissance ou à la sagesse* ou à tout ce qui est attribut. » En effet, l'intellect saisit Dieu « en lui-même » ; il le saisit « en tant qu'il est purement être », sans se préoccuper de « ce qui est ajouté à Dieu ». L'originalité de la conclusion ne saurait alors passer inaperçue : « L'intellect saisit Dieu dans son vestiaire, en sa nudité, tel qu'il est Un, sans distinction[21]. » On comprend que puisse être affirmé ailleurs : « L'intellect de l'âme est ce que l'âme a de plus élevé[22]. » D'où cette conséquence ultime : « L'intellect

---

* A l'Esprit, au Père, au Fils.

est la tête de l'âme. Ceux qui font l'assertion la plus fruste disent que l'amour précède, mais ceux qui font l'assertion la meilleure disent expressément — et c'est bien vrai — que le noyau de la vie éternelle réside plus dans la connaissance que dans l'amour[23]. »

Dans la puissance qu'est l'intellect, « Dieu toujours verdoie et fleurit dans toute la félicité et dans toute la gloire qu'il est en lui-même. [...] Le Père éternel engendre son Fils éternel dans cette puissance sans relâche, de sorte que cette puissance co-engendre le Fils du Père et soi-même comme le même Fils dans l'unique puissance du Père[24] ». Il est remarquable de constater à quelle fusion des vocables parvient ici Maître Eckhart lorsqu'il passe insensiblement de la « puissance » qu'est l'intellect en l'homme à cette « puissance » suprême qui désigne le Père lui-même dans sa relation trinitaire à la sagesse et à l'amour. Non moins étonnant de lire en ce lieu que l'autre puissance supérieure de l'âme, pour subordonnée qu'elle soit en principe, n'est pas évoquée avec moins d'éclat : « Dans cette puissance Dieu sans relâche arde et brûle avec toute sa richesse, avec toute sa douceur et avec toutes ses délices. En vérité, dans cette puissance est si grande félicité et des délices si grandes, sans mesure, que personne ne peut en parler ni le révéler pleinement[25]. » On comprend alors que, sans dévier de sa ligne générale, Eckhart puisse parfois — rarement — parler d'une supériorité de la volonté sur l'intellect : « Ce que les sens apportent de l'extérieur, l'intellect l'accueille, ce que ne fait pas la volonté ; sur ce point, la volonté est plus noble que l'intellect. La volonté n'emprunte nulle part ailleurs que dans la pure connaissance où il n'y a ni "ici" ni "maintenant"[26]. » De même : « La volonté est si libre et si noble qu'elle n'accepte rien d'aucune chose corporelle, c'est par sa propre liberté qu'elle accomplit son opération. L'intellect, lui, emprunte bien aux choses corporelles : en cela, la volonté est plus noble[27]. » Il est vrai que le texte poursuit : « Toutefois, c'est seulement dans une partie de l'intellect, dans un regard vers le bas et dans un abaissement que cette connaissance reçoit l'impression des choses corporelles, mais dans sa région la plus élevée, l'intellect n'emprunte pas aux choses corporelles. »

C'est ainsi que Eckhart nuance quasi à l'infini son schéma de base — toujours cependant pour faire prévaloir les valeurs d'unité. Significative en ce sens une déclaration laconique qui rend compte de ce que l'on pourrait appeler l'emboîtement de tous ces moments de l'analyse ; parlant du fils de la veuve de Naïm, Eckhart affirme en effet : « Le fils unique de l'âme, c'est la volonté, ce sont toutes les puissances de l'âme, elles sont toutes "un", au plus intime de l'intellect. L'intellect, c'est l'homme dans l'âme [28]. » Ainsi la volonté peut apparaître comme fédérant, si l'on peut dire, les puissances de l'âme — néanmoins toujours sous l'égide de l'intellect ; car seul l'intellect est « une puissance qui est absolument réceptive à Dieu [29] ». Eckhart pourra déployer tout un sermon pour chanter ses excellences ; selon cinq chefs principaux qu'il énonce d'abord de la sorte : « Il est dans l'âme une puissance qui est l'intellect. Dès l'origine, dès qu'elle prend conscience de Dieu et le goûte, elle a en elle cinq propriétés. » Première propriété, propriété de base : « le détachement d'"ici" et de "maintenant" ». Intimement liées sont la seconde et la troisième propriétés, selon lesquelles, respectivement, l'âme « n'a de ressemblance avec rien » et s'affirme « pure et sans mélange ». Grâce à la quatrième, l'âme « opère ou cherche en elle-même », alors qu'en vertu de la cinquième « elle est une image [30] ». C'est ainsi, en fin de compte, que Eckhart concilie tradition augustinienne et tradition dionysienne, dans une fidélité dominante à la première d'entre elles [31]. Sur ce point qui commande l'intelligence de sa mystique « spéculative », son dernier mot pourrait bien être : « L'accomplissement de la béatitude réside dans les deux : la connaissance et l'amour [32]. »

Ce jeu relativement limpide et dominant dans ce type de pensée se trouve parfois réinscrit dans un mouvement ternaire qui n'est pas sans lui conférer une certaine complexité. Par exemple

Éclats de sa vision

lorsque volonté *et* intellect sont tous deux déclarés inaptes à procurer l'union, et soumis à ce titre à une tierce instance censée plus pure que l'un et l'autre. Dans cette perspective, Eckhart marque d'abord, comme il le fait souvent, les limites d'une mystique affective : « L'amour ne transporte jamais en Dieu, il agglutine peut-être. L'amour n'unit pas, en aucune manière ; ce qui est uni, il l'attache et le lie l'un à l'autre. L'amour unit dans l'opération, non dans l'être[33]. » Il semble donc qu'il faille attribuer à l'intellect cette fonction unitive dernière ; et de fait, « la connaissance fait sa percée à travers la vérité et la bonté, elle se projette sur l'Être pur et saisit Dieu dans sa nudité, tel qu'il est sans nom ». Jusqu'alors, rien que de classiquement eckhartien ; cependant le texte poursuit : « Je dis : ni la connaissance ni l'amour n'unissent. L'amour saisit Dieu lui-même en tant qu'il est bon, et si le nom "bonté" échappait à Dieu, l'amour ne pourrait jamais avancer. L'amour prend Dieu sous un pelage, sous un vêtement. » Certes, contrairement à la volonté, « l'intellect prend Dieu tel qu'il est connu en lui », mais, ajoute Eckhart de façon inattendue, « il ne peut jamais le saisir dans la mer de son insondabilité ». C'est donc d'un même mouvement qu'il faut dépasser l'intellect et la volonté, car « au-dessus de l'un et de l'autre, de la connaissance et de l'amour, est la miséricorde : là, Dieu opère la miséricorde dans le plus haut et le plus pur que Dieu puisse opérer ». Cette miséricorde même que le traité *Du détachement*, on le verra, disqualifie sans plus lorsqu'il est question de déterminer quelle est la vertu la plus haute... Pourtant, quel que soit le nom qu'on lui reconnaisse, un « fond » de l'âme est visé en ce passage qui antécède, fonde et finalise le déploiement des deux facultés maîtresses de l'homme : « Il est dans l'âme on ne sait quoi de mystérieux et de caché et bien plus haut que là où se diffusent les puissances que sont l'intellect et la volonté. [...] Là, Dieu opère la miséricorde. »

Plus fréquemment, la mention d'une troisième puissance supérieure intervient selon une autre intelligence des choses, avec l'attention portée au *dynamisme* qui pousse l'âme vers le haut, dans une ascension que rien ne saurait arrêter : « L'âme bien ordonnée dans le fond de l'humilité monte et est attirée en haut dans la puissance divine ; elle ne repose jamais avant d'être allée tout droit vers Dieu et de l'avoir touché dans sa nudité, elle reste entièrement à l'intérieur, elle ne cherche rien au-dehors, elle ne se tient pas non plus à côté de Dieu ni près de Dieu, elle se dirige tout droit en Dieu, dans la pureté de l'être[34]. » Dans un texte fort significatif, cette puissance « ascensionnelle » reçoit, entre connaissance et volonté, un nom sinon une autonomie : « Les plus hautes puissances de l'âme sont au nombre de trois : la première est la connaissance, la seconde, l'*irascibilis* qui est une puissance ascendante, la troisième est la volonté[35]. » Trois puissances auxquelles sont rattachées les vertus de foi, d'espérance et de charité, rangées cette fois selon l'ordre de la tradition. Jeanne Ancelet-Hustache emporte l'assentiment lorsqu'elle montre que ce terme d'*irascibilis*, hérité de la scolastique, est à entendre ici comme l'expression du dynamisme de l'âme[36] ; cette compréhension est corroborée par l'usage que Maître Eckhart fait à nouveau de ce vocable dans les deux sermons suivants[37], où l'on apprend de surcroît que « cette puissance est si libre et cherche tellement à s'élever qu'elle ne veut supporter aucune contrainte[38] » ; en vérité, « elle ne peut supporter que quelque chose soit au-dessus d'elle. Je pense qu'elle ne peut supporter non plus que Dieu soit au-dessus d'elle ». A moins que Dieu ne soit et qu'elle ne soit « pleinement satisfaite comme il l'est lui-même », cette puissance, conclut Eckhart, « ne peut jamais trouver le repos[39] ». « Vertu divine » que celle-là ; on la nomme espérance, et c'est elle qui permet l'accomplissement de la foi dans l'amour. Par l'union de ces trois, la « perfection de l'âme » rejoint la « béatitude divine » elle-même, comme Eckhart le précise dans le même sermon : « La béatitude divine réside en trois points : la connaissance qui fait qu'il se connaît lui-même absolument, ensuite la liberté qui fait qu'il demeure sans être saisi ni contraint par aucune créature, et enfin la satisfaction parfaite de se suffire à lui-même ainsi qu'à toute créature. » Trois moments qui, de façon significative, se rassemblent en deux lorsqu'il est aussitôt question de l'homme, l'*irascibilis* s'effaçant dans la réalisation du mouvement unitif qui la constitue : « C'est aussi en quoi consiste la perfection de l'âme : dans la connaissance et la conscience d'avoir saisi Dieu, et dans l'union de l'amour parfait[40]. »

Un dernier texte permet de reprendre d'un trait cette « ordonnance de l'âme », depuis l'exercice des sens jusqu'à l'union avec la déité, sous la raison de trois niveaux de connaissance. Évoquant le ravissement de saint Paul au troisième ciel, qui « ne signifie rien d'autre que trois sortes de connaissance de l'âme », Eckhart montre que la première de ces connaissances concerne les créatures et est inapte à la saisie de Dieu. Par rapport à elle, une autre connaissance, plus intellectuelle parce que pouvant se faire « sans la présence », recourt cependant à des images. Pas plus que la précédente, cette connaissance ne permet de connaître Dieu, car celui-ci ne saurait être saisi « ni par le lieu ni par le temps ni par l'aspect extérieur ». Vient enfin le « troisième ciel », « une connaissance purement spirituelle, quand l'âme est soustraite à toutes choses présentes et corporelles. On n'entend alors aucun son, on connaît sans matière, il n'y a là ni blanc ni noir ni rouge. Dans cette connaissance pure, l'âme connaît Dieu totalement : un dans sa nature, trois dans ses Personnes[41] ».

V

L'étincelle et le petit château

L'âme, pour Maître Eckhart, n'est pas un principe immatériel qui serait l'« autre » du corps. Elle désigne l'homme lui-même, dans l'articulation de ses puissances inférieures et de ses puissances supérieures. Pour employer un langage musical, on dira que sa tessiture recouvre tous les sons qui vont des résonances corporelles aux vibrations spirituelles et du cosmos à Dieu. Dans un sermon prononcé en la fête de saint Dominique, Eckhart se demande une nouvelle fois *où* il est possible de rencontrer Dieu — *où* Dieu se donne « comme Dieu » et *où*, partant, l'homme pourra l'accueillir. Sa réponse, en l'occurrence, établit une relation d'excellence qui dispose l'intellect au-dessus de l'être lui-même. « Quand nous prenons Dieu dans l'être, déclare-t-il, nous le prenons dans son parvis, car l'être est son parvis dans lequel il réside. » Et de se demander : « Où est-il donc dans son temple où il brille dans sa sainteté[1] ? » « L'intellect est le temple de Dieu, répondra-t-il. Nulle part Dieu ne réside plus véritablement que dans son temple, l'intellect, [...] car là il est seul dans son silence[2]. »

C'est de cette connaissance que l'homme doit devenir participant. Il se voit donc convié à un travail d'intégration qui devra conjoindre l'infime et le sublime. Eckhart s'attache à spécifier les étapes de cette récapitulation ascendante. « Considérons, énonce-t-il, cette connaissance dans l'âme qui possède une gouttelette d'intellect, une "étincelle", une "brindille". » Après avoir détaillé les « puissances qui agissent dans le corps », celle en particulier qui commande la vision, par quoi « l'œil est si subtil et si délicat qu'il ne prend pas les choses dans leur grossièreté », Eckhart en vient à cette autre puissance dans l'âme « grâce à laquelle elle pense ». Cette puissance, précise-t-il, « forme en elle-même les choses qui ne sont pas présentes, en sorte que je connais les choses aussi bien que si je les voyais de mes yeux et mieux encore — je me représente bien une rose en hiver — et avec cette puissance, l'âme opère dans le non-être et suit Dieu qui opère dans le non-être[3] ».

Énergie corporelle, vision, pensée : socle d'un quatrième niveau, d'un ultime exercice qui voit l'âme et Dieu même opérer de concert « dans le non-être ». Ce dernier énoncé, inattendu, déchire d'un coup l'horizon des représentations familières. Pour venir à son intelligence, autant que faire se peut, il faut prendre le temps d'un détour pour soupeser la charge spéculative inouïe que recèlent la « gouttelette », l'« étincelle », la « brindille » qui font la richesse intellectuelle de l'homme. Termes évocateurs de fragilité, mais aussi d'une délicatesse et d'une puissance de pénétration que Eckhart dénomme encore d'autre façon au moyen d'images qu'il multiplie pour dire ce qui se trouve au sommet de l'âme et de son ordonnance. Il est des maîtres en effet pour enseigner que, en raison « de la puissance, de l'ardeur et de l'éclat qui sont en elle », l'âme est un feu. Pour d'autres, elle est « une petite étincelle de nature céleste ». Certains voient en elle « une lumière », ou encore « un esprit », alors que d'autres encore prétendent qu'elle est « un nombre[4] ». Autant de désignations qui, selon les systèmes de pensée, s'arrêtent toujours sur ce qui semble le plus pur et le plus clair. Aucune de ces tentatives n'est toutefois assez radicale pour rejoindre ce qui est vraiment en cause : « On désigne l'âme par ce qui est le plus limpide et le plus pur, et cependant on n'atteint pas ainsi le fond de l'âme[5]. » Quel est-il donc ce fond ou ce sommet ? A nouveau, il est placé en dehors de toute représentation, en excès de tout langage : « Dieu, qui est sans nom — il n'a pas de nom — est inexprimable et l'âme dans son fond est aussi inexprimable qu'il est inexprimable[6]. »

Dans l'effort pour saisir à l'indirect cette réalité que nul ne peut dire, une image prend le pas sur les autres : il s'agit de l'étincelle ou de la petite étincelle de l'âme. Tôt éteinte aux vents mauvais, elle est pourtant capable d'allumer des incendies. C'est elle qui « saisit la lumière divine[7] » ; elle est « créée par Dieu », « lumière imprimée d'en haut[8] ». Fragile et pourtant indestructible, « image de la nature divine qui toujours s'oppose à ce qui n'est pas divin », elle « n'est pas une puissance de l'âme comme l'ont voulu quelques maîtres, et elle est toujours inclinée vers le bien ; même en enfer elle est encore inclinée vers le bien. [...] Elle se nomme syndérèse, ce qui veut dire unir et détourner[9] ». Tel est l'intellect, « à la périphérie de l'âme où elle touche à la nature de l'ange et est une image de Dieu. [...] Cette petite étincelle est nue, dressée sans aucune souffrance dans l'être de Dieu[10] ».

Ailleurs, cette image se trouve greffée sur une distinction dont on a déjà percé la signification : celle des deux visages de l'âme, selon le propos d'un « maître païen », dont il n'est pas sans intérêt de noter qu'il n'est autre qu'Avicenne, connu par Maître Eckhart dans la mouvance de l'albertinisme colonais. « Saint Augustin — et comme lui un autre, un maître païen — parle de deux visages de l'âme », rappelle en effet Eckhart. « Tourné vers ce monde et vers le corps », l'un de ces visages est celui dans lequel l'âme « pratique la vertu et le savoir et la vie sainte ». L'autre visage, « tourné directement vers Dieu », a en lui « la lumière divine » ; cette lumière opère en l'âme — *à son insu* toutefois, car l'âme pour lors « n'est pas chez elle ». Ce qui n'empêche pas Eckhart de conclure : « Quand la petite étincelle de l'âme est saisie en Dieu dans sa pureté, l'"homme" vit. Alors a lieu la naissance, alors le fils est né[11]. » Propos de pleine positivité, qui permet de tempérer l'affirmation surprenante selon laquelle l'âme alors ne serait

Éclats de sa vision

pas « chez elle » ; ou de la comprendre de façon plus radicale, comme le signe de ce que la *nescience de l'âme* est alors *nescience de Dieu* lui-même.

En d'innombrables passages est chantée la louange de cette « étincelle dans l'âme qui ne touche jamais le temps ni l'espace[12] »*. Qu'il suffise de citer cet extrait d'un sermon bâti, non d'après un texte de l'Écriture, mais d'après le propos d'un maître — probablement Thomas d'Aquin — qui déclare que « toutes les choses semblables s'aiment réciproquement ». Justement, l'amour entre Dieu et l'âme ne procède-t-il pas de l'*unité* et de la *parité* qu'ils connaissent quand sont visés l'« étincelle dans l'âme » et le « fond simple » de Dieu ? « Quand l'homme se détourne de lui-même et de toutes choses créées — autant tu agis ainsi, autant tu es uni et bienheureux en l'étincelle dans l'âme qui ne touche jamais ni le temps ni l'espace. Cette étincelle refuse toutes les créatures et ne veut que Dieu dans sa nudité, tel qu'il est en lui-même. » Même les trois Personnes — Père, Fils, Esprit saint — ne sauraient lui suffire « dans la mesure où chacune d'elles demeure dans sa particularité ». Plus encore : « A cette lumière ne suffit pas l'unicité de la nature divine en tant que féconde. » Et ce n'est pas le dernier mot. « Je dirai davantage qui rendra un son plus étrange encore, poursuit en effet Eckhart ; je le dis en bonne vérité et en éternelle vérité et en perdurable vérité : à cette même lumière ne

---

* Dans nombre de ces textes, il nous faut passer sur le symbolisme inadmissible en vertu duquel la « petite étincelle » est désignée comme le « mari de l'âme », apparenté au « visage supérieur », alors que la femme représenterait l'être humain dans son rapport à la sensibilité : « L'âme est totalement "homme" quand elle est tournée vers Dieu. Quand l'âme se tourne vers le bas, elle se nomme "femme" » (s. 20 a, I 176). A propos de telles déclarations (cf. s. 11, I 117 ; s. 16 b, I 152 ; s. 17, I 158 ; s. 63, III 27 et *passim*), Jeanne Ancelet-Hustache parle avec justesse et indulgence de « la discrète misogynie de Maître Eckhart, commune à toute cette tradition théologique (on se rappelle la légende du concile mérovingien refusant l'âme aux femmes) » (introduction au s. 44, II 88).

suffit même pas l'être divin simple et impassible qui ne donne ni ne reçoit; elle veut saisir d'où vient cet être; elle veut pénétrer dans le fond simple, dans le désert silencieux où jamais distinction n'a jeté un regard, ni Père ni Fils ni Esprit saint, le plus intime où nul n'est chez soi. » Ce n'est que là que l'étincelle de l'âme se trouve satisfaite en vérité : « là elle est plus intimement qu'elle n'est en elle-même, car ce fond est un silence simple, immobile en lui-même, et par cette immobilité toutes choses sont mues, et sont conçues toutes les vies que les vivants doués d'intellect sont en eux-mêmes [13] ».

Frappante est ici l'extrême solennité du propos. Maître Eckhart a conscience d'exposer une doctrine « étrange »; il la développe selon une gradation dont les étapes successives traduisent une prise de distance à l'égard de toute représentation et de toute multiplicité. L'on savait que l'âme, par une part d'elle-même, « touche » l'ange et Dieu lui-même; la percée en retour qu'il lui faut ici opérer traverse l'ordre des représentations trinitaires, mais aussi — et cela est nouveau — l'*unité* dont procède cette multiplicité, l'« être divin simple et impassible », c'est-à-dire, en fait, la déité. Ne reste que le « désert silencieux », « un silence simple, immobile en lui-même ». En ce « fond simple », l'âme ne pénètre que par ce qui en elle est l'analogue de ce *néant* — ainsi sera-t-il nommé en tel autre passage — à savoir justement la « petite étincelle » qui en elle est de même nature. Il était dit que l'âme en ce lieu n'a nul savoir défini parce que alors elle n'est pas « chez elle »; de façon plus radicale, Eckhart affirme maintenant qu'en ce plus intime « nul n'est chez soi » — ni l'homme ni Dieu. Ainsi dira-t-il encore dans un autre sermon, au terme d'une percée aussi vertigineuse que celle que l'on vient de lire, que « la lumière qui est vraiment Dieu », il ne me faut la saisir ni quand elle « touche mon âme », ni là où elle « fait irruption » — en tant qu'elle engendre Dieu, l'homme et le monde — ni même enfin « là où elle est suspendue en elle-même » — « car tout cela est encore mode. Il faut prendre Dieu mode sans mode et être sans être, car il ne possède aucun mode[14] ».

Cet au-delà de Dieu est donc un au-delà de l'homme dans l'homme lui-même. Une puissance l'habite « qui seule est libre[15] ». Une puissance ? Pas même. « Parfois j'ai dit que c'est un rempart de l'esprit ; parfois j'ai dit que c'est une lumière de l'esprit ; parfois j'ai dit que c'est une petite étincelle. Mais je dis maintenant : ce n'est ni ceci ni cela ; pourtant c'est un quelque chose qui est plus élevé au-dessus de ceci et de cela que le ciel au-dessus de la terre. » Toutes raisons qui autorisent Eckhart à nommer ce « quelque chose » de façon « plus noble » que jamais il ne l'a nommé, alors même que ce quelque chose excède tout ordre de « noblesse » et tout « mode » et doit être cherché « bien au-dessus ». « Libre de tous noms », il est « démuni de toutes formes, dépris et libre tout comme Dieu est dépris et libre en lui-même. Il est aussi pleinement un et simple que Dieu est un et simple, de sorte que d'aucune manière l'on ne peut y jeter le regard[16] ». C'est en ce lieu dépourvu de nom que « le Père engendre son Fils unique aussi vraiment que dans lui-même[17] ». Eckhart le désigne d'un nom qui n'est plus un nom, une image irréelle emphatique et dérisoire : le « petit château fort » dans lequel le Christ pénétra lorsqu'il est dit de lui : *Intravit Jesus in quoddam castellum* (« Jésus monta dans un petit château fort[18] »).

« C'est par cette partie que l'âme est égale à Dieu, et pas autrement[19]. » Eckhart prend à témoin la vérité, engage son âme à l'appui de son dire, invite à épouser l'intelligence qu'il en a en son propre cœur. Dans le silence et le vide de ce lieu symbolique, rien ne peut pénétrer qui ne soit libre de tout multiple. Eckhart en exclut donc les deux puissances supérieures de l'âme, y compris celle dont il vient de dire que Dieu en elle « vit vraiment » : « Si un et simple par-delà tout mode est ce petit château fort dans l'âme dont je parle et que je vise que cette noble puissance dont j'ai parlé n'est pas digne de jamais jeter une seule fois un regard dans ce petit château fort, ni non plus cette autre puissance dont j'ai parlé où Dieu arde et brûle avec toute sa richesse et avec toutes ses délices, elle ne se risquera pas à y jeter jamais un regard[20]. » Ainsi, de cet « un unique » qui est « sans mode et sans propriété » est exclu tout ce qui ressortit au divers et engendre le multiple. Reste à mettre le sceau à cette vacuité en étendant à Dieu lui-même une telle négation de tout nombre : « En bonne vérité et aussi vrai que Dieu vit ! Dieu lui-même jamais n'y jette un instant le regard et n'y a jamais encore jeté le regard dans la mesure où il se possède selon le mode et la propriété de ses personnes. » En vérité, seule l'unité absolue peut accéder à ce fond sans fond ; telle est la loi de l'être, à quoi Dieu lui-même ne saurait se soustraire ; c'est pourquoi « noms divins », « propriété personnelle » — « cela, il lui faut le laisser totalement à l'extérieur s'il doit jamais y jeter un regard[21] ».

Audace extrême. Il ne suffit plus à Dieu, pour être accueilli, de décliner son identité : il doit se faire pauvre de lui-même — aussi pleinement que l'homme doit être pauvre de ses puissances et de ses facultés. Il faut qu'il soit « simplement Un, sans quelque mode ni propriété : là il n'est dans ce sens Père ni Fils ni Esprit saint et est pourtant un quelque chose qui n'est ni ceci ni cela[22] ». Ailleurs, Eckhart redouble le propos : « L'âme en elle-même, là où elle est au-dessus du corps, est si pure et si délicate qu'elle n'accueille rien que la nue et pure Déité » ; c'est pourquoi « Dieu lui-même ne peut y pénétrer à moins que ne lui soit enlevé tout ce qui lui est ajouté[23] ». De même : « Dieu n'a besoin de rien sinon qu'on lui offre un cœur en repos ; il opère alors dans l'âme de telles œuvres secrètes et divines qu'aucune créature ne peut l'y aider ni les voir » ; il ne saurait être fait exception même pour l'« âme de Notre Seigneur Jésus-Christ[24] ». Le mouvement de pensée, ici et là, est identique ; le « cœur en repos », c'est celui qui habite la quiétude du « petit château » — là où ce n'est pas seulement la créature, pas seulement l'âme du Christ, pas seulement l'unité de Dieu en tant que productrice et féconde qui se trouvent exclues, mais encore toute trace de multiple, fût-il celui des représentations trinitaires : ni ceci ni cela, libre de tous noms — « en tant qu'il est simplement Un[25] ».

Par deux fois, le sermon qui traite du « petit château de l'âme » emploie, pour désigner ce *lieu* innommable et innommé, le terme le plus indéterminé qui soit : « quelque chose » (*iht*). Où n'est pas entendue une réalité qui aurait l'opacité d'une substance, mais au contraire, *ce qui est sous le mode de n'être pas* — ni ceci ni cela —, ce qui est sous le mode d'une identité au *rien* ou au *néant* (*niht*). Catégories inopérantes en fait pour qui aurait tentation de les disjoindre ; ainsi lit-on dans la strophe VII du *Poème* : « Tout ton être doit devenir néant » — mais pour découvrir aussitôt l'injonction suprême : « Dépasse tout être et tout néant[26] ! » Tel est le prix pour parvenir à l'« empreinte du désert » ; ce qui ramène au « quelque chose », compris comme forme positive de cette *double négation*.

Le grand sermon sur la pauvreté en esprit évoque cet *indéterminé* en le situant, comme il convient, au-delà de l'intellect et de la volonté. Traitant de la béatitude, Eckhart y précise que, contrairement aux maîtres qui avancent qu'« elle consiste dans le connaître » et contrairement à ceux qui affirment qu'« elle consiste dans l'aimer », contrairement même à ceux pour qui « elle consiste dans le connaître et dans l'aimer », il convient de dire qu'« elle ne consiste ni dans le connaître ni dans l'aimer » ; car « il est quelque chose dans l'âme d'où fluent connaître et aimer ; cela ne connaît ni n'aime par soi-même comme le font les puissances de l'âme. Celui qui connaît cela connaît en quoi consiste la béatitude[27] ». S'enchaînent alors les négations — pour déboucher dans la toute positivité de la jouissance unitive : « Cela n'a ni avant ni après, et cela n'est pas en attente de quoi que ce soit qui s'ajouterait, car cela ne saurait ni gagner ni perdre » ; cela donc « est dépouillé au point de ne pas savoir que Dieu opère en lui ; plus : cela même est le même qui jouit de soi-même à la manière de Dieu[28] ».

Un « mode » qui, on le sait, est au-delà de tout mode — mode sans mode. Nudité, absence de nom, ni ceci ni cela, la béatitude purement et simplement : « Il est dans l'âme une chose où Dieu est dans sa nudité, et les maîtres disent que c'est innommé et n'a pas de nom particulier. Cela est et n'a cependant pas d'être propre, car ce n'est ni ceci ni cela, ni ici ni là, car c'est ce que c'est en un autre, et cela en ceci, car ce que c'est, ce l'est en cela, et cela en ceci, car cela flue en ceci, et ceci en cela. » Lieu de pur échange et d'identité fondatrice : saint Paul appelle à s'abandonner *là* en Dieu « dans la béatitude, car ici, l'âme prend toute sa vie et son être, c'est de là qu'elle aspire sa vie et son être, car ceci est totalement en Dieu et toute autre chose d'elle est à l'extérieur, et c'est pourquoi, par ceci, l'âme est constamment en Dieu, à moins qu'elle ne porte ceci en l'extérieur ou ne s'éteigne en elle[29] ». Hymne quasi délirant à ce que l'on peut tenir pour une pure relation par-delà toute substantialité de *ceci* ou de *cela*. Eckhart, en ce texte, ne parle même plus d'un « quelque chose », mais de ce qui est encore plus indéterminé : « une chose », un « cela » qui n'est pas en lui-même mais seulement « en un autre » — et réciproquement — totalement « en » Dieu, c'est-à-dire identique à Dieu, puisqu'en Dieu il n'est rien que Dieu ; marque indélébile, véritable label d'origine, que rien ne peut effacer si ce n'est le bris de cette unité et sa livraison en pâture à l'extériorité pure ; ce qui vise l'impossible, au-delà même de l'enfer : l'*extinction* de l'âme en elle-même.

Alors prend sens une expression que Maître Eckhart ne renia jamais en son fond, même sous la pression des juges d'Avignon. Une expression qu'il consent seulement à relire comme une proposition limite, à conjuguer à l'irréel. En sorte que s'il la désavoua en apparence, c'est au sens « grossier » qu'on voulut lui prêter, se réservant de lui donner une acception des plus saines, inaccessible à ses censeurs. Débat en reconnaissance de paternité qu'il n'engagea pas pour d'autres expressions sans doute moins essentielles

Éclats de sa vision

à ses yeux... Quoi qu'il en soit, la bulle de 1329 rejette en dernière position ces termes qu'elle condamne sans affirmer que Eckhart les ait prononcés et pensés en leur sens répréhensible. Il importe de les rejoindre en leur lieu de naissance.

« Il est dans l'âme quelque chose de si apparenté à Dieu que c'est un et non uni. C'est un, cela n'a rien de commun avec rien et cela n'a non plus rien de commun avec tout le créé. » Avec cette conséquence inouïe : « Si l'homme était tout entier ainsi, il serait totalement incréé et incréable ; si tout ce qui est corporel et déficient était ainsi compris dans l'Unité, ce ne serait rien d'autre que ce qu'est l'Unité elle-même[30]. » Voici donc les vocables incriminés : « incréé », « incréable ». On les soupçonne de désigner une *identité de nature* qui *annulerait* toute possibilité de penser une *différence* entre Dieu et l'homme. L'on remarquera pourtant cette tournure à l'irréel qu'exprime un « si » qui commande un « serait ». Serait-ce là une manière d'édulcorer par précaution le « il est dans l'âme », apparemment sans appel, sur lequel s'ouvre ce texte ? Eckhart sauve la cohérence du tout en opposant cette fois le « quelque chose » au « tout entier ». *Quelque chose* en l'homme est « un et non uni », quelque chose est Dieu ; si l'homme était *tout entier* ainsi, il ne serait « rien d'autre que ce qu'est l'Unité ». Mais il ne l'est pas. Un autre sermon le dit : « Il est dans l'âme une puissance dont j'ai parlé souvent. Si l'âme était tout entière ainsi, elle serait incréée et incréable. Or il n'en est pas ainsi. Avec l'autre partie d'elle-même, elle a un regard et un attachement au temps, et par là elle touche le créé et elle est créée[31]. »

L'argumentation est-elle totalement convaincante ? Dieu lui-même ne « touche »-t-il pas le créé *tout en étant* tout entier incréé ? Et n'est-ce pas l'Un qui, *dans sa négation redoublée de lui-même* et sans mélange d'aucune sorte, engendre *sa propre différence* sous la forme du Fils en qui sont toutes les créatures ? De plus, dans la discussion qu'il engagea sur ce point lors du procès de Cologne, Maître Eckhart nia catégoriquement s'être arrêté à l'on ne sait quelle partition quantitative. Il l'affirme en ces termes le 22 février 1327 lors de la déclaration publique et solennelle qu'il lit dans une chaire de la ville : « Je n'ai jamais dit qu'il y ait dans l'âme quelque chose de l'âme qui soit incréé et incréable parce qu'alors l'âme serait composée de créé et d'incréé : j'ai enseigné et dit le contraire. » Mais cette dénégation est précédée d'une proposition qui laisse béant le problème ici soulevé : « Qu'il y ait dans l'âme quelque chose de tel que, si elle était tout entière ainsi, elle serait incréée, je l'ai entendu selon la vérité comme les docteurs mes collègues, c'est-à-dire si elle était intelligence par essence[32]. » La subtilité porte sans doute sur le fait que ce quelque chose est « dans l'âme » sans être « quelque chose *de* l'âme » ; mais alors, ne s'agit-il pas d'une participation extrinsèque, contre quoi se dresse toute la doctrine du maître ? Eckhart, tout en évoquant l'incompréhension dont sont l'objet ses propos, ne se fait d'ailleurs pas faute d'écarter toute idée d'extrinsécisme en ce cas : « Là où l'âme a son être naturel créé, il n'est pas de vérité. Je dis qu'il est quelque chose au-dessus de la nature créée de l'âme. Et certains clercs ne comprennent pas qu'il est ainsi quelque chose qui soit de la parenté de Dieu et qui soit ainsi un. Cela n'a rien de commun avec quoi que ce soit. Tout ce qui est créé ou créable est néant, mais tout le créé et tout le créable est loin de cela et lui est étranger. C'est un Un en soi qui n'accueille rien d'extérieur à soi[33]. »

Face à pareille complexité, les interprètes s'avèrent divisés, parlant d'ambiguïté, évoquant une possible incapacité qu'aurait eue Maître Eckhart de maîtriser son langage et de lui faire porter sans contradiction le poids d'une expérience vive ; tous propos qui souffrent d'un aspect de faux-fuyant et renoncent en fait à comprendre. Un mot pourtant de Reiner Schürmann pourrait mettre sur la voie d'une solution : selon lui, « Maître Eckhart n'enseigne nullement une identité pure et simple entre l'intellect humain et Dieu, mais il fait entendre l'impératif d'une identité d'accomplissement[34] »*. Appréciation qu'il ne faut point forcer, comme si elle mettait l'identité au terme — faisant d'elle le produit d'un agir — et non pas au fondement, ainsi que Maître Eckhart ne cesse pourtant de l'affirmer ; car l'idée d'« accomplissement », correctement saisie, est aussi une idée d'origine, en ce qu'elle s'appuie sur une identité première entre l'être et le devenir. C'est peut-être la voie que permettrait d'explorer cet autre texte d'une tonalité particulièrement forte qui conjoint *accomplissement* et *naissance* : « J'ai quelquefois parlé d'une lumière qui est dans l'âme, qui est incréée et incréable. De cette lumière je parle toujours dans mes sermons, et cette même lumière saisit Dieu sans intermédiaire, sans que rien le recouvre et dans sa nudité, tel qu'il est en lui-même, et c'est là le saisir dans l'accomplissement de la naissance[35]. »

Thème familier, en effet, que celui-là. Dieu *est* naissance. L'homme *est* naissance. Dieu et l'homme *sont* ensemble une seule naissance. Est-on pour autant fondé à projeter cette identité sur le plan de l'être ? Le sermon 48, déjà évoqué au demeurant, et qui commente une parole de Thomas d'Aquin sur l'amour que se portent les choses « égales », est là pour dire que l'unité spirituelle la plus haute est celle qui se réalise dans une communauté d'opération ; n'est-ce point justement ce que postule l'« accomplissement de la naissance » ? Lorsque mon œil regarde un morceau de bois, une unité s'opère : « L'on peut dire en vérité "œil-bois", et le bois est mon œil[36]. » Le texte poursuit alors : « Si c'est vrai pour les choses matérielles, c'est encore bien plus vrai pour les choses spirituelles. » Ainsi mon œil, du fait d'une identité d'opération,

---

* Ailleurs, Schürmann parle d'« identité opératoire » et précise que les formules les plus audacieuses sont à comprendre dans la visée d'une déprise d'ordre radicalement ontologique : « Séparer ces formules d'union du détachement en tant qu'accomplissement reviendrait assurément à confondre l'homme et Dieu en quelque totalité indistincte. Mais la pensée de Maître Eckhart est tout autre. Il pense l'identité du non-identique » (*op. cit.* [in note 34], p. 54).

a-t-il « bien plus d'unité avec l'œil d'une brebis qui se trouve au-delà de la mer et que je n'ai jamais vue que mon œil n'a d'unité avec mes oreilles avec lesquelles il est cependant uni dans le même être ; la cause en est que l'œil de la brebis a la même activité que mon œil ». Un principe que Maître Eckhart applique à la lettre au rapport entre l'homme et Dieu, lorsque celui-ci — dont on pourrait dire aussi qu'il se situe « au-delà de la mer » et que je ne l'ai jamais vu — se trouve saisi « dans l'accomplissement de la naissance » : « Alors je peux vraiment dire que cette lumière a plus d'unité avec Dieu qu'elle n'a d'unité avec quelque faculté humaine, avec laquelle elle est cependant "un" dans l'être. » Quelles que soient la bassesse ou la grossièreté de ces facultés — « comme l'ouïe ou la vue, ou une autre puissance qui concerne la faim ou la soif, le froid ou le chaud » — lorsqu'on les considère « dans l'être, elles sont toutes "un" et également nobles, mais si l'on considère les puissances dans leurs opérations, l'une est beaucoup plus noble et élevée que l'autre[37] ». *Unité dans l'opération :* serait-ce ainsi que l'on pourrait entendre l'« impératif d'une identité d'accomplissement » ?

Eckhart n'accepterait pas l'adage scolastique selon lequel l'agir « suit » l'être (*agere sequitur esse*), en ce sens qu'il le présupposerait et procéderait de lui. Pour lui, c'est justement le *dynamisme originel de la naissance* qui pose et détermine l'être comme être. Mettant l'accent sur une « unité dans l'opération », Eckhart n'abandonnerait donc à ses juges l'idée d'une identité « dans l'être » que pour en poser une autre, à ses yeux bien plus essentielle, l'unité dans l'« accomplissement de la naissance ». Tel autre sermon d'ailleurs, de façon plus classiquement eckhartienne, appuie la secondarité de l'amour par rapport à la connaissance sur le fait que l'amour « unit dans l'opération, non dans l'être[38] ». Le maître peut bien alors, par prudence, ne pas affirmer une identité de nature ; mais comment pourrait-il éviter qu'elle ne découle de l'identité d'opération qui donne justement *naissance* à l'être ?

Éclats de sa vision

Lorsqu'il est contraint d'en venir là, Eckhart par deux fois se cache sous l'autorité d'un maître incontesté, évoquant « la parole de saint Augustin quand il dit : "Ce que l'homme aime, il l'est. S'il aime une pierre, il est une pierre, s'il aime un être humain, il est un être humain ; s'il aime Dieu — or je n'ose continuer, car si je disais qu'il est Dieu, vous pourriez me lapider, mais je vous renvoie à l'Écriture"[39] ».

C'est aussi et d'abord peut-être pour cela que Maître Eckhart fut « lapidé »... Parlant de cette opération de l'amour qui engendre l'unité, il avait en effet affirmé, comblant le vide prudemment laissé par Augustin : « Tu dois l'aimer en tant qu'il est un Non-Dieu, un Non-Intellect, un Non-Personne, un Non-Image. Plus encore : en tant qu'il est un Un pur, clair, limpide, séparé de toute dualité. Et dans cet Un nous devons éternellement nous abîmer : du Quelque chose au Néant[40]. »

VI

Par aucun pied foulé

On vient de l'entendre de sa bouche : le tout de l'aventure d'esprit, pour Maître Eckhart, c'est d'aller du « Quelque chose » qu'est l'homme au « Néant » qu'est Dieu[1]. Ou plutôt de replacer le quelque chose *dans le mouvement de son engendrement originel*, de sorte qu'il apparaisse *en lui-même* comme néant — et c'est de cette lecture rectifiée que procède la transition du néant de la créature au Néant de Dieu*. Œuvre d'intelligence que celle-là — dans la mesure, bien sûr, où l'intellect est porté par la force d'un désir. De ce procès, Eckhart ne dessine le plus souvent que l'origine et le terme, comme s'il misait sur la puissance d'attraction que recèle en elle-même la claire vue de la fin, dès lors qu'auront été recensées les ressources qui procèdent de certaine qualification de la naissance.

L'image la plus parlante est à coup sûr celle de la flèche au centre de la cible. Un exercice qui requiert précision. C'est pour-

---

* Cette finale du sermon 83 est de texte incertain. L'original porte : « ... *in dem einen sulen wir ewiklich versinken von nite zu nute.* » Quint introduit la correction suivante : « ... *von* [*n*]*ite zu nute.* » L'on peut entendre alors que l'on va du *quelque chose* (*ite*) qu'est encore « un Non-Dieu, un Non-Esprit, un Non-Personne, un Non-Image » au néant (*nute*) du « Un pur, clair, limpide, séparé de toute dualité ». Si l'on ne retient pas la correction de Quint, il faut lire : « du néant au néant » ; ce qui veut dire : du « néant » de première négation qu'est « un Non-Dieu, etc. » au néant de seconde négation qu'est l'« Un pur, clair, etc. ».

quoi Eckhart ne se lasse pas de dire et de redire, pour mieux les imprimer dans le regard, les formes de l'Unité offertes à l'homme. En cela même tient l'essentiel de son propos. S'il ne s'arrête guère toutefois, comme le font d'autres spirituels, aux aléas de la trajectoire, à ses déviations possibles, aux manœuvres qui s'imposent pour la redresser, s'il ne prête guère attention à mesurer l'objectif à la limitation des forces, pas même à ménager des étapes qui seraient autant de réalisations partielles permettant des stations sur des « aires de repos », il prend cependant soin — et c'est en quoi il est un « maître spirituel » — de définir la posture de départ ; il s'attache aussi à passer en revue les attitudes qui conviennent afin que la clarté de l'intelligence investisse les forces et les figures de la volonté.

On en fut averti dès la lecture du *Poème* : le « désert » vers lequel l'homme est poussé

> ... est le Bien
> par aucun pied foulé,
> le sens créé
> jamais n'y est allé :
> Cela est ; mais personne ne sait quoi[2].

Il est donc indiqué que l'homme développe en lui-même certaine qualité d'être qui signifie son accord avec cette *vacuité* vers laquelle il tend : détachement, abandon, nudité, liberté, dépôt des armes et des ressources au seuil de toute volonté propre, de tout savoir, de toute possession. Non que l'idéal ici promu soit celui d'une extinction des forces et des capacités personnelles, une mise en échec des aspirations positives et la contrainte imposée aux appétits de vie. Au contraire : lorsque se trouve assuré certain enracinement dans une vérité retrouvée-reconnue, il n'est plus de limite au désir, tel qu'il se concentre sur ce que Eckhart, fidèle à la grande scolastique, appelle la béatitude. Le maître n'est en rien adepte d'une ascèse morne qui ferait le compte des renoncements exigés : ne serait-ce pas encore le signe d'un attachement à soi-même, d'une attention portée aux moyens plus qu'à la fin ? Comme le fera Jean de la Croix, il dira certes qu'il convient de se débarrasser du temporel, mais comme lui encore il ajoute — et ceci est d'importance — qu'il faut peut-être surtout ne point s'embarrasser du spirituel. Attitude qui culminera dans cette tranquille audace que l'on verra exprimée en son lieu : « Nous prions Dieu d'être dépris de Dieu[3]. »

Quelles sont donc les pensées qui mènent Maître Eckhart lorsqu'il doit traiter des voies de l'esprit ? La solennité du ton est révélatrice, de même que la précision qui bannit tout à peu près : « J'ai coutume de parler du détachement et de dire que l'homme doit être dégagé de lui-même et de toutes choses. » Suivent alors deux impératifs : d'abord, « l'on doit être réintroduit dans le Bien simple qui est Dieu », et ensuite il faut se souvenir « de la grande noblesse que Dieu a mise dans l'âme afin que l'homme parvienne ainsi merveilleusement jusqu'à Dieu ». Toutes choses qui, en quatrième instance, disposent à une parole fondée sur la « pureté de la nature divine », sa « clarté » proprement « inexprimable ». Car « Dieu est une Parole, une parole inexprimée[4] ». De ce dessein, il restera encore à expliciter les dernières propositions : la « noblesse » de l'homme, et ce que l'on appellera l'« a-théisme mystique » de Maître Eckhart — la confession d'une réalité au-delà de « Dieu » même, le fait que « Dieu » demeure toujours « inexprimé » et « inexprimable » alors même qu'il se fait Parole[5]. Pour l'heure, ce sont les deux premiers thèmes sur lesquels il importe de s'attarder : la « percée » en retour — réintroduction dans « le Bien simple qui est Dieu » — a pour condition première l'intelligence et la pratique d'un « détachement » sous lequel on peut lire toutes les figures d'une liberté négative qui accorde l'homme à la « pureté de la nature divine ».

Le terme de « détachement » — *abegescheidenheit* — n'est sans

Éclats de sa vision

doute pas celui qui vient le plus fréquemment sous la plume de Maître Eckhart ; toutefois le sens qui est sien concentre en lui une série d'harmoniques rendant compte des diverses nuances de cette attitude de base. Outre le traité qui porte ce titre[6], et dans lequel s'exprime la finalité positive de cette prise de distance, de ce choix de solitude, quelques mentions s'imposent néanmoins. De façon symptomatique, on le rencontre dès les premières pages du premier écrit que Maître Eckhart ait laissé, les *Instructions spirituelles*. Le n° 6 de ce traité (qui en comporte 23) a pour titre : « Du détachement et de la possession de Dieu ». D'emblée, donc, le paradoxe d'une tension identificatrice entre le vide et la plénitude ; où le vide apparaît moins comme une condition préalable que comme la conséquence-composante d'une découverte plénifiante qui se suffit à elle-même et commande une désaffection à l'égard de toute autre réalité.

A méditer ces quelques pages, en effet, on ne peut manquer de noter l'accent mis sur la reconnaissance de Dieu en toutes choses. Illusion que de penser le rencontrer davantage en *ce* lieu plutôt qu'en *tel* autre, en *cette* occupation-*ci* plutôt qu'en *celle-là* : « Qui possède Dieu dans son essence saisit Dieu selon le mode de Dieu, et pour lui Dieu resplendit en toutes choses, car toutes choses ont pour lui le goût de Dieu et il voit son image en toutes choses[7]. » Certes, cela ne va pas sans certain effort : « Il y faut de l'application, de l'amour, une juste considération de l'intérieur de l'homme et une vive connaissance, véritable, réfléchie et réelle de l'intention de l'esprit parmi les choses et auprès des gens[8]. » Et Eckhart d'ajouter cette consigne qui insiste sur la primauté du regard intérieur : « L'homme ne peut pas l'apprendre par la fuite, en fuyant les choses et en se détournant de l'extérieur pour pénétrer dans la solitude ; il doit bien plutôt apprendre la solitude intérieure où et proche de qui qu'il soit. » Ce qui revient à dire que l'homme « doit apprendre à faire sa percée à travers les choses, y saisir son Dieu, l'imprimer fortement en soi selon un mode essentiel »[9]. Où s'affirme la prévalence d'une positivité qu'un linguiste moderne a saisie de la façon la plus juste lorsqu'il analyse de la sorte ce mot typique du discours eckhartien : « Détachement, mot formé par Maître Eckhart pour signifier le parfait reposer-dans-soi-même, être-un-avec-soi-même de l'âme, dans la distance par rapport à homme et monde[10]. »

Tel est le premier développement livré par Maître Eckhart sur ce terme. Est-ce à dessein que ce chapitre des *Instructions spirituelles*, mis sous la double titulature du « détachement » et de la « possession », ne met en valeur pratiquement que le second de ces termes, sans que le premier ne réapparaisse, ne fût-ce qu'une fois ? Car la mention finale que l'on peut lire dans la version française des dernières lignes de ce texte[11] répond à un autre vocable dans l'original, celui, pareillement typique, de *blôzheit*, qui signifie vacuité, nudité. Et si Eckhart ajoute encore qu'« au début, il y faut de la réflexion et une pénétration attentive, comme l'écolier vis-à-vis de son art[12] », c'est parce qu'il s'adresse alors à des débutants : mais, par-delà ce temps de labeur, il déploie à leurs yeux la réalité d'un « détachement » qui est une figure presque éclatante de la béatitude dont le propre est de reconnaître Dieu en toutes choses.

Même tonalité dans un sermon prononcé en la fête de François d'Assise, le saint qui sut le mieux retrouver le secret de la bonté de tout être : « Plus l'homme est pauvre en esprit, plus il est détaché et considère toutes choses comme néant ; plus il est pauvre en esprit et plus toutes choses lui appartiennent et sont son bien propre[13]. » Plus laconiquement, dans le corps de ce même sermon : « Autant tu es détaché, autant tu possèdes, rien de plus. [...] Autant je me désapproprie, autant j'aurai[14]. » Le secret de cette possession universelle est qu'alors on se tient dans le fond sans fond de la déité d'où toutes choses prennent leur essor : « Je pensais un jour en cheminant que l'homme devrait être si totalement détaché dans son intention qu'il ne devrait penser à personne ni à rien qu'à la Déité en elle-même : ni à la béatitude, ni à ceci ou à cela, sinon à Dieu seul en tant que Dieu et à la Déité en elle-même, car toute autre chose à quoi tu penses est un être d'accompagnement* de la Déité. » D'où la consigne d'écarter « tout être d'accompagnement de la Déité » afin de la saisir « nue en elle-même[15] ». Si ascèse il y a, c'est là qu'elle trouve à s'insérer : il faut laisser tomber tout ce qui est d'ordre secondaire et toutes choses seront rendues à partir de la source. L'ampleur sans limite de pareille libération a pour répondant la plénitude infinie de Dieu dans le monde : « Il ne suffit pas que l'esprit de l'homme soit détaché au moment présent lorsque l'on veut s'unir à Dieu ; il faut que ce soit un détachement auquel on s'est exercé, qui a précédé et qui suivra : seulement alors on peut obtenir de grandes choses de Dieu, et Dieu dans les choses[16]. »

Ces remarques et d'autres possibles trouvent leur achèvement dans le quatrième des traités eckhartiens, tout entier consacré à l'élucidation de cette attitude. Texte de caractère « éthique » selon certains[17], dans la mesure où il ne comporterait guère de considérations d'ordre métaphysique intéressant directement l'exercice de l'intelligence ; texte de moindre « couleur mystique », lit-on également[18]. En fait, loin d'être en retrait sur l'audace de la pensée et sur la profondeur de l'expérience qui se font jour ailleurs, ce texte sublime se présente bien plutôt comme une « somme » de la doctrine eckhartienne, au centre — tout au centre — de la cible.

Trois parties de longueur comparable : 1) le détachement, par son excellence, l'emporte sur toute autre vertu ; 2) il a pour modèle l'immutabilité totale de Dieu lui-même, lors même qu'il s'em-

---

* Le *mitwesen*, « être d'accompagnement » ou « co-être », désigne tout ce qui serait *ajouté* à l'être et le soustrairait à sa simplicité originelle. De cela il faut se « détacher », de sorte qu'on « laisse-être » l'être (tel est le sens de la *gelâzenheit*, proche de l'*abegescheidenheit*).

ploie à agir ; 3) enfin, son objet repose sur le pur néant, et c'est par là que l'homme devient « une seule forme » avec Dieu. — Le développement est de grande limpidité : qu'il suffise d'en souligner telle ou telle proposition plus étonnante. Que le détachement vaille mieux que l'amour, l'humilité et la miséricorde — dont on a vu pourtant que tel sermon l'institue « plus haut » que la volonté et l'intellect même quand il s'agit d'union à Dieu[19] — on peut l'entendre comme une entrée en matière qui prépare l'énoncé de la doctrine dans les deux points suivants. L'important est en effet de saisir la raison de cette excellence. La voici : les trois vertus évoquées ont toutes une relation à l'extériorité, par rapport à laquelle elles expriment, à des titres divers, une préoccupation et un souci, « alors que le détachement ne veut être rien[20] », « demeure dans soi-même et ne se laisse troubler par aucune chose[21] ». En somme, « il ne saurait y avoir sortie si petite qu'en elle le détachement puisse demeurer sans tache[22] ». Où la « sortie » n'est pas à entendre sous le mode positif que met en lumière, par exemple, le traité *De l'homme noble* : préludant au retour, elle y exprime alors la richesse d'un être qui joue son intériorité jusque dans l'extériorité ; ni non plus, bien sûr, comme le mouvement par lequel Dieu « sort » de lui-même tout en « demeurant » en soi. La « sortie » qui met à mal le détachement consiste à s'éloigner de la source et du fond, et c'est pourquoi, sous une forme tranchée assez inhabituelle, Eckhart écrit en l'occurrence que « nulle sortie ne saurait jamais devenir si noble que ne soit bien plus noble le demeurer en soi-même[23] ».

Ce premier développement tire déjà les conséquences de pareil principe en ce qui regarde l'attitude de la Vierge lors de l'Annonciation et celle de « Notre Seigneur, quand il voulut devenir homme[24] ». Le second point étend cette affirmation à Dieu lui-même : « Que Dieu soit Dieu, il le tient de son détachement immobile, et c'est du détachement qu'il tient sa limpidité et sa simplicité et son immutabilité[25]. » Rien ne le détourne de cette pleine immanence à lui-même, ni la création du ciel et de la terre, ni son incarnation et le martyre qu'il souffrit sur la Croix, ni les prières qu'il accueille de la part de l'homme. C'est que « Dieu a considéré toute chose dans son premier regard éternel, et Dieu n'accomplit rien de nouveau, car toute chose est pré-accomplie. Et c'est ainsi que Dieu se tient de tout temps en son immobile détachement[26] ». Ce qui pourrait porter le soupçon d'une absence totale de sensibilité. La réponse que Maître Eckhart apporte ici semble incliner vers l'aveu d'un certain dualisme entre intériorité et extériorité : « Tu dois savoir, écrit-il, que l'homme extérieur peut être engagé dans une activité alors que l'homme intérieur se trouve totalement dépris et immobile[27]. » Ailleurs le propos saura se faire plus nuancé : « Il y eut deux sortes de maîtres, lit-on dans l'un de ses sermons. Les uns voulaient que l'homme bon ne puisse jamais être troublé, [alors que les autres] croyaient que l'homme bon pouvait être troublé, et c'est à quoi se tient la Sainte Écriture. Il est certes troublé, mais il n'est pas jeté hors de sa voie[28]. » Une image explicite alors cette conjonction paradoxale d'un repos que n'annule pas le mouvement : « Notre Seigneur Jésus-Christ fut souvent troublé, ainsi que d'autres de ses saints, mais ils ne furent pas jetés dans les péchés, comme l'ont constaté les gens qui ont coutume de voyager sur l'eau. Lorsque l'on veut dormir, on jette l'ancre dans l'eau, le bateau reste en place, sans doute ils vacillent sur l'eau, mais ils ne démarrent pas[29]. » Il est vrai que le traité *Du détachement* use d'une image plus massive lorsqu'il prend pour modèle de cette vertu « une montagne de plomb immobile sous une brise légère[30] ». Mais comparaison n'est pas raison — car voici encore une autre figure : le détachement est comme le « gond » qui demeure immobile lorsque « le panneau extérieur » — l'homme extérieur — « se tourne ici et là[31] ».

La troisième et dernière séquence fut elle aussi préparée par cette affirmation contenue dans les premières mesures du texte : « Le détachement est à ce point proche du rien qu'aucune chose n'est si ténue qu'elle puisse se loger dans le détachement si ce n'est Dieu seul[32]. » On ne saurait le comprendre comme une tendance à l'effacement et à la disparition : le néant en cause est ici la vacuité totale qui prédispose à l'accueil, comme il en va de la tablette de cire qui « ne se prête jamais aussi bien à l'écriture que lorsque rien ne se trouve sur la tablette[33] ». Aucune prière ne doit viser l'obtention d'une chose quelconque, mais seulement l'atteinte d'une telle pauvreté en esprit qu'elle contraigne Dieu à se donner à l'homme. Et le texte conclut en soulignant que « l'animal le plus rapide qui vous porte à cette perfection, c'est la souffrance[34] ». Par là sont réintégrées l'humilité et toutes les vertus : elles se trouvent chargées d'une solidité sans faille lorsqu'elles procèdent de celui qui est le « suprême détachement », « Dieu même[35] ».

Comment mesurer le sens de cette notion ? Impossible de la situer ici ou là, dans une opposition à quoi que ce soit, elle qui est le signe d'une permanence dans la variation des choses. Si l'on en croit un texte que l'on rapporte de lui, Eckhart l'entendait comme un « hors de tout » inséparable d'un « en tout ». Que l'esprit, aurait-il dit, « doive demeurer hors de tout, cela signifie qu'il doit demeurer dans le détachement et en une pure liberté à l'égard de lui-même et de toutes choses » ; et qu'il doive « demeurer en tout » n'a sens pour lui que de « demeurer en un constant silence, en une présence intérieure dans son Image éternelle, là où l'Image de toutes choses luit dans l'unité[36] ». Une nouvelle fois, le négatif n'est là qu'en fonction de cette positivité abyssale. Une nouvelle fois aussi, c'est Dieu, suprême détaché, qui est le modèle de cette liberté : « Dieu est dans toutes choses de telle façon qu'il est absolument hors de toutes choses[37]. » Sortir tout en demeurant en soi, c'est là le fruit suprême du détachement. En Dieu d'abord : « Quand Dieu sort de lui-même, il retourne en lui-même[38]. » Ce qui vaut aussi de l'homme : « Plus toutes les créatures douées d'intellect sortent d'elles-mêmes dans leurs œuvres, plus elles rentrent en elles-mêmes[39]. » Maître Eckhart en fournira ailleurs la

« recette » : « On doit apprendre, préconise-t-il, à agir en sorte que l'intériorité se manifeste dans l'opération extérieure et que l'on réintroduise l'opération extérieure dans l'intériorité et que l'on s'habitue à agir ainsi sans contrainte. » Que si pourtant l'œuvre extérieure devait apporter quelque désordre à la pureté de l'« opération intérieure », il conviendrait en ce cas « que l'on suive la voie intérieure » ; il reste que conjuguer les deux « serait la meilleure manière de coopérer avec Dieu[40] ». On songe à l'adage que proposera Suso, adage qui peut valoir comme une expression adéquate — à la fois règle et conséquence — du détachement parfait : « L'intériorité jusque dans l'extériorité est intériorité plus intérieure que l'intériorité dans la seule intériorité[41]. »

Un autre vocable eckhartien, promis à belle postérité, occupe une place comparable sur l'éventail des significations : le terme de *gelâzenheit*, auquel il faut adjoindre tous ceux qui relèvent d'une même étymologie. La tradition l'a surtout compris comme un « abandon », au sens positif de remise de soi-même à plus grand que soi. Chez Eckhart, il garde de son origine l'idée première d'un « laisser-tomber », d'un « se détacher de » — avec la valeur positive d'un *laisser-être ce qui est*, sans rien lui ajouter. Jeanne Ancelet-Hustache honore cette double acception en parlant soit d'« abandon », soit de « renoncement ». Ainsi des développements 3 et 4 dans les *Instructions spirituelles* — respectivement « Des gens non renoncés (*Von ungelâzenen liuten*) remplis de volonté propre », et « De l'utilité de l'abandon (*Von dem nützen lâzenne*) que l'on doit accomplir intérieurement et extérieurement ». L'accent est mis là sur l'insuffisance qui marque le renoncement aux seuls biens extérieurs : « Commence par toi-même et abandonne-toi (*lâz dich*)[42]. » Qui n'agit de la sorte ressemble à « celui qui a perdu sa route » : « Il doit d'abord s'abandonner (*lâzen*) lui-même, ainsi il aura abandonné (*gelâzen*) toutes choses. En vérité, si un homme abandonnait (*lieze*) un royaume et le monde entier et qu'il se garde lui-même, il n'aurait rien abandonné (*gelâzen*). Oui, et si un homme s'abandonnait (*laezet*) lui-même, quoi qu'il garde, richesse ou honneur, ou quoi que ce soit, il aurait abandonné (*gelâzen*) toutes choses[43]. » A quoi fait écho le dilemme qu'une fois encore l'on prête à Eckhart : « Homme, laisse-toi toi-même et opère la vertu sans labeur et parviens à ce qu'il y a de meilleur, ou garde-toi toi-même et opère les vertus avec labeur sans jamais parvenir à ce qu'il y a de meilleur[44]. » Seule la première option, embrassée sans mesure, porte avec elle la vérité. « Tu dois te laisser toi-même et te laisser complètement (*lâzen und gar lâzen*), alors c'est un véritable abandon (*sô hâst dû rehte gelâzen*)[45]. »

Transposé dans la positivité d'un accueil libéré, un tel *renoncement* débouche sur un *consentement* à l'être qui est la forme même de la béatitude : « Dieu n'exige pas plus de toi que de sortir de toi-même selon ton mode d'être de créature et de laisser Dieu être Dieu en toi[46]. » Laisser Dieu être Dieu, le *laisser* se comporter en Dieu, telle est la fécondité sans mesure — et le prix en est un total *abandon* : « Si tu veux vivre et si tu veux que tes œuvres vivent, tu dois être mort à toutes choses et être devenu néant[47]. » Mort à toutes choses, mort à toi-même — mort à Dieu même, car « le plus élevé et le plus extrême à quoi l'homme puisse renoncer, c'est de renoncer à Dieu pour Dieu[48] ». Formule souvent répétée en tradition spirituelle, mais qui revêt chez Maître Eckhart un sens autrement radical qu'il n'en va de coutume : il ne s'agit pas d'un propos justifiant que l'on quitte d'aventure l'exercice de la contemplation lorsque presse l'action charitable — l'on quitte alors Dieu « pour » Dieu (*pro*), puisqu'on le retrouve sous ce nouvel engagement ; il s'agit ici de quitter Dieu absolument « pour » Dieu (*propter*), c'est-à-dire *à cause de* Dieu ; pour être *à l'unisson du néant qu'il est*. Ainsi de Paul : « Il renonça à Dieu pour Dieu et Dieu lui resta, tel qu'il est présent à lui-même, non pas reçu ou acquis, mais dans l'être pur que Dieu est en lui-même[49]. » Alors l'homme-néant s'unit au Dieu-néant — désert silencieux « par aucun pied foulé ».

Éclats de sa vision

Le sermon 52, sur la pauvreté en esprit, voit se précipiter en lui les formules les plus radicales concernant cette liberté suprême. « Nous prions Dieu d'être dépris de Dieu[50] » ; « je prie Dieu qu'il me déprenne de Dieu, car mon être essentiel est au-dessus de Dieu dans la mesure où nous prenons Dieu comme origine des créatures[51] ». Jusque-là la flèche au centre de la cible. Cela implique que l'homme renonce à toute volonté, y compris à celle qui consisterait à faire sienne la volonté de Dieu ; qu'il se libère aussi de tout exercice de l'intelligence, « aussi dépris de son savoir propre qu'il le faisait lorsqu'il n'était pas[52] » ; enfin qu'il consente à ne rien posséder, ne serait-ce qu'un « lieu » qu'il pourrait offrir à l'action de Dieu. « Si Dieu trouve l'homme pauvre de la sorte, alors Dieu opère son œuvre propre, et l'homme est ainsi celui qui Dieu pâtit en lui, et Dieu est un lieu propre de son œuvre du fait que Dieu est celui qui œuvre en lui-même[53]. » — Ce qui appelle deux remarques. La première consiste à prendre au sérieux la progression ici indiquée : ne rien vouloir, ne rien savoir, ne rien avoir — en donnant à l'avoir, au-delà de l'exercice des deux puissances supérieures, valeur de retrouvailles de toutes richesses, dans la nudité, au niveau ultime de l'*être*. Telle est alors la seconde remarque : ce redoublement du négatif, trois fois répété, ne connote pas quelque extinction des activités alors visées, mais la remise radicale que l'on en fait au néant de leur origine. Alors la volonté de l'homme, son intelligence, et cet *avoir* même qui définit en lui les potentialités de son *être* s'exerceront comme *volonté, intelligence et possession de Dieu lui-même*; « car ne rien avoir, c'est avoir toutes choses. [...] Se soumettre à Dieu avec son désir et son cœur, insérer absolument sa volonté dans la volonté de Dieu et ne pas porter son regard sur le créé : celui qui serait ainsi sorti de lui-même serait véritablement rendu à lui-même[54] ». Plus de distance alors entre renoncement et possession, parce que ce qui est « possédé », c'est le néant de l'origine, et qu'il n'est plus nulle distance entre l'agir de l'homme et la source de cet agir : « Ainsi Dieu est à l'intérieur de telle sorte que rien n'est sans lui ni rien avec lui, mais il est seul tout ce qui est là. C'est pour cela qu'il vient, afin de s'engendrer dans la raison et le désir, afin que là absolument rien ne soit sans lui ni rien avec lui, mais afin que la raison et le désir ne soient pleins que de lui et pour qui y prêterait garde : n'être rien de rien sans lui, rien de rien avec lui, mais uniquement un lieu pour Dieu qui ne sait même pas qu'il est un lieu pour Dieu[55]. »

Tombent alors les dernières illusions : celle d'une prière par quoi l'homme désirerait « de Dieu que quelque chose lui advienne, ou au contraire que Dieu lui ôte quelque chose[56] » ; celle même d'un simple accueil qui placerait l'homme en situation de distance et d'infériorité. Or donc, « quelle est la prière du cœur détaché ? » Réponse catégorique : « La limpidité détachée ne peut prier. » Car « le cœur détaché ne désire rien, il n'a rien non plus dont il serait volontiers dépris. C'est pourquoi il se tient dépris de toute prière, et sa prière n'est rien d'autre que de n'être qu'une forme avec Dieu. En cela consiste toute sa prière[57] ». Dans cette ligne radicale, Maître Eckhart confessera : « Quand je demande quelque chose, je ne prie pas. Quand je ne demande rien, je prie véritablement[58]. » Il en va ici d'un état de l'âme qui se situe au niveau ultime de la « percée » et du « retour » : « Quand je suis uni là où toutes choses sont présentes, celles qui sont passées et celles qui sont actuelles et celles qui sont futures, toutes sont également proches et égales, elles sont toutes en Dieu et sont toutes en moi[59]. » Pourquoi alors « fouler » le sol d'une prière pesante ? « Quand je ne prie pour personne et ne demande rien, je prie le plus véritablement, car en Dieu il n'y a ni Henri ni Conrad. Quand nous prions Dieu pour quelque autre chose que pour Dieu, c'est injuste, c'est un manque de foi et comme une imperfection » ; au fond, c'est vouloir « mettre quelque chose à côté de Dieu » ; c'est vouloir « faire de Dieu un néant » et « du néant faire

Éclats de sa vision

Dieu[60] »*. Ce qui éclaire le malaise avoué face à une demande d'intercession qui ne dépasse pas ce niveau : « Les gens me disent souvent : "Priez pour moi !" Je pense alors : "Pourquoi sortez-vous ? pourquoi ne demeurez-vous pas en vous-mêmes et ne prenez-vous pas dans votre propre bien ? Vous portez cependant toute la vérité essentiellement en vous"[61]. »

La même attitude conduit Eckhart à se refuser à tout accueil de Dieu qui sonnerait comme une subordination — car ce serait déchoir du lieu où Dieu lui-même veut que l'homme soit placé : « Si je recevais quelque chose de Dieu, je serais au-dessous de Dieu comme un serviteur et lui, en donnant, comme un maître. Nous ne devons pas être ainsi dans la vie éternelle[62]. » Là encore, rien à rabattre de la merveille d'une unité essentielle : « On ne doit pas saisir ni considérer Dieu comme en dehors de soi, mais comme son bien propre et comme ce qui est en soi-même[63]. » Dans la même inspiration, ce mot d'ordre proprement métaphysique : « Tu dois être intériorisé par toi-même, en toi-même, afin qu'il soit en toi. Non pas que nous prenions quelque chose de ce qui est au-dessus de nous, nous devons bien plutôt le prendre en nous et le prendre de nous-mêmes en nous-mêmes[64]. » C'est pourquoi aussi rien de particulier, ni parole ni situation ni désir, ne peut être privilégié : « Où le Christ est-il assis ? Il n'est assis nulle part. Celui qui le cherche quelque part ne le trouve pas. Ce qu'il a de plus minime est partout, ce qu'il a de plus sublime n'est nulle part[65].** »

---

* Texte comparable dans le sermon 67, III 49. Il s'agit là, bien sûr, d'un néant du premier degré, celui qui exprime la déficience de la créature, et non de la négation redoublée qui définit la plénitude de la déité comme « Néant ». Cf. ci-dessous, « Un a-théisme mystique », p. 229.

** Peut-être un écho de l'adage scolastique à propos de l'infini évoqué comme « le cercle dont le centre est partout et la circonférence nulle part ».

VII

L'homme noble

Dans la diversité de ses déterminations, le monde de Maître Eckhart s'ordonne sous l'égide et se déploie sous la mouvance d'une *unité* fondamentale et fondatrice — immobile et source de tout mouvement, simple et posant toute complexité dans cette simplicité même. Pour qualifier cette réalité dans son origine et dans son terme, le maître recourt à divers qualificatifs qui, d'une seule venue, désignent et Dieu et l'homme — l'homme en tant qu'il laisse s'exprimer en lui cette unité foncière : noblesse, droiture, justice, humilité, bonté. Autant de termes de portée essentielle et directement « ontologique » : on peut lire en eux, en effet, comme des « catégories » ou des qualités de l'être-néant, ou encore comme des déterminations du détachement.

Ces vocables, dont l'un ou l'autre intervient quasi à chaque page des sermons, sont placés ici sous l'unique titulature de *De l'homme noble**. Certes, l'ordre que Eckhart établit parfois entre eux ne met pas invariablement la noblesse en tête de liste ; c'est pourtant la notion qui semble avoir l'ampleur la plus large — et, à ce titre, elle est susceptible de récapituler toutes les autres.

---

* Le traité qui porte ce titre a été examiné ci-dessus, pp. 70 *sq*. La doctrine qu'il développe sera confirmée ici par une lecture des autres traités et des sermons sous la raison de ce thème.

Éclats de sa vision

Ainsi dans ce texte significatif qui prononce la plus grande noblesse de l'être *au titre de son universalité* : « Plus une chose est commune, plus elle est noble et précieuse », est-il dit en un principe de base. A ce compte, il est possible de dresser une sorte de hiérarchie en dégradé : au sommet de tout, l'« être » ; puis vient la « vie » ; en tierce instance, l'exercice de la sensibilité. Eckhart précise alors que, si besoin était, il sacrifierait ses sens plutôt que sa vie ; mais au sommet de tout, plus noble que tout parce que « plus universel », il y a l'être — et c'est pourquoi « c'est l'être qui m'est le plus cher ». L'être *en lui-même*, en sorte, conclut Eckhart, que « je laisserais de préférence tous les êtres qui sont au-dessous de Dieu ». Car « l'être flue directement de Dieu et la vie flue de l'être et c'est pourquoi je préfère celui-ci [l'être] à tout, et il est le plus aimé par toutes les créatures. Plus notre vie est commune à tous, meilleure et plus noble elle est[1] ».

Réalité des sens, domaine de la vie, étendue sans fin de l'être : la pensée traverse en retour ces étapes de noblesse croissante qui sont autant de degrés menant à la qualification la plus exacte de l'homme et de Dieu. A chacune de ces frontières, l'être — unique et finalisant les formes moins élaborées — peut s'affirmer avec plus de netteté, jusqu'à recueillir en lui toutes les noblesses éparses dans l'univers : « Je dis : l'homme devrait comprendre et reconnaître que l'être est tellement noble. Aucune créature n'est si minime qu'elle n'aspire à l'être. Les chenilles, quand elles tombent des arbres, rampent vers le haut d'un mur afin de maintenir leur être. Tant l'être est noble[2] ! » Conjointe à l'humilité, qui est un autre nom de son universalité en ce qu'elle reprend toutes choses du plus bas, la noblesse a tout pouvoir sur Dieu. Elle n'est pas seulement une seule chose avec lui au titre de sa filiation, mais en tant qu'elle épouse le mouvement de l'engendrement lui-même : « Il ne suffit pas à l'homme noble et humble d'être le Fils unique que le Père a éternellement engendré, il veut aussi être Père et entrer dans la même similitude avec la Paternité éternelle et engendrer celui dont je suis engendré éternellement[3]. » Reprenant ce propos et l'inversant sous la raison de cette noble humilité, Eckhart dira : celui qui, en tout ce qu'il fait, ne vise que Dieu et n'aime que lui, « à celui-là Dieu donne sa Déité ». En fait, à ce niveau d'être, l'action de l'homme est celle même de Dieu, « car mon humilité donne à Dieu sa Déité[4] ». Ce que l'on peut encore déchiffrer dans deux déclarations laconiques, de contenu parfaitement identique dans l'échange même de leurs déterminations : « La Déité est seule le lieu de l'âme[5] », et : « Nulle part Dieu n'est plus spécifiquement Dieu que dans l'âme[6]. »

A propos de l'homme humble — auquel est adjoint d'aventure le qualificatif de « droit » — les sermons 14 et 15 présentent une doctrine qui ne manqua d'indisposer les juges d'Avignon puisqu'ils la retinrent comme proposition directement condamnable. Formulée ici et là en des termes largement identiques, elle comporte néanmoins des variantes qui justifient qu'on les mentionne l'un et l'autre. D'abord le sermon 14 : « J'ai dit à Paris, à l'École, que toutes choses seraient accomplies dans l'homme droit et humble. » Il suit de là que « l'homme vraiment humble n'a pas besoin de demander à Dieu, il peut commander à Dieu, car la hauteur de la Déité n'a rien d'autre en vue que la profondeur de l'humilité, comme je l'ai dit au monastère *Mariengarten* ». Unité parfaite de l'homme humble et de Dieu, au point que celui-là « a pouvoir sur Dieu comme Dieu a pouvoir sur lui-même » ; en l'un et en l'autre, en effet, même opération et même être : « une vie et un être ». La vraie humilité en l'homme est de telle puissance que « ou bien Dieu devrait perdre toute sa Déité et l'aliéner complètement, ou bien il devrait se répandre et fluer totalement dans cet homme[7] ». Ce qui est posé là, c'est donc, une nouvelle fois, l'identité de l'homme et de Dieu *dans le dynamisme de la naissance*. Face à quoi la proposition selon laquelle un tel homme peut « commander à Dieu » ne peut scandaliser que celui qui demeure dans la dualité représentative. Jamais pourtant Eckhart n'a pensé que

Éclats de sa vision

l'homme puisse contraindre Dieu à partir d'une extériorité quelconque : l'un et l'autre n'ont-ils pas « une vie et un être » ? Il suit de là que le « pouvoir » que *l'homme a sur Dieu* n'est autre que le pouvoir que *Dieu a sur lui-même*.

Le sermon 15 reprend au mot près l'ensemble de ces dires — sauf à souligner davantage le refus de ce que l'on vient d'appeler la « dualité représentative » : « Dieu et cet homme humble sont absolument un et non pas deux[8]. » Il y ajoute un développement qui fournit aux juges la matière d'une condamnation distincte : « Oui, de par Dieu, si cet homme était en enfer, Dieu devrait aller vers lui en enfer, et l'enfer serait pour lui un royaume céleste ; Dieu doit le faire nécessairement, il serait forcé de le faire, car cet homme est l'être de Dieu, et l'être de Dieu est cet homme. » En cette profondeur sans repentance « a lieu le baiser de l'unité de Dieu et de l'homme humble » ; la racine de l'humilité, en effet, n'est autre que « le fond de la Déité où elle est implantée » ; elle possède « son être uniquement dans l'Un éternel et nulle part ailleurs[9] ». Unité selon l'être, signifiée par un symbole nuptial inhabituel chez Eckhart, affirmation d'une communauté qui trouve origine dans le fond de la déité et l'Un éternel : l'apologue de l'enfer, que les censeurs montèrent en épingle, n'est qu'une conséquence presque plaisante de ce non-dualisme, le produit d'un raisonnement par l'absurde ; pourquoi donc Dieu n'irait-il pas en enfer transformer l'enfer, s'il est vrai que la marque essentielle imprimée en l'homme ne peut être effacée même en ce lieu de négation[10], et puisque aussi bien l'enfer, ainsi que le remarquera plus tard Catherine de Gênes, ne peut, s'il a réalité, qu'être intérieur à Dieu ?

Un semblable « pouvoir » sur Dieu est mis au crédit de l'« homme bon ». « Voyez ce qu'un homme bon peut auprès de Dieu » : au titre de cette bonté, « la volonté de Dieu devient le bien propre de l'homme, et Dieu a juré par lui-même qu'il ne peut rien que ce que l'homme veut[11] ». Le secret de cet échange dans l'unité ? Dieu est devenu le « bien propre » de l'homme parce que celui-ci, d'abord, est devenu « son bien propre à lui, Dieu[12] ». Impossible alors que l'homme recherche quelque chose en dehors de Dieu : « On pourrait dire à un homme bon : "Pourquoi cherches-tu Dieu ? — Parce qu'il est Dieu ! — Pourquoi cherches-tu la vérité ? — Parce qu'elle est la vérité ! — Pourquoi cherches-tu la justice ? — Parce qu'elle est la justice !" De telles personnes sont telles qu'elles doivent être[13]. » Car tout agir commun — se nourrir, dormir — a une finalité extrinsèque, alors que l'agir de l'homme bon, en tant qu'il est « bon », ne saurait avoir un relent d'extériorité. Si donc on lui demandait pourquoi il aime Dieu, il répondrait spontanément : « Je ne sais pas — pour Dieu ! » Il en irait de même en ce qui concerne la vérité, la justice, la bonté, et même la vie : « "Pourquoi vis-tu ? — En vérité, je ne sais pas, mais je suis content de vivre[14]." »

Comment y aurait-il encore une raison extérieure puisqu'il y a unité dans le mouvement de la naissance ? « Dans l'homme bon, la Bonté s'engendre elle-même. » Unique bonté ; absolument, de l'homme et de la Bonté — « avec la différence que l'une engendre et que l'autre est engendrée ». Précision substantielle : l'action de « la Bonté qui engendre et le fait pour l'homme bon d'être engendré » ne forment qu'« un être et une vie[15] ». La différence s'abîme donc dans l'unité de l'acte d'engendrer : « Ni créée, ni faite, ni engendrée », la Bonté « est génératrice et engendre l'homme bon » ; quant à ce dernier, « dans la mesure où il est bon », lui non plus « n'est ni fait, ni créé, et cependant il est un enfant, un fils engendré par la Bonté[16] ». Voilà pourquoi la Bonté est inamissible, tout comme l'humilité ; lorsqu'elle est enracinée dans cette origine, elle ne peut que croître : « Quoi que voie l'homme bon, il en devient meilleur[17]. »

Le livre de la consolation divine étend cette identité entre la Bonté et l'homme bon à tout un ensemble de relations aptes à dire cette même réalité fondamentale et ultime : ce que j'ai dit de

Éclats de sa vision

l'homme bon et de la Bonté, précise Maître Eckhart, vaut de même dans les domaines de la vérité, de la justice, de la sagesse et jusque « pour le Fils de Dieu et pour Dieu le Père, pour tout ce qui est né de Dieu et qui n'a pas de père sur la terre, en qui non plus rien ne s'engendre de créé, ni de tout ce qui n'est pas Dieu, en qui il n'y a pas d'autre image que le Dieu pur et simple[18] ». Il est impressionnant de voir cette litanie mettre exactement sur le même pied la relation du Fils et du Père et celle de l'homme et de Dieu. Thème constant, certes, dans les sermons de Maître Eckhart ; ici, il est toutefois explicité dans un écrit réfléchi, avec une puissance verbale qui ne prête pas à controverse.

Un dernier terme, chez Maître Eckhart, exprime cette unité, celui de « justice » — ou de « droiture » — ces deux vocables pouvant rendre indifféremment le mot de *gerehticheit*. « L'âme juste doit être semblable à Dieu et près de Dieu, tout à fait semblable, ni au-dessous ni au-dessus[19]. » Où similitude, on le sait, signifie en fait égalité ; et Eckhart d'évoquer l'acte par lequel « le Père engendre son Fils dans l'éternité semblable à lui-même[20] ». « Plus encore » : le Père l'engendre « en tant que son Fils et le même Fils ». Étant donné que le Père « opère une seule œuvre », insiste Maître Eckhart, « il m'opère comme son Fils unique, sans aucune différence[21] ». Ainsi donc de l'« âme juste » : « ni au-dessus ni au-dessous ». Se tenant ainsi, elle est au-delà de tout avoir et de toute perte. A son propos, l'on pourrait évoquer ce qu'un Ignace de Loyola, deux siècles et demi plus tard, appellera l'« indifférence », c'est-à-dire la disposition toute positive à accueillir cette circonstance ou cette autre dès lors que le désir est animé par l'essentiel. Ce que Maître Eckhart énonce pour son compte de façon ramassée : « Celui dont l'esprit serait droit recevrait dans le dénuement autant que dans la possession[22]. »

Cette « indifférence » positive, qui tarit le besoin en se gardant de le mettre en balance avec l'unique nécessaire, ne porte pas seulement sur les choses dont se compose la richesse des hommes ou qu'appelle leur bien-être ; elle concerne surtout, à l'ultime, la relation à Dieu lui-même, dans la mesure où elle ne saurait être soumise à quelque exigence que ce soit. Eckhart, on l'a lu, demande que l'homme puisse « renoncer à Dieu pour Dieu » et se tienne dans la liberté à l'égard de sa présence : rien ne vaut en effet que ce « néant » dans lequel il subsiste et dans lequel il se donne. Une telle *unité* frappe d'inanité le désir que l'on peut avoir de Dieu lui-même, comme elle invalide la possibilité de recevoir de lui ou celle même de le prier, dans la mesure justement où ces attitudes ne peuvent surgir que dans le cadre de représentations qui maintiennent Dieu et l'homme *à l'extérieur* l'un de l'autre. En réalité, « un homme droit n'a pas besoin de Dieu. De ce que je possède je n'éprouve pas le besoin. Il sert pour rien, il ne prête attention à rien, il a Dieu, voilà pourquoi il sert pour rien[23] ». Comment aurait-on besoin de ce avec quoi l'on est *un* ? L'homme droit, l'homme juste est une seule chose avec la Justice ; et c'est pourquoi il lui suffit de vivre, car tel est l'ordre des choses. Eckhart dira tranquillement : « Dieu et le juste ont la même façon d'agir : "sans pourquoi", et de même que la vie vit pour elle-même et ne cherche pas pourquoi elle vit, c'est aussi "sans pourquoi" que le juste fait quelque chose[24]. »

Pareille droiture se trouve magnifiquement exemplifiée dans le Christ. N'est-il pas lui-même l'« homme noble » par excellence ? C'est lui le premier qui « partit pour un pays lointain afin d'y obtenir un royaume et revint ensuite[25] ». Périple de sortie et de retour, de flux et de reflux, au rythme d'une naissance qui ne cesse de se renouveler en formant la trame de l'histoire. La spiritualité de Maître Eckhart n'est certes pas spécifiquement christologique, sa référence ultime étant le *fond sans fond de la déité* ; l'aventure du Fils, dans ses dimensions d'éternité et de temporalité, occupe toutefois une place centrale au sein du mouvement qui va de Dieu-racine à Dieu-accomplissement ; quant à l'homme, fils dans le Fils, il est lui-même au cœur de ce procès dont il reçoit son sens

Éclats de sa vision

et jusqu'à son appellation : « Qui est un homme ? Est un homme celui qui tient de Jésus-Christ son propre nom [26]. »

Héritage toujours actuel. Pour Maître Eckhart, on le sait, l'acte de la naissance, unique, se situe dans un *maintenant* éternel qui rassemble tous les temps. Inutile donc de regarder vers l'Incarnation comme vers un moment privilégié dont le temps écoulé maintiendrait l'homme à distance : « Les gens s'imaginent que Dieu s'est fait homme là-bas uniquement. Il n'en est pas ainsi ; car Dieu s'est fait homme aussi bien ici que là-bas, et il s'est fait homme afin de pouvoir t'engendrer comme son Fils unique et non pas moindre [27]. » Création continuée, Incarnation continuée. Tout homme est le chiffre de Dieu. A une condition : qu'il ne s'arrête pas à ce qui en lui relève de la seule particularité, mais se laisse aspirer à cette part de lui-même qui émerge à l'universel, celle même que le Christ a revêtue : « Car il assuma la nature humaine essentiellement, et non un être humain [28]. » Ce qui signifie : en se faisant *tel* être humain, il rejoignit en lui l'homme *en tant que tel* ; plus : il épousa *d'abord l'homme* et, dans cette lumière, *tel être particulier*. « Quand je te bats, je bats d'abord un Burkhard ou un Henri, et seulement ensuite, c'est l'homme que je bats. Dieu ne fit pas ainsi. Il revêtit d'abord l'humanité [29]. » Représentation naïve ? Il se peut. Elle est cependant d'importance dès lors qu'il s'agit de caractériser la façon dont un homme parmi les hommes va pouvoir « tenir de Jésus-Christ son propre nom ». Car la conclusion découle de soi : « Si tu veux être le même Christ et être Dieu, détache-toi de tout ce que le Verbe éternel n'a pas assumé en soi. Le Verbe éternel n'a pas assumé en soi un être humain*. » D'où la consigne de se détacher de ce

---

* Il ne l'a pas assumé *d'abord*, mais par la médiation de l'humanité dont il est un exemplaire. Cette « humanité » qui « dans l'homme le plus pauvre et le plus méprisé » est « aussi parfaitement que dans le pape ou l'empereur », cette humanité qui « en soi m'est plus chère que l'homme que je porte en moi » (s. 25, I 215).

que l'on est et de ne s'assumer que « selon la nature humaine ». L'homme sera de la sorte « dans le Verbe éternel ce que la nature humaine est en lui[30] ». Préambule d'où découle l'affirmation essentielle : « Car ta nature humaine et la sienne n'ont pas de différence, elle est une : ce qu'elle est dans le Christ, elle l'est en toi[31]. »

Eckhart va plus loin encore. Il n'en reste pas à la totale parité de l'homme et du Verbe dans le mouvement de la naissance éternelle — « le Père ne connaît aucune différence entre toi et lui, ni aucun avantage, ni plus ni moins, qu'entre lui et ce même Verbe[32] » —, il affirme encore une sorte de prééminence de l'homme sur le Christ, à la faveur il est vrai de ce qui pourrait paraître une argutie purement verbale : « Dans le Christ, il a donné à mon humanité plus qu'à lui parce qu'il ne le lui a pas donné ; il me l'a donné à moi et non pas à lui, car il ne le lui a pas donné : il le possédait éternellement dans le Père[33]. »

Serait-ce donc que la parité de grâce l'emporte sur la parité de nature ? Oui, si l'on devait penser qu'elle s'ajoute à l'autre en procédant d'un surcroît de bienveillance et de liberté ; mais, on le sait, la naissance de l'homme, dans sa racine éternelle, procède du *même mouvement* que celui par lequel le Père sort de soi dans le Verbe — dans le Fils, dans le Christ — tout en demeurant en soi. Or pareil mouvement ne saurait se diviser dans son origine, car « le premier don que Dieu fait toujours, c'est de se donner lui-même[34] ». D'où le statut tout relatif des différences de niveau auxquelles peut s'arrêter une analyse — y compris dans l'être du Christ, en qui l'on discerne parfois « trois sortes d'amour » : « Le premier est naturel, le deuxième est "de grâce", le troisième est divin[35] » ; tribut payé aux distinctions que l'on pratique en École, mais que le maître efface aussitôt de la sorte : « bien qu'il n'y ait en Dieu rien qui ne soit Dieu[36] ». Rien — ni ce qui est « divin », ni ce qui est « de grâce », ni ce qui n'est que « naturel ». C'est pourquoi l'homme et le Christ communient totalement dans la

Éclats de sa vision

noblesse d'une seule et même humanité : « Ta nature humaine et la sienne n'ont pas de différence, elle est une : ce qu'elle est dans le Christ, elle l'est en toi[37]. » Car « il n'y a qu'un Christ dans la substance », de sorte que, « étant, selon mon humanité, de la même nature [que le Christ], je suis uni à son être personnel de telle sorte que je suis par grâce dans l'être personnel un avec lui, et même cet être personnel lui-même[38] ». Une telle extension à l'« homme juste » de ce que l'on dit être le privilège de l'humanité du Christ touche pour Eckhart à l'essentiel ; les juges d'Avignon, tirant ce propos de son contexte, et omettant de le référer à l'unité de l'agir en Dieu, en firent matière à condamnation explicite[39].

La clef de pareille doctrine, encore et toujours, c'est le refus de cette logique qui tient communément dans une double fixation représentative : celle selon laquelle l'homme s'appréhende comme né *après* l'origine, celle donc qui institue Dieu et l'homme *en vis-à-vis* l'un de l'autre — extrêmes d'un rapport qui aurait pour fin de « relativiser » en seconde instance leur quasi-dualisme premier. Au lieu que — Maître Eckhart l'affirme à temps et à contretemps — la vérité de l'homme — sa noblesse, sa rectitude ou sa justice, sa bonté, mais aussi, de façon paradoxale et vraie, son humilité — consiste en ce qu'il se reconnaît enraciné dans le mouvement éternel d'un « Dieu-naissance ». Prêchant sur l'injonction du Christ aux siens : « Demeurez en moi », le maître énonce les conditions de ce « demeurer » de nature proprement ontologique : « Or prêtez attention à ce que l'homme doit avoir pour être établi en lui, c'est-à-dire en Dieu. Il doit avoir trois choses[40]. » La première condition est de n'être attaché à rien de ce qui « touche aux sens de l'extérieur ». La seconde, de saisir en toutes choses la présence de Dieu — « le Bien d'où flue tout bien », qui ne doit être aimé « pour rien d'autre que pour lui-même[41] ». La troisième est de dépasser en Dieu toutes les qualifications particulières et de le rejoindre dans sa toute-nudité

— une condition qui efface les autres. Eckhart l'exprime de façon sublime : « L'homme ne doit pas saisir Dieu selon qu'il est bon et juste, il doit le saisir dans sa substance pure et dépouillée en laquelle il se saisit lui-même dans sa nudité. Car la bonté et la justice sont un vêtement de Dieu car elles l'enveloppent. » Tombe alors l'injonction : « Saisissez-le en sa nudité, dans son vestiaire, sans rien qui le couvre et dans sa pureté, tel qu'il est en lui-même. Ainsi vous demeurez en lui [42]. »

Demeurer dans le Christ n'est autre que de demeurer « en Dieu ». Or tout ce qui est en Dieu *est* Dieu. Les deux premières conditions, à la fois antagonistes et se complétant l'une l'autre, rappellent donc d'abord que rien d'extrinsèque ne saurait être introduit dans cette réalité d'origine, celle-ci étant de nature si universelle qu'elle investit toutes choses et ne laisse rien en dehors d'elle. En somme, comment pourrait-on s'attacher à quoi que ce soit hors de Dieu, puisque Dieu est tout ? Cette illusion possible exorcisée, toutes choses et l'homme lui-même étant remis à leur origine, reste à ne point s'arrêter, *en cette origine même*, au « vêtement » de multiplicité à travers quoi elle s'explicite ; de même donc que le rapport à la créature s'est trouvé débarrassé du multiple contingent afin que ne soit plus perçu que l'essentiel qui le porte — tout ainsi que l'humanité « porte » chaque homme singulier — ainsi faut-il que Dieu soit dépouillé de ce qui le fait tel et tel, dans la pluralité des Personnes et des attributs, pour être rejoint dans le *fond sans fond* de sa pureté, de sa nudité. L'homme vraiment bon, l'homme vraiment juste est celui qui, dans la « percée » en retour, va au-delà de toute bonté et de toute justice pour s'unir à la source de ces déterminations.

Maître Eckhart parle rarement de la résurrection. Il le fait pourtant une fois au moins [43], en distinguant trois niveaux de plus ou moins grande efficience et profondeur. « Certaines personnes ressuscitent à demi », affirme-t-il d'abord ; ce sont celles qui « s'exercent en une vertu et non en l'autre ». « D'autres per-

Éclats de sa vision

sonnes ressuscitent totalement, mais elles ne ressuscitent pas avec le Christ » ; elles ont exercé toutes les vertus, mais seulement « par puissance naturelle, car la puissance naturelle produit souvent des signes et des merveilles ». Où l'on perçoit au passage dans quelle estime Maître Eckhart tient l'homme en tant que tel, en deçà, si l'on peut dire, de son adhésion à une foi religieuse, puisqu'il affirme à propos de ce second niveau : « Toutes les œuvres extérieures qui furent jamais réalisées par les saints, on les a trouvées aussi chez les païens. » Reste le troisième niveau, auquel le maître convie ceux qui l'écoutent lorsqu'il énonce : « Enfin, on trouve des personnes qui ressuscitent complètement avec le Christ. »

C'est à propos de ce troisième niveau qu'il énonce trois conditions dont l'ordre est curieusement l'inverse de celui rencontré plus haut. Du détachement à l'égard de la créature on allait alors jusqu'à la saisie de Dieu dans sa toute-nudité ; cette fois, c'est d'abord le rapport à l'ultime qui se trouve clarifié, et de lui découle une juste relation à la créature. Eckhart affirme en effet : « Trois signes montrent si nous ressuscitons totalement. Le premier, c'est si nous cherchons "les choses qui sont en haut". Le second, c'est si nous trouvons de la saveur "aux choses qui sont en haut". Le troisième, c'est si nous ne trouvons pas de saveur aux choses qui sont sur la terre[44]. » Ces trois signes n'infirment aucunement la différence de plan qui devrait concerner la résurrection « totale » *avec* le Christ ou *sans lui* dans la mesure où ils se situent en deçà de ces qualifications. Qui plus est, les deux premières notes, selon le mouvement d'une croissance en intériorité, plantent d'un coup la flèche du regard dans la cible de l'éternité ; devenu presque inutile, le troisième signe opère une sorte de vérification par le bas : si la saveur atteint sa plénitude dans le goût des choses d'en haut, comment serait-elle encore en recherche d'objets de moindre venue ? Alors que le premier mouvement, celui du sermon 40, épouse davantage le processus d'une expérience en voie de clarification*, celui-ci[45] observe l'ordre des dépendances essentielles — ainsi que le stipule l'adage qu'énonce alors Maître Eckhart en invoquant l'autorité de ses grands prédécesseurs : « Nos maîtres disent : ce qui est en haut assigne son ordre et sa place à ce qui est en bas[46]. » Ainsi l'homme juste doit-il se déterminer *à partir* de cet engendrement de la justice telle qu'elle est *en et pour soi*. Bonté, humilité, sagesse, noblesse sont à juger selon ce même critère qui retourne l'éthique en ontologie. Une nouvelle fois, pour Maître Eckhart, il n'y a que l'Un qui soit. C'est pour cela que le multiple est revêtu d'une plénitude de sens : « Plus les choses sont nobles, plus elles sont amples et plus elles sont universelles[47]. »

---

* Le même mouvement se retrouve dans les trois signes énoncés par Jean de la Croix pour s'assurer qu'est venu le temps de laisser la méditation pour entrer dans la contemplation : ne plus avoir de goût à réfléchir sur Dieu, ne pas avoir de goût dominant et distrayant portant vers les choses de la terre, trouver paix, bien-être et contentement à demeurer simplement en Dieu, sans préoccupation ni contenu de pensée. Cf. *La montée du Carmel*, livre II, chap. XIII : « Où l'on met les signes que le spirituel doit avoir en soi, par lesquels on connaît en quel temps il lui convient de laisser la méditation et le discours pour passer à l'état de la contemplation. »

VIII

Marie-Madeleine, Élisabeth, Marthe et les autres

Lorsque Maître Eckhart parle de l'« homme noble », la doctrine qu'il met en œuvre et l'enseignement qu'il en tire concernent tout aussi bien l'homme que la femme. Cela n'a guère besoin d'être démontré. Le maître prononça d'ailleurs bon nombre de ses sermons devant des auditoires de moniales, et l'élévation des propos qu'ils contiennent convenait éminemment à ces femmes qui, par tradition, avaient souci des valeurs intellectuelles et de la quête de la vérité. Mais on ne saurait passer sous silence les questions que pose certaine intrusion, dans cette doctrine magnifiquement ouverte à l'universel, d'une certaine anthropologie sexuelle différenciée, sans doute dépendante de préjugés de ce temps. Jeanne Ancelet-Hustache, disposée à toutes les indulgences, ne manque pas d'évoquer ce qu'elle appelle avec humour une « discrète misogynie* » ; et il est exact que certains propos rapportés par les sermons ne sont pas défendables, même s'ils portent en eux-mêmes, dégagés de cette gangue littérale, une signification des plus claires.

On laissera de côté les remarques plus amusées que désobligeantes à mettre au crédit de ce La Bruyère avant l'heure ironisant sur le goût des couleurs vives et des vêtements chamarrés[1]. Trai-

---

* Cf. ci-dessus, note, p. 177.

ter du problème en son ensemble fera apparaître que, échappant à tout conteste, bien d'autres éléments viennent relever les propos négatifs et mettre en évidence une sorte d'exemplarité de la féminité ; et cela, bien sûr, au bénéfice de tous, femmes et hommes. Il n'est toutefois pas de mauvaise guerre d'énumérer d'abord les pièces à charge de ce nouveau « procès ».

L'un des textes les plus compromettants se couvre, si l'on peut dire, de l'autorité de saint Paul. Il est tiré du traité *De l'homme noble*, et semble une seule fois — une fois de trop — comprendre cette lexie dans une acception masculine. Voici comment. Saint Augustin affirme, de façon fort classique, que l'âme humaine est composée de deux parts, l'une qui ressortit à l'image de Dieu et s'élève vers lui, l'autre qui regarde vers l'extérieur et risque de recouvrir cette image. Or Maître Eckhart illustre cette dualité en rappelant que Paul « dit que les femmes portent la tête couverte et que les hommes sont tête nue » ; il ajoute alors, de son propre chef : « C'est pourquoi tout ce qui, dans l'âme, se tourne vers le bas, reçoit de là un voile qui la recouvre, mais ce qui, dans l'âme, s'élève vers Dieu, est la pure image de Dieu, la naissance de Dieu sans voile, dépouillé dans l'âme dépouillée[2]. » Ce qu'ailleurs, dans un sermon, l'on voit immédiatement transcrit en termes d'infériorité et de supériorité : « Un texte dit que la tête des hommes doit être découverte et que celle des femmes doit être voilée. » Et d'identifier les femmes aux « puissances inférieures qui doivent être voilées », alors que l'homme « est cette puissance qui doit être nue et découverte[3] ».

La frontière délimitant ces jugements de dépréciation ou d'excellence ne passe certes pas entre les femmes et les hommes en tant que tels, mais entre ce qui, dans l'homme aussi bien que dans la femme, relève des puissances dites inférieures ou des puissances dites supérieures — fonctions sensibles et corporelles d'une part, volonté et intellect de l'autre. Reste l'inacceptable qualification symbolique qui met sur ces composantes de l'âme le nom générique de la femme ou celui de l'homme en fonction d'une anthropologie inégalitaire. « Les hommes, lit-on ailleurs encore, sont comparés aux puissances supérieures parce qu'ils sont en tout temps tête nue, et les femmes aux puissances inférieures parce que leur tête est en tout temps couverte[4]. » Double parallélisme assez souvent évoqué pour que l'on soit autorisé à en déduire qu'il exprime la pensée du maître lui-même. Ailleurs pourtant une autre note : prêchant sur la démarche d'une femme auprès du prophète Élisée pour implorer sa protection contre des créanciers après la mort de son mari, Eckhart commence par proposer cette équivalence : « La petite étincelle de l'intellect est la tête dans l'âme, elle se nomme "le mari" de l'âme, c'est comme une petite étincelle de nature divine, une lumière divine, un rayon et une image de nature divine imprimée [dans l'âme][5]. » Introduisant une sorte de parenthèse sur l'épisode de la Samaritaine, il avance ensuite une autre interprétation : les cinq maris que cette femme a eus, « ce sont les cinq sens » ; Jésus aurait donc voulu dire : « Ils t'ont eue dans ta jeunesse selon toute leur volonté et leur désir[6]. » Exemple très rare où l'homme se trouve évoqué en mauvaise part ; pourtant, la boucle se referme aussitôt : « Maintenant, dans ta vieillesse, tu en as un qui n'est pas le tien : c'est l'intellect auquel tu n'obéis pas. » Et pour faire bonne mesure, le texte ajoute aussitôt : « Quand cet "homme" est mort, les choses vont mal[7]. »

Même orientation dans le sermon consacré au rappel à la vie du fils de la veuve de Naïm. Eckhart souligne que, le mari étant mort, c'est la puissance symbolisée par l'homme qui a disparu, en sorte que la mort du fils survient comme la ratification de cet effacement. « L'homme était mort, c'est pourquoi aussi le fils était mort. Le fils unique de l'âme, c'est la volonté, ce sont toutes les puissances de l'âme, elles sont toutes "un", au plus intime de l'intellect. L'intellect, c'est l'homme dans l'âme. Maintenant que l'homme est mort, le fils aussi est mort[8]. » Quant au sermon 37, après l'épisode de la Samaritaine et de ses cinq maris, il revient sur la condition de la veuve et de sa sollicitation auprès d'Élisée ; les créanciers qu'elle redoute menacent de lui prendre ses deux fils. Eckhart fournit alors un grand nombre d'explications symboliques pour rendre compte de cette circonstance. Les deux fils peuvent représenter les « deux visages de l'âme » — l'un « tourné vers ce monde et vers le corps » (où l'on notera que cette part négative n'est pas représentée par une femme, mais par un homme), et l'autre « tourné directement vers Dieu » ; l'un symbolise la connaissance, l'autre la volonté (où il faut voir les « "deux fils" de l'intellect ») ; l'un la « lumière matutinale », telle qu'elle détermine un type de connaissance, et l'autre la « lumière vespérale ». Au passage, privilégiant de façon manifeste l'un des éléments de ces couples catégoriaux et négligeant le fait que l'autre élément se trouve pareillement représenté par un homme — à tout le moins en puissance — le maître énonce de façon laconique : « C'est pourquoi nous disons "fils" et non pas "fille"[9]... »

Ce tableau, que l'on est bien contraint de mettre au passif de l'anthropologie eckhartienne, est cependant quelque peu atténué par des circonstances ou des déclarations toutes positives. Outre que Maître Eckhart passa une part notable de sa vie au service des béguinages et des monastères de moniales dominicaines, il fait un franc éloge, à propos des figures d'Élisabeth et de Marthe, de la fécondité et de sa signification puissamment spirituelle. Distillées au passage, d'autres remarques d'ordre général sont encore plus explicites, lorsque par exemple il identifie la « similitude » (entendons : l'égalité) entre la femme et l'homme et celle qui existe en Dieu entre le Fils et le Père : « Saint Jean dit : "Le Verbe était près de Dieu." Il était absolument semblable et à côté, ni au-dessous ni au-dessus, mais semblable. » De même, en créant l'être humain, Dieu « créa la femme du flanc de l'homme afin qu'elle lui soit semblable ». Similitude-égalité entre homme et femme, cette dernière n'étant « ni au-dessus ni au-dessous » de l'homme, mais « semblable » à lui[10].

Éclats de sa vision

Même remarque reprise ailleurs dans le contexte plus général d'une égalité « dans l'amour » : « Ton amour doit être un, car l'amour ne veut être nulle part que là où sont l'égalité et l'unité. Entre un maître et son serviteur il n'est pas de paix parce qu'il n'y a pas là égalité. Une femme et un homme sont dissemblables, mais dans l'amour ils sont tout à fait semblables[11]. » Et le texte poursuit en allant jusqu'à nier entre eux, semble-t-il, la différence du nombre, qui mettrait à mal l'égalité de l'amour : « Où il y a deux il y a déficience. Pourquoi ? L'un n'est pas l'autre parce que ce "ne pas", qui établit une différence, n'est rien d'autre qu'amertume[12]. »

Cette égalité totale dans l'amour s'étend jusqu'à l'être de Dieu ; cela s'entend sans peine, puisque, on l'a vu, c'est de là justement que découle l'unité de la femme et de l'homme : « Maître Eckhart dit que Dieu n'est pas seulement un Père de toutes bonnes choses, mais qu'il est aussi une Mère de toutes choses, car il est un Père parce qu'il est une cause de toutes choses et un créateur. Il est aussi une Mère de toutes choses, car quand la créature prend son être de lui, il demeure auprès de la créature et la conserve dans son être[13]. » Identification des fonctions et des rôles qui, en Dieu, ne concerne pas seulement le rapport à la créature, mais aussi bien le rapport de la déité à elle-même dans la production de la pluralité des Personnes. Évoquant les trois sortes d'amour qu'éprouve Dieu — amour naturel, amour intellectuel, amour divin — Eckhart, après avoir rappelé que l'amour divin est celui selon lequel « Dieu a éternellement engendré son Fils unique », spécifie non sans originalité qu'« il l'engendre, comme une femme qui a mis au monde, dans toute âme bonne soustraite à elle-même, demeurant en Dieu[14] ».

Naissance de Dieu en lui-même, naissance de Dieu dans l'âme. Cette fonction d'engendrement déborde l'opposition entre la femme et l'homme. Maître Eckhart ne craindra pas de donner ici dans le surréalisme : « Il parut à un homme, comme dans un rêve

— c'était un rêve éveillé — qu'il était gros de néant comme une femme avec un enfant, et dans le néant Dieu naquit ; il était le fruit du néant. Dieu naquit dans le néant[15]. » C'est ainsi qu'au long des siècles l'être humain, qu'il soit femme ou qu'il soit homme, est appelé à reproduire le geste qui enfanta Dieu en ce monde : « A quoi me servirait-il* que le Père engendre son Fils si je ne l'engendrais aussi ? C'est pourquoi Dieu engendre son Fils dans une âme parfaite et il l'engendre afin qu'elle continue à l'enfanter dans toutes ses œuvres[16]. »

C'est dans cette lumière positive que l'on peut apprécier ces sortes de « portraits » que croque Maître Eckhart à propos de telle ou telle des femmes de l'Évangile. L'on a pu voir sous quel angle s'offre à lui le visage de la Samaritaine : l'épisode concernant les cinq maris ne peut voiler l'excellence et la profondeur du dialogue qui porte sur le don de l'« eau vive[17] ». Un autre sermon s'ouvre sur le rappel de l'adresse solennelle qui émane alors de la bouche du Christ : « Femme, le temps viendra, et il est maintenant là, où les vrais adorateurs adoreront le Père en esprit et en vérité, et ce sont ceux-là que le Père cherche[18]. » Le développement qui suit ignore toutefois la destinataire de ces paroles pour ne retenir que la façon dont le Père doit être adoré.

Élisabeth, la mère du Baptiste, n'est guère mieux servie. Lorsque furent accomplis ses jours, elle mit au monde un fils du nom de Jean. D'elle n'est retenue que la puissance d'engendrement qui s'exprime de la sorte[19]. C'est encore cette fécondité qui est objet de louange dans un autre sermon qui, concernant Marthe cette fois, est bâti pour une part sur une rencontre de termes des plus paradoxales. « Notre Seigneur Jésus-Christ monta à un petit château fort et fut reçu par une vierge qui était une femme[20]. »

---

* « A quoi me servirait-il… ? » Cette même expression est employée par Angelus Silesius pour, en chaque homme, signifier l'extension de la naissance, de la mort et de la résurrection du Christ. Cf. *Pèlerin chérubinique, op. cit.*, I 61, 62, 63, 152 ; II 257.

Éclats de sa vision

Jusqu'ici, rien que de tout à fait plausible ; mais Eckhart oriente déjà son propos en traduisant par « vierge » et « femme » le *mulier* de la citation latine. Que l'être humain par qui Jésus puisse être « reçu » doive être « vierge », voilà qui donne occasion au maître de rappeler la nécessité d'un détachement dépourvu de toute compromission. « Les véritables vierges, lit-on ailleurs, suivent l'Agneau partout où il va, dans la souffrance comme dans la joie[21]. » Dans une liberté dégagée de toute attache à ceci ou à cela.

On pourrait en rester là. Mais Eckhart ajoute : « Que l'être humain soit vierge*, voilà qui ne lui ôte rien de rien de toutes les œuvres qu'il a jamais faites ; il se tient là virginal et libre sans aucune entrave en regard de la vérité suprême, comme Jésus est dépris et libre, et en lui-même virginal. » L'union n'est possible qu'à des êtres vraiment dépris, poursuit Maître Eckhart en se référant aux « maîtres ». D'où la nécessité que soit « intact, vierge, l'être humain qui doit accueillir Jésus virginal[22] ». Il semble donc que la virginité requise laisse entière la capacité de produire des œuvres ; pourtant, en un premier moment, un antagonisme semble subsister entre ces deux aspects des choses, car Eckhart enchaîne : « Si l'être humain était vierge pour toujours, aucun fruit ne proviendrait de lui. Doit-il devenir fécond, il lui faut de nécessité être une femme[23]. » Ainsi l'être humain — femme ou homme — ne doit pas être seulement « vierge », mais aussi « femme ». Vient alors ceci dont on peut penser qu'il annule la « discrète misogynie » de Maître Eckhart : « Femme est le mot le plus noble que l'on peut attribuer à l'âme, et est bien plus noble que vierge. Que l'être humain reçoive Dieu en lui, c'est bien, et dans cette réceptivité il est intact. » Il est cependant mieux que « Dieu devienne fécond en lui », dans la mesure où « la fécondité

---

* Maître Eckhart ne parle pas ici de la femme en tant que telle, mais de l'« être humain ». Détachement et fécondité ne sont pas l'apanage d'un sexe contre l'autre ; leur conjonction est universelle et déborde toute différenciation naturelle et spirituelle.

du don est la seule gratitude pour le don » : alors « l'esprit est une femme dans la gratitude qui engendre en retour là où pour Dieu il engendre Jésus en retour dans le cœur paternel[24] ». Qui n'exprime pas cette fécondité de ce qu'il accueille voit les dons reçus se corrompre et s'anéantir : « Sa virginité ne lui sert de rien, parce qu'à la virginité il n'adjoint pas d'être une femme en toute fécondité[25]. »

Il est donc nécessaire d'être femme sans cesser d'être vierge. Eckhart ne voit en cela aucune contradiction puisque c'est la virginité elle-même qui exige et porte une pleine fécondité : « Une vierge qui est une femme, celle-là est libre et non liée sans attachement propre, elle est en tout temps également proche de Dieu et d'elle-même. Elle donne beaucoup de fruits, et ils sont grands, ni plus ni moins que Dieu lui-même. » Elle produit « ce fruit et cette naissance, [...] enfantant et devenant féconde à partir du fond le plus noble » — ce fond dans lequel « le Père enfante sa Parole éternelle, à partir de là elle devient féconde co-engendrante[26] ». En termes plus généraux, dégagés de leur substrat anthropologique, cela peut s'exprimer dans l'unité de la contemplation et de l'action — ou de l'intérieur et de l'extérieur — comme il est affirmé dans cette parole attribuée à Eckhart, où l'alternance première s'accomplit dans une ultime formulation qui exprime pareille identité : « L'homme qui est dans la vie contemplative peut bien et doit se libérer des œuvres extérieures tant qu'il est dans la contemplation » ; pour autant, il ne pourra s'abstenir de « s'exercer aux œuvres extérieures », et cela pour être fidèle à la contemplation elle-même : car « la vie active est contenue dans la vie contemplative[27] ».

La personnalité de Marie de Magdala, amante fougueuse à qui la crainte est inconnue, ajoute une touche capitale à ce portrait de groupe. Deux sermons lui sont consacrés, le second n'étant à vrai dire qu'un fragment qui reprend les thèmes du précédent, en y adjoignant néanmoins quelques notations des plus intéressantes.

Éclats de sa vision

Il s'agit ici et là de l'épisode montrant Marie-Madeleine dans sa découverte haletante puis apaisée du tombeau vide. La prédication s'ouvre sur le dialogue qu'elle engage à l'aveugle avec celui qu'elle ne reconnaît pas encore. Étonnement de Maître Eckhart portant sur l'allure générale de la scène plus que sur les paroles échangées : « On pourrait demander pourquoi elle s'approcha si près de lui alors qu'elle était une femme et que ceux qui étaient des hommes [Pierre et Jean, celui qui aimait Dieu, celui qui était aimé de lui] avaient peur[28]. » Pourquoi ? C'est qu'elle ne pouvait craindre, n'ayant plus rien à perdre et étant toute à lui : « Tout ce qu'elle possédait, elle l'avait perdu en lui. Lorsqu'il mourut, elle mourut avec lui. Lorsqu'on l'ensevelit, on ensevelit son âme avec lui[29]. »

Un paragraphe de belle venue littéraire énonce avec grande limpidité les trois raisons selon lesquelles elle n'avait point peur, ainsi que les quatre raisons qui la firent s'approcher au plus près. Sublime la troisième d'entre elles : elle aurait voulu qu'on la tue, pour que son âme puisse demeurer dans le tombeau, même vide — car elle espérait que « Dieu ayant fait une irruption dans l'humanité, quelque chose de Dieu serait resté dans le tombeau. De même que si j'avais tenu un certain temps une pomme dans ma main, lorsque je l'enlèverais, il y resterait quelque chose d'elle, comme un parfum[30] ». Le parfum de Dieu respiré dans son absence.

Il est dit par ailleurs qu'elle se tenait « debout ». C'est qu'elle voulait voir loin, c'est aussi qu'elle était toute tendue ; « comme sa souffrance avait Dieu pour cause et sa fermeté pour base », il était normal qu'elle ne s'affaisse point ; elle était d'ailleurs, ainsi, davantage prête à agir. Pour autant, debout, elle ne manquait pas d'être « assise », « dans une véritable humilité » ; comment en aurait-il été autrement, dans la mesure où « plus l'homme est plongé dans le fond de la véritable humilité, plus il est plongé dans le fond de l'être divin[31] » ?

Face à cette attente qui a tous les signes de la vérité et demeure pourtant frustrée, Maître Eckhart, un instant, perd contenance. Il se recommande d'un maître pour faire reproche à Dieu de son silence : « Seigneur, quelle est ton intention en te dérobant si longtemps à cette femme ? » Il en appelle à la vérité divine : « Tu as dit que tu ne te déroberais jamais à elle[32]. » Il est vrai que Dieu, sans doute, n'est jamais « sorti de son cœur » ; mais enfin saint Grégoire n'a-t-il pas eu raison de s'autoriser de la tendresse d'un cœur humain lorsqu'il écrit : « Si Dieu avait été mortel et s'il avait dû si longtemps se dérober à elle, son propre cœur se serait complètement brisé[33] » ?

Bien différente la finale de ces deux textes. Le premier se clôt sur le constat d'une distance non comblée, presque d'une désillusion : « Elle cherchait un seul corps mort et trouva deux anges vivants. » Marie-Madeleine « cherchait ce qui était semblable et trouva la dissemblance : un ange était à la tête, l'autre aux pieds ». Or « c'est le propre de Dieu d'être un. Parce qu'elle cherchait un et trouva deux, elle ne pouvait pas être consolée[34] ». Le second sermon, quant à lui, dévide la scène jusqu'au bout : « Elle avança, alors elle le rencontra[35]. » « Il se révéla peu à peu à elle[36] » pour respecter la fragilité de son sentiment ; ainsi ne s'aperçut-elle presque pas de sa venue — et voici que tout à coup il était auprès d'elle. Un maître a certes raison d'affirmer, à un premier niveau, que « sa venue et son départ sont cachés[37] » ; cependant, Eckhart poursuit et précise pour son compte : « Sa présence n'est pas cachée, car c'est une lumière et la nature de la lumière est de se manifester[38]. » Tombe alors la conclusion, toute d'apaisement et de béatitude : « Marie cherchait Dieu seul, c'est pourquoi elle le trouva[39]. »

Fort beau est le traitement de ces pages qui demeurent classiques dans leur inspiration. Il en va autrement du fameux sermon 86, un texte notablement plus long que de coutume, inscrit sous une citation de Luc qui servit déjà d'exergue au sermon 2 :

Éclats de sa vision

« Jésus monta dans un petit château fort, et une femme du nom de Marthe le reçut dans sa maison[40]. » Le développement du sermon 2 portait d'abord sur la double qualification de l'hôtesse, vierge et femme, puis engageait un enseignement touchant au rapport entre l'intellect et la volonté, avant de s'achever sur cet au-delà de la puissance intellective symbolisé par l'image du « petit château ». Pour sa part, le sermon 86 est entièrement centré sur la figure de Marthe ; il le fait avec une originalité déconcertante, inversant la relation de subordination que l'interprétation commune de cette page d'Évangile attribue à Marthe dans son rapport à sa sœur Marie. On serait alors tenté d'évoquer la superbe liberté dont fait profession Maître Eckhart lorsqu'il affirme à propos d'une autre lecture scripturaire : « Prêtez bien attention à cette interprétation. Elle est tout à fait en accord avec l'Écriture, si on est prêt à déclore, à desceller celle-ci[41]. »

Marthe s'emploie aux multiples tâches qu'assume une maîtresse de maison lorsqu'elle reçoit un hôte de cette qualité, tandis que Marie demeure dans l'inaction, tout absorbée dans la personnalité du Christ. Eckhart énonce d'abord sobrement les raisons qu'ont l'une et l'autre de se conduire de la sorte. Marie : « La bonté de Dieu avait embrasé son âme », elle était habitée d'un « désir inexprimable » et ressentait consolation et joie à entendre « les paroles éternelles qui s'échappaient de la bouche du Christ[42] ». Quant à Marthe, elle agissait là selon son « âge éminent et un fond bien éprouvé jusqu'à l'ultime » ; elle faisait preuve d'« une sage vue des choses qui apprend à bien accomplir l'œuvre extérieure jusqu'à l'ultime qu'amour commande », et surtout prenait en considération « la grande dignité de l'aimable hôte[43] ».

De qui Maître Eckhart se sent-il le plus proche ? L'on attendrait Marie, et c'est Marthe qui l'emporte — tant il convient de « desceller » l'Écriture en ne se laissant pas abuser par ce qui est immédiat. Or donc « Marthe dit : "Seigneur, ordonne-lui de m'aider"[44] ». Jalousie de qui demeurerait hors de l'essentiel ? Impatience devant l'abondance de la tâche ? Nenni. « Cela, Marthe ne le dit pas par contrariété, plutôt : elle le dit par une bienveillance qui la pressait[45]. » Comment donc ? Voyant que « Marie était possédée par la délectation selon toute la satisfaction de son âme[46] », n'aurait-elle pas dû la laisser en cette jouissance ? Non, « car elle craignait qu'elle en reste à la délectation et ne passe pas outre[47] ». Voilà le mot lâché qui justifie sa « bienveillance » ou sa « taquinerie[48] » ; Eckhart, faisant sien le diagnostic qu'il prête à Marthe, avance en effet : « Nous la soupçonnons, la chère Marie, d'avoir été assise plutôt pour quelque délectation que pour un profit raisonnable[49]... » Mais alors, comment entendre la réponse dilatoire du Christ ? En n'acquiesçant pas à la requête de Marthe, choisirait-il de laisser Marie dans un état de moindre perfection ? Quel serait donc le sens de la « meilleure part » qu'il lui attribue ?

C'est ici que l'interprétation de l'épisode par Maître Eckhart devient aussi étonnante qu'éclairante : « Cette parole, affirme-t-il, le Christ la dit à Marthe non pas sous forme de blâme, plutôt : il lui répondit et lui donna la consolation que Marie deviendrait telle qu'elle le désirait[50]. » Telle est en effet la situation : Marthe « avait déjà vécu longtemps et bien ; car c'est la vie qui confère la connaissance la plus noble[51] ». Cela, le Christ le sait et reconnaît que « tout ce qui est requis pour la béatitude éternelle, rien de cela ne lui manquait[52] ». Comme si, lui disant : « Tu te soucies, il voulait dire : tu te tiens auprès des choses, et les choses ne sont pas en toi[53]. » « Ainsi en allait-il de l'aimable Marthe[54]. » Lors donc que le Christ lui rappelle qu'« une chose est nécessaire, non pas deux », c'est comme s'il lui disait : « Moi et toi, une fois enveloppés de lumière éternelle, c'est un[55]. » En somme, Marthe s'affairait à mille choses, mais elle était libre à leur égard, elle savait que « la vie active est contenue dans la vie contemplative[56] ». Son attitude vis-à-vis des choses extérieures faisait qu'elle se situait « aux confins de l'éternité[57] », et même au-delà.

Des « trois chemins » qui mènent vers Dieu — celui qui le

cherche dans les créatures ; celui qui, « libre et cependant lié », « chemin sans chemin », élève et ravit au-dessus de soi et de toutes choses ; celui enfin qui n'est plus « chemin », étant l'atteinte d'un « chez-soi » où Dieu est vu « sans intermédiaire, dans son être-sien » — lequel en effet fut celui de Marthe ? Pour le premier chemin, c'est Salomon qui est évoqué ; saint Pierre, puis saint Paul, pour le second ; s'agissant du troisième, il n'est plus question que du Christ : « Un Christ une Personne, un Christ un Père, un Christ un Esprit, trois Un, trois "chemin, vérité et vie", un aimable Christ en qui tout cela est[58]. » Ce troisième « chemin », cessation de tout chemin, ne se situe plus « aux confins de l'éternité » : il est en elle, au-delà de toute parole. Marthe, peut-on penser, les avait éprouvés tous les trois ; alors que Marie restait fixée dans le second d'entre eux, Marthe se mouvait librement, quant à elle, sur cette nouvelle échelle de Jacob, de sorte que les travaux les plus humbles, ceux du premier chemin, avaient acquis en elle le même poids d'esprit que le repos du terme. Désormais, elle était « avec le souci, non pas dans le souci, et c'est là que l'œuvre temporelle est aussi noble que n'importe quelle façon de s'accommoder à Dieu » ; à ce stade, en effet, « elle accommode d'aussi près que la plus haute qui peut nous survenir, sauf seulement de voir Dieu dans sa nue nature[59] ».

En définitive, « Marthe se tenait dans une vertu souveraine fort affermie et dans une tournure d'esprit libre, sans entrave de choses quelconques. C'est pourquoi elle désirait que sa sœur fût mise dans la même situation, car elle voyait qu'elle ne tenait pas de manière conforme à l'essentiel ». C'est donc parce qu'elle était spirituellement mûre qu'elle souhaitait que Marie « se tienne en tout ce qui relève de l'éternelle béatitude[60] ». Ainsi donc, pour Maître Eckhart, la « meilleure part » qui est le lot de Marie n'est encore que réalité imparfaite ; il lui faudra être éprouvée par le service et la souffrance. En fait, « Marthe redoutait que sa sœur ne demeurât fixée dans l'allégresse et dans la suavité, et désirait qu'elle devienne comme elle ». Or la parole que lui adresse le Christ est faite pour la rassurer : « "Elle a choisi la meilleure part" ; cela doit lui passer. » Comme s'il disait : « L'ultime qui puisse advenir à la créature, cela doit lui advenir : elle doit devenir bienheureuse comme toi[61]. »

L'index de perfection désigne de la sorte celle que l'on n'attendait pas : « Marthe, lit-on, était tellement ramenée à l'essentiel que ce qu'elle entreprenait ne l'entravait pas[62]. » Quant à Marie, dont le nom devrait signifier « un corps bien exercé obéissant à une âme avisée[63] », elle « fut Marthe avant que de devenir Marie[64] ». Entendons : Marie dut d'abord être Marthe avant de devenir *vraiment* Marie — « car, lorsqu'elle était assise aux pieds de Notre Seigneur, elle n'était pas Marie : elle l'était certes par le nom, elle ne l'était pas toutefois en son essence[65] ». Maître Eckhart, prenant au pied de la lettre le récit de *La légende dorée*, rappelle alors comment Marie « alla par-delà la mer et prêcha et enseigna et fut une servante et une lavandière des disciples[66] ». Et c'est alors qu'elle devint vraiment Marie, conjuguant la liberté du détachement à la fécondité des œuvres. « Un devient deux, deux *est* un ; lumière et esprit, le deux est un dans l'enveloppement de lumière éternelle[67]. »

REPRISE

Un a-théisme mystique

Maître Eckhart, traversant les siècles, vient à l'homme d'aujourd'hui avec la puissance de sa pensée et la verve de son expression : poète, prédicateur, théoricien de l'expérience spirituelle, maître du verbe, polémiste à ses heures. Il sut conjuguer familiarité et hauteur de vues, vibrer au plus proche et être sensible aux coups de l'abîme. Ce spéculatif débordant de vie, observateur passionné de la nature et des hommes, fut expert à déceler en toute situation les replis, les duplicités et les peurs, aussi bien que la permanence d'un appel qui ne connaît point de limites, le sceau d'une dignité qu'il importe de reconnaître dans sa magnificence. Nimbé de surcroît d'une auréole de martyr, tant l'acharnement et la malveillance eurent de part dans la disgrâce qu'il connut et la condamnation qui le frappa. Son image en fut obscurcie et limitée son audience, sans qu'aucune réhabilitation soit encore venue couronner la connaissance plus juste qui fut acquise de ses textes et de sa pensée depuis tantôt un siècle.

Le regain d'intérêt qu'il éveille de nos jours est certes chargé de promesses. D'exigence aussi. Comme tout auteur qui se laisse conduire par la dynamique d'une expérience et dispose d'assez de ressources pour en rendre compte à travers un discours inventif et rigoureux, Eckhart ne se découvre qu'à celui qui consent à demeurer dans l'ascèse de ses textes ; et aussi à le suivre, autant que faire se peut, dans son goût pour le côtoiement de l'abîme et son attention aux impératifs du rien et de la nudité. A coup sûr, nul ne saurait à volonté s'inventer une expérience personnelle qui soit du niveau de la sienne ; mais il se pourrait que soit au moins requise certaine connivence au niveau du désir. Eckhart adresse lui-même cette sorte de supplique à ses auditeurs : « Je vous prie pour l'amour de Dieu d'entendre cette vérité si vous le pouvez. » Il est vrai qu'il ajoute : « Si vous ne l'entendez pas, ne vous en inquiétez pas, car je veux parler de vérité si éprouvée que peu de gens de bien doivent l'entendre[1]. » Non qu'il en interdise l'accès et ne s'adresse qu'à une élite ; le chemin qu'il propose est « facile », si facile qu'il pourrait être emprunté sur-le-champ par ses auditeurs — « avant que vous sortiez aujourd'hui de cette église et même que j'aie aujourd'hui fini de prêcher[2] ». Cette vérité est pourtant de celles que l'on ne comprend que de l'intérieur, dans le pressentiment de son efficience et dans une reconnaissance, si humble soit-elle, de ce qu'elle est proprement fondatrice. « Je vous dis dans la vérité éternelle : si vous ne vous égalez pas à cette vérité dont nous voulons parler maintenant, vous ne pouvez pas m'entendre[3]. » Eckhart n'est pas avare de mise personnelle, mais il attend de son auditeur qu'il engage une mise semblable.

Une question se pose alors. Si l'intelligence de cette parole n'est possible que moyennant pareil engagement, faut-il donc admettre que sa compréhension requiert qu'on rejoigne le maître dans ses options et qu'on les fasse siennes ? En clair : Eckhart se situe dans la franche acceptation de la foi chrétienne et de ses exigences — en particulier par la façon dont il conjoint une métaphysique de l'union dans le fond sans fond de la déité, et un réinvestissement de l'extériorité et du corps dans une doctrine de l'incarnation qui est épousement de l'humanité assumée par le Christ. Le message qu'il délivre est-il pour autant circonscrit par cette appartenance, en dépendance exclusive de son contenu, ou rejoint-il, à partir de ce particulier, certaine *universalité d'esprit* qui excéde-

Reprise

rait les frontières des confessions et des croyances ? L'intérêt qu'il suscite de la part de chercheurs de l'absolu qui se réfèrent à d'autres traditions est peut-être déjà un signe — même s'il accentue la méfiance de certains de ses coreligionnaires qui craignent une dilution dans le syncrétisme. Il faudrait prendre alors la mesure de ce qui attire et séduit chez Maître Eckhart : l'audace, la splendeur du verbe, l'indéfini des ouvertures, et ce que l'on dit parfois être l'imprécision de certaines déterminations — ou bien la doctrine forte et tendre, rigoureuse et exigeante, qui réveille en l'homme ses puissances de création ? En vérité Eckhart, par son appel permanent aux maîtres spirituels, qu'ils soient de sa propre tradition religieuse, d'une autre tradition ou hors de toute référence de ce type — « un maître païen dit » — manifeste qu'il vise en l'homme un plan de réalité qui déborde ou antécède la conscience d'une doctrine définie et du style de vie auquel elle induit. C'est sur ce plan aussi qu'il importe de le rejoindre, pour tenter de ressaisir quelques-unes de ses options fondamentales.

Tentative inscrite, sans nulle intention implicite de quelque ordre qu'elle soit, sous le titre d'« a-théisme mystique* ». On n'entend point par là que le maître aurait engagé un parcours de sens qui postulerait *la reconnaissance d'une non-existence de Dieu*. Les premiers chrétiens ne furent-ils pas pourtant accusés d'athéisme parce qu'ils ne sacrifiaient pas aux dieux de la cité ? Il se pourrait que Maître Eckhart, qui a passion d'atteindre Dieu « dans son

---

* La graphie ici retenue met en exergue la particule négative pour marquer l'originalité de son articulation au mot-support. Il s'agit de signifier que l'affirmation de la « déité » suppose que l'on ait dépassé le plan des *représentations* portant sur le « Dieu dans les créatures » (s. 52, in *Du détachement et autres textes, op. cit.*, p. 77) — pour découvrir l'*Un* dont elles ne sont que le « vêtement ». L'« a-théisme » eckhartien débouche alors sur un Dieu qui ne fait pas nombre avec ce que j'étais « dans ma cause première », « avant que ne fussent les créatures » (s. 52, *ibid.*, pp. 76 et 77) : « Il faut prendre Dieu mode sans mode et être sans être, car il ne possède aucun mode » (s. 71, in *Du détachement et autres textes, op. cit.*, p. 101).

vestiaire⁴ », dépouillé de sa multiplicité, apparaisse dûment comme le négateur des représentations objectivantes qui ne s'accommodent guère de la pureté de l'Un, seule à même de faire que l'homme soit « un avec l'Un, un de l'Un, un dans l'Un et, dans l'Un, un éternellement⁵ ». Pour lui, cela fut rappelé, substance et relation sont pleinement convertibles — la première dans laquelle « toutes choses reçoivent leur être » et « qui possède le plus d'être », et la seconde « qui renferme le moins d'être⁶ » — en sorte que sa doctrine pourrait se condenser dans la volonté de dissoudre l'opacité du Dieu-substance pour rejoindre le dynamisme de *naissance* qui dit la détermination, intérieure et extérieure, de la déité. C'est en ce sens et en lui seul que l'on est en droit de parler d'« a-théisme mystique »; mais c'est alors un point essentiel à l'intelligence de cette pensée — la clef aussi sans doute d'une compréhension de l'universalité dont elle porte la promesse.

Avec cela, n'est-ce pas le thème du « néant » qui vient au premier plan de cette investigation vertigineuse ? Pour mieux l'entendre en sa complexité constitutive, il n'est pas interdit de tenter de le définir par rapport au *nada* sanjuaniste. Chez Jean de la Croix, certes, le « rien » connote la négation de tout contenu qui accompagne l'expérience de la nuit; il serait toutefois insuffisant de dire qu'il n'exprime alors que l'extrême contingence de la créature et son inadéquation au regard d'un absolu dont elle est pourtant une présence et qu'elle a pour fonction de signifier; car il dit tout autant la pauvreté de l'acte de contemplation, la nudité d'esprit qu'il implique et la double liberté d'esprit sur laquelle il repose, tant à l'égard du temporel que face au spirituel. Le « rien » sanjuaniste touche ainsi à la frange même de Dieu, et manifeste la liberté qu'il convient d'acquérir à son égard même : sur le sommet du Carmel il n'est *rien*, ni de l'homme ni de ses idoles, là où seuls habitent l'honneur et la gloire de Dieu.

Sans ignorer ce registre, Maître Eckhart, pour sa part, l'étend vers le haut jusqu'à dépasser toute détermination éthique ou spirituelle pour conférer au « néant » et au « surnéant » une dimension proprement ontologique. C'est pourquoi l'on a pu, avec justesse, reconnaître au « néant » une double acception dans sa pensée : la première, presque banale n'était la forme radicale de son expression, s'applique à la « créature » pour dire son insuffisance foncière lorsqu'il s'agit d'un destin d'éternité ; la seconde, à l'autre extrême du spectre, donne congé à toute représentation dès lors qu'il s'agit de signifier le « fond sans fond » de la déité — là où elle n'est plus saisie en tant qu'elle « touche mon âme », pas même « là où elle fait irruption », et non plus « telle qu'elle est suspendue en elle-même », mais « mode sans mode, être sans être[7] ». Le néant est alors aussi bien un *surcroît d'être*, une *négation de la négation*, selon que le précise Eckhart : « Quand j'ai dit que Dieu n'était pas un être et qu'il était au-dessus de l'être, je ne lui ai pas par là contesté l'être, au contraire je lui ai attribué un être plus élevé[8]. » Lisant dans le *Poème* :

> Tout ton être
> doit devenir néant,

il faut donc entendre dans toute sa rigueur ce qui suit aussitôt :

> dépasse tout être et tout néant[9].

Première signification, par conséquent : « Toutes les créatures sont un pur néant[10]. » Idée tant de fois répétée, sous tant de formulations diverses, qu'il n'est guère besoin d'y insister : « Tu cherches quelque chose en même temps que Dieu et c'est exactement comme si tu faisais de Dieu une chandelle avec laquelle on cherche quelque chose, et quand on trouve les choses que l'on cherche, on rejette la chandelle. » De cette comparaison imagée, Eckhart passe alors à la rigueur de l'enseignement : tout ce qui est recherché « en même temps que Dieu est néant » : « Que tu trouves un néant, la cause en est seulement que tu cherches un néant[11]. » Et dans la même ligne exactement : « Celui qui cherche ou désire quelque chose cherche et désire le néant, et à celui qui demande quelque chose, le néant est donné[12]. » Puis donc que « toutes les créatures sont un néant, et deviennent néant avec gémissement et amertume[13] », il revient à l'homme détaché de se dégager de cette gangue pour retrouver en toutes choses la pureté de l'être originaire : « Otez le néant de toutes les créatures, et toutes les créatures sont un, ce qui demeure est un. Qu'est-ce que l'Un ? C'est le Fils que le Père enfante. Or si nous devons être ce même Fils que le Père enfante, il nous faut ôter le néant de toutes les créatures. » En fait, Dieu exige de l'homme « quelque chose de léger » lorsqu'il lui enjoint seulement de « laisser le néant » — ce néant « que sont toutes les créatures », ce néant qui « afflige l'homme[14] ».

Quitter de la sorte le néant de la créature, c'est du même coup trouver en Dieu, en sa source même, l'être qu'elle est en vérité — « car toutes choses sont en Dieu pures et nobles. Aussitôt qu'elles fluent de Dieu dans la créature la plus proche, cela devient aussi différent que quelque chose (*iht*) et rien (*niht*), car en Dieu sont lumière et être, et dans les créatures sont ténèbres et néant[15] ». Si l'homme ne se libère pas de ce néant de la créature, c'est ce néant qui le tourmentera éternellement. Qu'est-ce donc en effet qui brûle en enfer ? Certains enseignent que c'est la « volonté propre » ; Eckhart, quant à lui, affirme que c'est le « néant » : « Ce néant tourmente les âmes qui sont en enfer plus que la volonté propre ou quelque feu. » On en conclut que perfection et imperfection se jugent essentiellement d'après le rapport que l'homme entretient à ce néant de la créature — néant du premier degré, bien différent du Néant redoublé qui constitue le « fond » même de Dieu. A ce premier niveau, l'homme veut-il être parfait, il lui faut donc être « libéré » de ce néant[16].

Libéré du néant pour l'être, libéré de l'être-néant pour le Néant

Reprise

de l'Être. On l'a dit justement : « L'âme recouvre son propre fond, se détache du néant de son ceci ou de cet autre-là (négation) pour le Néant de son originarité (négation de la négation) [17]. » Ainsi se trouvent clairement distingués « le néant d'en bas (*ouk on*) et le Néant d'en Haut (*mè on*) [18] ». C'est avec l'intelligence de ce dernier que l'on entre dans une visée spécifiquement eckhartienne, celle qui justifie qu'à son propos l'on parle d'« a-théisme mystique ». Sous mode imagé, l'on retrouve alors ce qui servit ici d'« ouverture », le symbolisme du désert : « Dieu conduit sa fiancée hors de la dignité et de la noblesse de toutes les créatures vers un désert en lui-même [19]. » Là, Dieu « n'est ni bonté, ni être, ni vérité, ni Un ». « Qu'est-il donc ? Il est Néant, il n'est ni ceci ni cela [20]. » Est-ce à dire qu'il faille passer par profits et pertes, comme imprécis ou fixés encore sur une étape, les passages des sermons que l'on pourrait inscrire sous le titre de l'unique développement qui reste de l'*Opus propositionum* : « *Esse est Deus* » ? Certes pas. Mais il importe de les lire dans la ligne que le sermon 71 énonce avec tant de netteté : « "Paul se releva de terre et, les yeux ouverts, il ne vit rien." Je ne saurais voir ce qui est Un. Il ne vit rien, c'était Dieu. Dieu est un néant et Dieu est un quelque chose. Ce qui est quelque chose, cela est aussi néant. Ce qu'est Dieu, il l'est totalement [21]. » Totalement — c'est-à-dire sans détermination, comme la somme négative de tous les quelque chose, autrement dit comme Néant. « Si je dis : Dieu est bon, ce n'est pas vrai. » Car si la bonté peut être attribuée à la créature — susceptible à ce titre de devenir « meilleure » — elle ne saurait l'être à Dieu : « Dieu n'est pas bon, c'est pourquoi il ne peut pas devenir meilleur et parce qu'il ne peut pas devenir meilleur, il ne peut pas devenir le meilleur de tout, car ces trois termes sont loin de Dieu : bon, meilleur, le meilleur de tout, car il est au-dessus de tout. » Il serait pareillement inadéquat d'attribuer l'être à Dieu ; car Dieu n'est pas « un être » : « Il est un être suréminent et un Néant suressentiel [22]. » Porté par ce mouvement, Eckhart invite à aimer Dieu « en tant qu'il est un Non-Dieu, un Non-Intellect, un Non-Personne, un Non-Image ». Il ne reste plus alors que le « Un pur, clair, limpide, séparé de toute dualité ». C'est dans cet Un que « nous devons éternellement nous abîmer : du Quelque chose au Néant[23] ».

Cette différence tranchée entre le néant des créatures et le Néant qu'est Dieu n'autorise pas pour autant — cela est aussi essentiel que paradoxal — à les maintenir à l'extérieur l'un de l'autre. Jamais Eckhart, on le sait, ne consent à quelque dualisme que ce soit. Il n'enjoint donc pas de *laisser* les créatures pour *rejoindre* Dieu — comme s'il s'agissait de se fermer à un ordre de la création qui serait décidément mauvais ; bien plutôt est-ce la *négation* même du néant de la créature qui se révèle *position* du Néant de Dieu, de la déité : « Dans cet enveloppement de lumière il fut jeté à terre, et ses yeux furent ouverts de sorte que, les yeux ouverts, il vit toutes choses comme néant. Et lorsque toutes les choses il vit comme un néant, alors il vit Dieu[24]. » Ainsi y a-t-il identité plénière entre le fait d'appréhender la créature comme néant et le fait de voir Dieu comme Néant. Dit autrement : pour *reconnaître* Dieu comme Néant, il faut que l'homme, les yeux ouverts, ne voie rien — qu'il soit un rien-voir et qu'alors, face à la créature, ne voyant rien, il puisse réellement *voir* le Néant qu'est Dieu. « Dieu doit-il être connu de l'âme, elle doit alors être aveugle. C'est pourquoi il dit : "Il vit" le "néant"[25]. » L'homme, pour reconnaître Dieu comme Néant — pour le « voir » tel —, doit prononcer le néant de la créature et l'instituer de la sorte comme *identique* au Néant qu'est Dieu. Ce qui est l'inverse parfait des priants-idolâtres qui voudraient obtenir de Dieu quelque autre chose que lui-même : « Ils veulent faire de Dieu un néant et veulent du néant faire Dieu[26]. »

Voilà qui donne un premier contenu à l'expression d'« a-théisme mystique ». Un autre pas en avant peut être fait à partir d'une parole, fréquente elle aussi, promise à une grande aventure historique — puisque, ainsi que noté plus haut, elle fut

Reprise

reprise, entre autres, par Angelus Silesius et par Heidegger : l'injonction faite à l'homme de comprendre toutes choses et d'agir en toute circonstance « sans pourquoi » (*âne warumb*). Pas plus que d'autres, cette lexie, déjà présente chez Béatrice de Nazareth et Marguerite Porete, ne saurait être rabattue, chez Maître Eckhart, sur un plan éthique, comme si elle ne visait que certaine gratuité du regard et du geste, l'absence de calcul et de mercantilisme quand il en va des choses de Dieu. Certes, cette dimension n'est pas absente — et dès le premier sermon un important développement est consacré à ce thème, par ailleurs largement récurrent[27] ; elle s'efface néanmoins devant l'acception proprement ontologique que ce terme revêt lorsqu'il s'applique à Dieu lui-même et à l'homme qui a su atteindre à la réalité simple de la relation — car « l'amour n'a pas de pourquoi[28] ». Une visée essentielle qui rassemble Dieu et l'homme et donne à Eckhart l'occasion de cette déclaration de grande plénitude : « L'esprit doit franchir tout nombre et faire sa percée à travers toute multiplicité, et Dieu fait en lui sa percée, et de même qu'il fait sa percée en moi, je fais à mon tour ma percée en lui. »

A ce niveau de densité relationnelle et de réciprocité entre Dieu et l'homme, celui-ci devient participant du « désert » que Dieu *est* — là où Dieu « est l'Un pur et jaillit en lui-même ». Tous deux alors ont en commun cet esprit qui « n'a pas de pourquoi », cet esprit qui « se situe dans l'unité et la liberté[29] ». Ainsi de Dieu, en effet, ainsi de l'homme lui-même : « L'homme juste [...] ne veut rien et ne cherche rien, car en tout ce qu'il fait il agit "sans pourquoi", de même que Dieu agit "sans pourquoi" et n'a pas de "pourquoi". » Un « sans pourquoi » commun à Dieu et à l'homme qui est aussi le propre de la vie ; car celle-ci « vit pour elle-même et ne cherche pas pourquoi elle vit ». C'est à ce niveau de radicalité simple et comme allant de soi que, *sans pourquoi*, « le juste fait quelque chose[30] ».

Le secret de cette gratuité qui pénètre jusqu'à l'être, c'est encore et toujours l'*unité absolue* que connaissent Dieu et le juste. Toute extériorité bannie, Dieu cesse en effet d'être celui dont l'homme recevrait injonction et auquel il devrait manifester sa soumission. D'un tel « Dieu », Eckhart est résolument l'a-thée. Dieu, en effet, ne saurait être situé *en dehors de l'homme*, puisqu'il est son bien propre et que celui-ci se doit de le saisir comme la vérité de ce qui est *en lui-même*. Alors, nulle objectivité extérieure n'est plus de mise : l'homme, remis à lui-même, « ne doit pas non plus servir ni agir en vue d'un "pourquoi" : ni pour Dieu, ni pour son propre honneur, ni pour quoi que ce soit en dehors de soi, mais uniquement en considération de ce qui est en soi son être propre et sa propre vie[31] ». Intériorité de l'homme qui n'est autre que l'intériorité de Dieu en lui : car le « sans pourquoi » de l'action est d'abord le « sans pourquoi » de l'être, tel qu'il s'affirme dans l'identité du « fond » de Dieu et du « fond » de l'homme : « Le fond de Dieu est mon fond, et mon fond est le fond de Dieu. Ici je vis selon mon être propre comme Dieu vit selon son être propre. » Propos chargés d'expérience dont l'aveu discret ne peut tromper : « Pour celui qui a jamais jeté un instant un regard dans ce fond, pour cet homme mille marcs d'or rouge frappé sont comme un faux heller. » A qui voudra l'entendre, Eckhart pourra donc dire : « C'est à partir de ce fond le plus intime que tu dois opérer toutes tes œuvres, sans "pourquoi"[32]. »

La vie de l'homme peut alors s'engager sans contrainte, ni du temps ni de l'éternité. Augustin, référence favorite, ne craignait pas de dire : « Aime, et fais ce que tu veux. » Eckhart aurait pu dire : « Connais ta dignité, habite le lieu de ton origine — et fais ce que tu veux. » Plusieurs notes peuvent être évoquées pour donner son dernier éclat à cette vie humaine en plénitude — « sans pourquoi » (*âne warumb*), ni de Dieu ni de l'homme. Eckhart plaçait au plus haut cette exigence, jusqu'à énoncer cette proposition magnifique : « On doit être grand et très élevé pour voir Dieu[33]. » Rien chez lui qui ressemble à une minoration de l'hu-

Reprise

main ; rien non plus qui le gonfle d'artificielle façon. L'homme eckhartien ne se veut ni un géant ni un nain : il est en son lieu, qui est le lieu même de Dieu, délivré de toute sujétion comme de toute ambition prométhéenne. Pareille *liberté de l'homme par rapport à Dieu même* est ce qui justifie qu'à son propos l'on parle d'a-théisme ; mais de même que le refus d'attribuer l'être à Dieu est une façon de le confesser comme « être suréminent », cet *a-théisme* est une façon de poser Dieu au-delà de Dieu — là où la substance s'achève en relation.

Poussant à son terme l'intelligence de la pauvreté en esprit, Eckhart écrit de façon indépassable : « Lorsque je me tenais dans ma cause première, je n'avais pas de Dieu, et j'étais alors cause de moi-même ; alors je ne voulais rien ni ne désirais rien, car j'étais un être dépris et me connaissais moi-même selon la vérité dont je jouissais. Alors je me voulais moi-même et ne voulais aucune autre chose ; ce que je voulais je l'étais, et ce que j'étais je le voulais, et je me tenais ici dépris de Dieu et de toutes choses. » Ce n'est qu'en « sortant » de cet état d'origine que le Je éternel, recevant son « être créé », eut un Dieu ; en effet, explique Maître Eckhart en débordant toute mesure, « avant que ne fussent les créatures, Dieu n'était pas "Dieu", plutôt : il était ce qu'il était. Mais lorsque furent les créatures et qu'elles reçurent leur être créé, alors "Dieu" n'était pas Dieu en lui-même, plutôt : il était "Dieu" dans les créatures[34] ».

Eckhart est l'a-thée de ce Dieu qui est « Dieu *dans* les créatures » ; il est l'a-thée de ce *multiple absolu* qui ne se trouve déterminé comme tel que par la connaissance qu'en opère le multiple contingent. Il est l'a-thée de ce Dieu qui ne se trouverait pas référé à l'Un originel de la déité. Je prie Dieu, dit-il, d'être « dépris » de ce Dieu-là, pour habiter le lieu, pour habiter le temps — le maintenant éternel — où « je n'avais pas de Dieu ». A-théisme de la volonté, a-théisme de la connaissance : « L'homme qui doit avoir cette pauvreté doit vivre de telle sorte qu'il ne sache pas que d'aucune manière il ne vit ni pour soi-même ni pour la vérité ni pour Dieu ; plus : il doit être si bien dépris de tout savoir qu'il ne sache ni ne connaisse ni n'éprouve que Dieu vit en lui ; plus : il doit être dépris de toute connaissance qui vit en lui. » Pourquoi ce « devoir », pourquoi cette injonction faite à l'homme ? Pour la seule raison, mille fois évoquée, qu'il lui faut épouser cette percée en retour qui le reconduit au lieu de son origine — c'est-à-dire à lui-même, là où « l'homme se tenait dans la disposition éternelle de Dieu », quand « en lui ne vivait pas un autre ; plus : ce qui là vivait, c'était lui-même ». L'homme *doit* donc se tenir « aussi dépris de son savoir propre qu'il le faisait lorsqu'il n'était pas[35] ».

Dernière étape : l'a-théisme de l'avoir, qui est en fait un a-théisme de l'être. La véritable pauvreté en esprit requiert une telle déprise par rapport à Dieu et à ses œuvres que, « dans la mesure où Dieu veut opérer dans l'âme, il soit lui-même le lieu dans lequel il veut opérer ». C'est dans l'« ici » de pareille pauvreté, martèle Maître Eckhart, que « l'homme retrouve l'être éternel qu'il a été et qu'il est maintenant et qu'il doit demeurer toujours[36] ». Vient alors ce qui peut être tenu pour le mot suprême : « C'est pourquoi je prie Dieu qu'il me déprenne de Dieu, car mon être essentiel est au-dessus de Dieu dans la mesure où nous prenons Dieu comme origine des créatures[37]. » Au fond, n'est dépris des créatures à l'ultime, pleinement « détaché » en vérité, que celui qui aussi et d'abord est dépris de Dieu.

Cette percée au travers de tout multiple, qu'il soit de l'homme ou qu'il soit de Dieu, impliquerait-elle alors une extinction du monde et de l'histoire, pour que l'homme, retrouvant son rapport à l'origine, puisse dire en vérité : « Là je suis ce que j'étais, et là je ne décrois ni ne crois, car je suis là une cause immobile qui toutes choses meut[38] » ? Le débordement d'action que connut Maître Eckhart serait un premier démenti à cette lecture des choses. Car il ne s'agit aucunement de s'arracher sans plus à l'ex-

Reprise

tériorité, de la fuir de quelque manière que ce soit, mais de se détacher du « néant » qu'elle est afin qu'elle puisse être connue et pratiquée comme le chiffre du « Néant » qu'est Dieu. « La plus grande perfection, c'est que l'homme extérieur soit totalement maintenu[39]. » Il peut l'être, il doit l'être, à la façon dont l'humanité et la divinité sont unies dans le Christ : « De cette façon je suis spirituellement "un" selon mon [propre] fond, tout comme le fond [divin] est "un". Voilà comment, selon l'être extérieur, je suis le même être personnel, totalement privé de mon propre suppôt[40]. » Désenclavement de l'homme concomitant au désenclavement de Dieu, dans la mesure où on les verrait juxtaposés, l'un *à côté* de l'autre : l'un et l'autre ne sont-ils pas essentiellement pure relation ? Pour l'homme, être ainsi délié de lui-même et de Dieu, c'est réhabiter *autrement et* lui-même *et* Dieu : car « l'esprit ne peut jamais parvenir à la perfection si le corps et l'âme ne sont pas parfaits ». Si donc l'homme intérieur « échappe spirituellement à son être propre » en étant « un [seul] fond avec le fond [divin] », l'homme extérieur lui aussi devra être « dépouillé de son propre suppôt et recevoir totalement le suppôt de l'être personnel éternel qui est ce même être personnel[41] ». Cela adviendra s'il consent à ce qu'en lui la « substance de la personne du Christ » soit « aussi la substance de l'âme » : « Il n'y a qu'un Christ dans la substance, nous devons aussi être le même Christ[42]. » Ainsi identifié à l'*humanité universelle du Christ,* l'homme est corps et âme dans le fond et dans l'être de Dieu. Cela implique qu'il sache ne rien ajouter aux choses, mais les accueillir dans le mouvement de leur naissance : « Car Dieu est prêt à donner de grandes choses, si nous pouvions laisser toutes choses dans la justice[43]. »

S'effacent alors toutes préoccupations particulières, et jusqu'aux exercices de la piété, dans la mesure où le détachement à l'égard de toutes choses permet de les habiter pacifiquement, sans plus de lien de sujétion : « Celui qui ne connaîtrait rien que les créatures n'aurait jamais besoin de penser à un sermon, car toute créature est pleine de Dieu et est un livre[44]. » Comment gagner cette plénitude qui permet de déchiffrer réellement Dieu dans les choses du temps ? L'homme qui entend y parvenir, répond Eckhart, « doit être comme une étoile du matin : toujours présent à Dieu et toujours près de lui, également proche, élevé au-dessus de toutes les choses terrestres et être un adverbe près du Verbe[45] ». Il n'est donc pour cela que de se tenir simplement dans une présence-absence, une possession-dépossession : « Un homme droit n'a pas besoin de Dieu. De ce que je possède je n'éprouve pas le besoin[46]. » Conclusion la plus forte : « On peut bien concevoir la chaleur sans le feu et la lumière sans le soleil, mais on ne peut concevoir Dieu sans l'âme ni l'âme sans Dieu, tant ils sont un[47]. »

Œuvre inépuisable. Elle est pour tous les temps et pour chacun des jours. Ainsi de ce livre même : tant d'autres paroles auraient pu, auraient dû sans doute être sondées ; ce qui là se trouve présenté, parmi d'autres réalisations de cette sorte, n'est que l'œuvre d'un jour : « Nous avons naguère prié pour un "maintenant", aujourd'hui nous prions pour une petite chose, seulement pour un soir[48]. »

NOTES

Ouverture

1. Eckhart, *Poème*, Granum sinapis, suivi d'un commentaire anonyme en latin, traduction et postface de Alain de Libera, Arfuyen, Paris, 1988.
2. Donatella Bremer-Buono, « Le langage de la mystique dans l'œuvre allemande de Maître Eckhart », in *Voici Maître Eckhart*, textes et études réunis par Emilie Zum Brunn, Jérôme Millon, 1994, p. 259.
3. *Id.*, p. 268.
4. *Poème, op. cit.*, pp. 37-38.
5. S. 59, II 196.
6. Traduction Lucien-Marie de Saint-Joseph, in Jean de la Croix, *Œuvres complètes*, Desclée de Brouwer, Bibliothèque européenne, 4ᵉ édition, Paris, 1967, p. 529.

Première partie : L'histoire et ses parcours

1. S. 47, II 108.
2. S. 43, II 84.
3. S. 50, II 129.
4. *Id.*, II 128-129.

I. Les premiers pas

1. Cf. *1274, Année charnière. Mutations et continuités*, Colloque international du CNRS, Lyon-Paris, 30 sept.-5 oct. 1974, Édit. du CNRS, 1977.
2. Jacques Le Goff, *La naissance du Purgatoire*, Gallimard, Paris, 1981.

III. Les tâches d'un formateur

1. Maître Eckhart, *Les Traités*, introduction et traduction de Jeanne Ancelet-Hustache, Éditions du Seuil, Paris, 1971, p. 41.
2. Hoffmeister, *Wörterbuch der philosophischen Begriffe*, in Maître Eckhart, *Du détachement et autres textes*, trad. Gwendoline Jarczyk et Pierre-Jean Labarrière, Payot-Rivages, Paris, 1995, pp. 12-13.
3. *Les Traités, op. cit.*, p. 47.
4. *Id.*, p. 49.
5. *Id.*, p. 48.
6. *Ibid.*
7. *Id.*, p. 85.
8. *Id.*, p. 87.
9. *Id.* Toutes ces citations sont tirées des pages 60 et 61.
10. *Id.*, p. 90.

IV. Le maître

1. S. 9, I 103.
2. S. 70, III 69.
3. *L'œuvre latine de Maître Eckhart*, traduction et notes de A. de Libera, E. Wéber, E. Zum Brunn, vol. I, *Le commentaire de la Genèse*, Éditions du Cerf, Paris, 1984. Ce premier volume contient aussi, à la diligence de F. Brunner, une édition du *Prologue à l'Œuvre tripartite* et du *Prologue à l'Œuvre des Propositions*. Par ailleurs, le *Commentaire du Prologue à l'Évangile de Jean* a été publié par A. de Libera, aux mêmes éditions, en 1989.
4. Cité in *Voici Maître Eckhart, op. cit.*, pp. 36 et 46. Cf. M. Porete, *Le Miroir des âmes simples et anéanties et qui seulement demeurent en vouloir et désir d'amour*, introduction, traduction et notes de Max Huot de Longchamp, col-

Notes

lection Spiritualités vivantes, Albin Michel, Paris, 1984, chap. 135 (p. 231) et chap. 81 (p. 152).

5. Sur ce « mouvement des béguines », leur lien avec la vogue nouvelle de l'« amour courtois » et leur « conflit avec l'autorité religieuse », cf. Paul Mommaers, *Hadewijch d'Anvers*, adapté du néerlandais par Camille Jordens, Éditions du Cerf, Paris, 1994, pp. 23-49.

V. Responsabilités institutionnelles

1. *Traités*, p. 97.
2. *Id.*, p. 137.
3. S. 3, I 60.
4. *Traités*, pp. 100-101.
5. *Id.*, p. 102.
6. *Id.*, p. 118.
7. *Id.*, p. 114. Cf. s. 6, I 86-7 et s. 44, II 90.
8. *Id.*, pp. 112 et 115.
9. *Id.*, pp. 127 *sq.*
10. *Id.*, p. 125.
11. *Id.*, p. 107.
12. *Id.*, p. 104. Cf. aussi p. 128.
13. *Id.*, p. 136.
14. *Id.*, p. 123.
15. *De l'homme noble*, in *Traités*, p. 153.
16. *Id.*, p. 150. Cf. aussi s. 37, *op. cit.*, II 44.
17. *Id.*, p. 153.
18. *Id.*, p. 152.
19. *Ibid.*
20. *Ibid.*

VI. Le prédicateur

1. S. 2, trad. Gwendoline Jarczyk et Pierre-Jean Labarrière, in Maître Eckhart, *Le château de l'âme*, Desclée de Brouwer, Paris, 1995, p. 51.
2. S. 16 b, I 151.

3. S. 52, II 148.
4. S. 69, III 64.
5. S. 2, in *Le château de l'âme, op. cit.*, p. 57 et p. 61.
6. S. 4, I 64.
7. S. 18, I 162.
8. S. 14, I 134, 135 et 136 ; s. 13, I 128.
9. S. 22, I 193.
10. S. 14, I 135 ; s. 15, I 141 ; s. 24, I 207.
11. S. 22, I 193.
12. S. 10, I 112.
13. S. 16 b, I 151.
14. S. 63, III 28.
15. S. 39, II 56.
16. S. 24, I 207.
17. S. 74, III 97.
18. S. 39, II 57.
19. S. 83, III 154.
20. S. 68, III 57.
21. S. 73, III 91.
22. S. 66, III 42.
23. S. 30, I 247.
24. S. 52, in *Du détachement et autres textes, op. cit.*, pp. 74-75.
25. *Id.*, p. 83.
26. *Id.*, pp. 84-85.
27. S. 48, II 114. Cf. s. 66, III 42 ; s. 69, III 65 et bien d'autres encore.
28. S. 49, II 124 ; s. 65, III 36.
29. S. 59, II 194.
30. S. 6, I 86.
31. S. 25, I 213 ; s. 26, I 231, et d'autres encore.
32. S. 79, III 127.
33. S. 54 a, II 160.
34. S. 2, in *Le château de l'âme, op. cit.*, pp. 63-64.
35. S. 9, I 100.
36. S. 27, I 228.
37. S. 50, II 130. Cf. s. 31, II 10.

38. S. 66, III 45.
39. S. 74, III 99.
40. S. 17, I 157.
41. S. 77, III 120.
42. S. 48, II 113.
43. S. 5 b, I 78.
44. S. 20 a, I 174. Cf. s. 74, III 99 ; s. 76, III 111, et d'autres encore.
45. S. 51, II 135.
46. *Ibid.*
47. S. 81, III 138.
48. S. 16 b, I 151.
49. S. 51, II 134.
50. *Id.*, II 136.
51. S. 8, I 95.
52. S. 49, II 123.
53. S. 51, II 136.
54. S. 18, I 163.
55. S. 13, I 126-127.
56. S. 50, II 129.
57. S. 52, in *Du détachement et autres textes, op. cit.*, p. 79.
58. *Id.*, p. 84.
59. S. 51, II 135.
60. S. 74, III 96.
61. S. 77, III 120.
62. S. 22, I 194.
63. S. 51, II 135.
64. S. 41, II 74.
65. S. 2, in *Le château de l'âme, op. cit.*, p. 72.
66. S. 22, I 194.
67. S. 68, III 57.

VII. Vers la condamnation

1. S. 22, I 193.
2. Louis Sturlese, « Les eckhartiens de Cologne. Le *Studium generale* des

dominicains allemands et la condamnation des thèses de Maître Eckhart », in *Voici Maître Eckhart, op. cit.*, pp. 361 *sq.*

3. Parue dans les *Archives d'histoire doctrinale et littéraire du Moyen Age*, *1*, 1926-1927, pp. 129-268.

VIII. *L'écoute des siècles*

1. Winfried Trusen, *Der Prozess gegen Meister Eckhart. Vorgeschichte, Verlauf und Folgen*, Paderborn, 1988.

2. Traduction française par Jeanne Ancelet-Hustache, in Henri Suso, *Œuvres complètes*, Éditions du Seuil, Paris, 1977, pp. 425-457.

3. Heinrich Seuse, *Deutsche Schriften*, édités par K. Bihlmeyer, Stuttgart, 1907, 68/19-24. Cité par Louis Sturlese, in *Voici Maître Eckhart, op. cit.*, p. 364, note 33.

4. *Id.*, p. 368, note 49.

5. Sur cette question dans son ensemble, voir l'étude de Louis Sturlese déjà mentionnée ci-dessus, note 3.

6. Cf. Gaston Fessard, *op. cit.*, pp. 281-282 et 305-363.

7. Arnold Schönberg, *Trois satires*. Cité dans « Glose sur Meister Duchamp », de Daniel Charles, in *Voici Maître Eckhart, op. cit.*, p. 452.

8. Wolfgang Wackernagel, « L'être des images », in *Voici Maître Eckhart, op. cit.*, p. 469.

9. *Id.*, p. 470.

10. Cf. *L'essence de la manifestation*, PUF, Paris, 1963, pp. 532-549. Texte repris dans *Voici Maître Eckhart, op. cit.*, pp. 175 *sq.*

11. Carl Jung, *Types psychologiques* (1923), trad. Y. Le Lay, Genève, 1950, pp. 243-264 : « Relativité de l'idée de Dieu chez Maître Eckhart. » La citation présente et celle qui la précède (concernant la définition de la psychologie analytique) se trouvent aux pages 247 et 246. Cité également dans Daniel Charles, « Glose sur Meister Duchamp », in *Voici Maître Eckhart, op. cit.*, p. 448.

12. Daniel Charles, *loc. cit.*, p. 449.

13. S. 21, I 207. Cf. aussi s. 46, II 102 ; s. 5 b, II 76 et traité *Du détachement*, in *Du détachement et autres textes, op. cit.*, p. 67.

14. Cf. le poème qu'il composa à ce propos, ainsi que le commentaire éclai-

Notes

rant qu'en fait Daniel Charles, in *Voici Maître Eckhart*, *op. cit.*, pp. 429-431 et 433-454.

15. Alain Michel, « La rhétorique de Maître Eckhart : une rhétorique de l'être », in *Voici Maître Eckhart*, *op. cit.*, p. 173.
16. S. 48, II 114.
17. *Ibid.*
18. Jung, *op. cit.*, p. 260. Cité dans *Voici Maître Eckhart*, *op. cit.*, p. 450.
19. Taisen Deshimaru, *La pratique du zen*, coll. Spiritualités vivantes, Albin Michel, Paris, 1981, p. 22.
20. Alfred Rosenberg, *Der Mythus des 20. Jahrhunderts. Eine Wertung der seelisch-geistigen Gestaltenkämpfe unserer Zeit*, Hoheneichen-Verlag, Munich, 1930, 103-104e édition 1936, pp. 217-273.
21. *Id.*, pp. 258-259.
22. *Id.*, p. 222.
23. *Id.*, p. 232.
24. *Id.*, p. 258.
25. *Ibid.*
26. *Id.*, p. 257.

Deuxième partie : Éclats de sa vision

1. S. 66, II 151.
2. S. 48, II 113.
3. S. 12, I 123. Les citations qui suivent sont tirées de cette même page et de la page suivante.

I. Deux en tant qu'Un

1. Jeanne Ancelet-Hustache, introduction aux *Traités*, *op. cit.*, p. 25.
2. *Id.*, p. 102.
3. *Id.*, pp. 111-115.
4. *Id.*, pp. 112-113.
5. S. 9, I 101-102.
6. S. 44, II 93.
7. S. 55, II 172.

8. *De l'homme noble*, in *Traités*, p. 153.
9. *Id.*, p. 148.
10. *Id.*, p. 149.
11. *Ibid.*
12. *Ibid.*
13. S. 38, II 50.
14. *Ibid.*
15. S. 67, III 50.
16. S. 21, I 186.
17. *Id.*, I 185-186.
18. S. 10, I 112.
19. S. 6, I 86.
20. S. 53, II 154.
21. S. 44, II 90.
22. *Le livre de la consolation divine*, in *Traités*, p. 115. Cf. s. 13, I 127-128.
23. *Id.*, p. 114.
24. S. 12, I 122.
25. Il s'agit du sermon 14 (I 137).
26. *Voici Maître Eckhart à qui Dieu jamais rien ne cela*, trad. Emilie Zum Brunn, in *Voici Maître Eckhart, op. cit.*, p. 66.
27. S. 26, I 221-222.
28. S. 54 a, II 160.
29. *Ibid.*

II. Dieu-naissance

1. *Poème*, str. I.
2. S. 28, I 234.
3. *Ibid.*
4. *Ibid.*
5. S. 50, II 129.
6. S. 53, II 152. Cf. s. 22, I 192.
7. S. 35, II 30.
8. *Poème*, str. III.
9. S. 10, I 112.

Notes

10. *Le livre de la consolation divine*, in *Traités*, p. 112.
11. S. 74, III 99. Cf. s. 65, III 37.
12. L'*irascibilis* : s. 32, II 15.
13. S. 2, in *Le château de l'âme, op. cit.*, p. 62.
14. *Ibid.*
15. *Ibid.*
16. S. 52, in Maître Eckhart, *Du détachement et autres textes, op. cit.*, p. 77.
17. *Ibid.*
18. *Le livre de la consolation divine*, in *Traités*, p. 115.
19. S. 15, I 142.
20. S. 4, I 66.
21. S. 13, I 128.
22. S. 31, II 9.
23. S. 59, II 193-194.
24. S. 50, II 129.
25. *Id.*, II 129-130.
26. S. 38, II 52-53.
27. S. 11, I 115.
28. S. 10, I 111.
29. S. 39, II 59.
30. S. 22, I 195.
31. S. 30, I 244.
32. *Id.*, I 245.
33. S. 22, I 195.
34. S. 46, II 101.
35. *Id.*, II 101-102.
36. Angelus Silesius, *Pèlerin chérubinique*, traduit, préfacé et commenté par Henri Plard, Aubier, Paris, 1946, pp. 48-51 (éd. bilingue).
37. *Id.*, pp. 44-45.
38. Cf. ci-dessus, note 34.
39. S. 41, II 72.
40. S. 36 a, II 34-35.
41. S. 52, in *Du détachement et autres textes, op. cit.*, p. 77.
42. *Ibid.*
43. S. 77, III 120.

44. S. 26, I 220.
45. S. 64, III 33.

III. Homme-naissance

1. S. 31, II 9-10.
2. S. 40, II 63.
3. *Ibid.*
4. *Ibid.*
5. *Ibid.*
6. *Id.*, II 63-64.
7. *Id.*, II 64.
8. S. 38, II 51.
9. *Ibid.*
10. S. 49, II 120.
11. *Ibid.*
12. S. 22, I 192.
13. S. 43, II 83.
14. *Ibid.*
15. *Id.*, II 85.
16. *Id.*, II 83.
17. *Id.*, II 85.
18. Cf. aussi s. 31, II 10.
19. S. 22, I 193.
20. S. 6, I 86.
21. *Id.*, I 85.
22. S. 36 a, II 34.
23. S. 42, II 78-79.
24. S. 54 a, II 160.
25. S. 26, I 220-221.
26. *Id.*, I 221.
27. S. 53, II 153.
28. S. 38, II 49.
29. *Id.*, II 48.
30. S. 22, I 195.

31. *Ibid.*
32. *Le livre de la consolation divine*, in *Traités*, pp. 130-131.
33. S. 3, I 60.
34. *Ibid.*
35. S. 65, III 37.
36. *Voici Maître Eckhart à qui jamais Dieu rien ne cela*, in *Voici Maître Eckhart*, *op. cit.*, p. 70, n° 53.
37. S. 58, II 188.
38. S. 12, I 123.
39. S. 21, I 186.
40. S. 73, III 90.
41. S. 71, in *Du détachement et autres textes*, *op. cit.*, p. 97. Cf. S. 75, III 103.
42. S. 40, II 62-65.
43. *Id.*, II 64.

IV. *L'ordonnance de l'âme*

1. S. 19, I 168.
2. *Id.*, I 166.
3. *Ibid.*
4. *Ibid.*
5. S. 31, II 9.
6. *Ibid.*
7. *Ibid.*
8. *Ibid.*
9. *Id.*, II 10.
10. *Ibid.*
11. *Ibid.*
12. S. 26, I 220.
13. *Id.*, I 219.
14. S. 32, II 14.
15. *Ibid.*
16. S. 37, II 43.
17. S. 32, II 14.
18. S. 26, I 220.

19. *Ibid.*
20. Voir ci-dessus, première partie, chap. II, pp. 38 *sq.*, « Un étudiant des plus prometteurs ».
21. S. 37, II 43-44.
22. S. 23, I 200.
23. S. 45, II 98.
24. S. 2, in *Le château de l'âme, op. cit.*, p. 57.
25. *Id.*, p. 59.
26. S. 21, I 186.
27. S. 36 b, II 38-39.
28. S. 18, I 162.
29. S. 68, III 54.
30. S. 69, III 63.
31. Cf. ci-dessus, note, p. 37.
32. S. 70, III 69.
33. S. 7, I 91. Les citations qui suivent sont tirées de cette page.
34. S. 54 a, II 158.
35. S. 32, II 15. Cf. aussi s. 83, III 153 et s. 14, I 134.
36. In *Sermons*, II 13.
37. S. 33, II 19 et s. 34, II 24.
38. S. 34, *loc. cit.*
39. S. 32, II 15-16.
40. S. 32, II 16.
41. S. 61, III 15.

V. *L'étincelle et le petit château*

1. S. 9, I 102.
2. *Ibid.*
3. *Id.*, I 102-103.
4. S. 17, I 156.
5. *Ibid.*
6. *Ibid.*
7. S. 20 b, I 178.
8. S. 20 a, I 175.

Notes

9. *Ibid.*
10. S. 20 b, I 180.
11. S. 37, II 44.
12. S. 48, II 114.
13. *Ibid.*
14. S. 71, in *Du détachement et autres textes, op. cit.*, p. 101.
15. S. 2, in *Le château de l'âme, op. cit.*, p. 61.
16. *Ibid.*
17. *Id.*, pp. 61-62.
18. *Id.*, p. 49 et p. 51.
19. *Id.*, p. 63.
20. *Id.*, p. 62.
21. *Id.*, pp. 62-63.
22. *Id.*, p. 63.
23. S. 21, I 185.
24. S. 60, III 11.
25. S. 2, in *Le château de l'âme, op. cit.*, p. 63.
26. Eckhart, *Poème, op. cit.*, p. 17.
27. S. 52, in *Du détachement et autres textes, op. cit.*, p. 79.
28. *Ibid.*
29. S. 24, I 206-207.
30. S. 12, I 122.
31. S. 13, I 129.
32. Cité in Maître Eckhart, *Sermons*, introduction générale de Jeanne Ancelet-Hustache, I 29.
33. S. 29, I 240.
34. *Maître Eckhart ou la joie errante*, sermons allemands traduits et commentés par Reiner Schürmann, Éditions Planète, Paris, 1972, p. 66 (cité par Jeanne Ancelet-Hustache, in *Sermons* I, 30).
35. S. 48, II 113.
36. *Ibid.*
37. *Id.*, II 113-114.
38. S. 7, I 91.
39. S. 40, II 64. Cf. s. 44, II 91 et s. 38, II 51.
40. S. 83, III 154.

VI. Par aucun pied foulé

1. S. 83, III 154.
2. Eckhart, *Poème, op. cit.*, str. V.
3. S. 52, in *Du détachement et autres textes, op. cit.*, p. 77. En ce qui concerne saint Jean de la Croix, cf. le titre développé de « La montée du Mont Carmel », *op. cit.*, p. 71.
4. S. 53, II 151.
5. *Id.*, II 152.
6. *Du détachement*, in *Du détachement et autres textes, op. cit.*, p. 47 sq.
7. *Instructions spirituelles*, in *Traités*, p. 48.
8. *Id.*, p. 49.
9. *Ibid.*
10. Hoffmeister, *Wörterbuch der philosophischen Begriffe, op. cit.*
11. *Instructions spirituelles*, in *Traités*, p. 50.
12. *Ibid.*
13. S. 74, III 95.
14. *Id.*, III 98.
15. S. 77, III 120.
16. *Instructions spirituelles*, in *Traités*, p. 79.
17. Josef Quint, en particulier.
18. Jeanne Ancelet-Hustache, qui vante au demeurant « la rigueur de ses exigences spirituelles », in *Traités,* p. 159.
19. S. 7, I 90.
20. *Du détachement*, in *Du détachement et autres textes, op. cit.*, p. 52.
21. *Id.*, p. 54.
22. *Ibid.*
23. *Id.*, p. 52.
24. *Id.*, p. 53.
25. *Id.*, p. 56.
26. *Id.*, p. 58.
27. *Id.*, p. 62.
28. S. 81, III 138. Cf. aussi s. 86, in *Le château de l'âme, op. cit.*, pp. 82-84.
29. *Ibid.*

Notes

30. *Du détachement*, in *Du détachement et autres textes, op. cit.*, p. 56.
31. *Id.*, p. 62.
32. *Id.*, p. 51.
33. *Id.*, p. 64.
34. *Id.*, p. 69.
35. *Id.*, p. 70.
36. *Voici Maître Eckhart à qui jamais Dieu rien ne cela*, in *Voici Maître Eckhart, op. cit.*, p. 56.
37. *Id.*, p. 65.
38. S. 53, II 152.
39. *Ibid.*
40. *Instructions spirituelles*, in *Traités*, p. 84.
41. Henri Suso, aphorisme extrait du chapitre XLIX de sa *Vie*, in *Œuvres complètes, op. cit.*, p. 285. La traduction ici retenue est celle de Benoît Lavaud, in *L'Œuvre mystique de Henri Suso, 1. La Vie*, Egloff et LUF, Paris, 1946, p. 345.
42. *Instructions spirituelles*, in *Traités*, p. 44.
43. *Ibid.*
44. *Voici Maître Eckhart à qui jamais Dieu rien ne cela*, in *Voici Maître Eckhart, op. cit.*, p. 55.
45. S. 28, I 232.
46. S. 5 b, I 78.
47. S. 39, II 57.
48. S. 12, I 122.
49. *Ibid.*
50. S. 52, in *Du détachement et autres textes, op. cit.*, p. 77.
51. *Id.*, p. 83.
52. *Id.*, p. 78.
53. *Id.*, p. 82.
54. S. 15, I 139.
55. *Voici Maître Eckhart à qui jamais Dieu rien ne cela*, in *Voici Maître Eckhart, op. cit.*, p. 68.
56. *Du détachement*, in *Du détachement et autres textes, op. cit.*, p. 65.
57. *Ibid.*
58. S. 65, III 38.

59. *Ibid.*
60. *Ibid.*
61. S. 5 b, I 79.
62. S. 6, I 86.
63. *Ibid.*
64. S. 14, I 136.
65. S. 35, II 30.

VII. *L'homme noble*

1. S. 74, III 99.
2. S. 8, I 94.
3. S. 14, I 136.
4. *Id.*, I 136-137.
5. S. 36 a, II 34.
6. S. 73, III 91.
7. S. 14, I 135-136.
8. S. 15, I 140.
9. *Id.*, I, 140-141.
10. Cf. s. 20a, I 175 et s. 20 b, I 180.
11. S. 25, I 212.
12. *Ibid.*
13. S. 26, I 219.
14. *Id.*, I 220. Cf. s. 6, I 84.
15. *Le livre de la consolation divine,* in *Traités,* p. 98.
16. *Id.*, pp. 97-98.
17. S. 32, II 14.
18. *Le livre de la consolation divine,* in *Traités,* pp. 98-99.
19. S. 6, I 85.
20. *Ibid.*
21. *Ibid.*
22. *Instructions spirituelles,* in *Traités,* p. 89.
23. S. 62, III 23.
24. S. 41, II 71.
25. *De l'homme noble,* in *Traités,* p. 144.

Notes

26. S. 25, I 214.
27. S. 30, I 244.
28. S. 24, I 207.
29. S. 25, I 214.
30. S. 24, I 207.
31. *Ibid.*
32. S. 49, II 120.
33. S. 25, I 214.
34. *Ibid.*
35. S. 75, III 103.
36. *Ibid.*
37. S. 24, I 207.
38. S. 67, III 51.
39. Proposition n° 12 de la bulle *In agro dominico*.
40. S. 40, II 62.
41. *Id.*, II 62-63.
42. *Id.*, II 63.
43. S. 35, II 29.
44. *Ibid.*
45. S. 35, II 29.
46. *Id.*, II 30.
47. S. 4, I 65.

VIII. *Marie-Madeleine, Élisabeth, Marthe et les autres*

1. S. 63, III 27.
2. *De l'homme noble*, in *Traités*, p. 148.
3. S. 11, I 117.
4. S. 16 b, I 152.
5. S. 37, II 42-43.
6. *Id.*, II 43. Même interprétation dans le sermon 66, III 43.
7. *Ibid.*
8. S. 18, I 162.
9. S. 37, III 44.
10. S. 6, I 84-85.

11. S. 27, I 226.
12. *Ibid.*
13. *Voici Maître Eckhart à qui jamais Dieu rien ne cela*, in *Voici Maître Eckhart, op. cit.*, p. 64.
14. S. 75, III 104.
15. S. 71, in Maître Eckhart, *Du détachement et autres textes, op. cit.*, p. 97.
16. S. 75, III 105.
17. S. 37, II 43.
18. S. 26, I 218-219.
19. S. 11, I 114-115.
20. S. 2, in *Le château de l'âme, op. cit.*, p. 51.
21. S. 11, I 118.
22. S. 2, in *Le château de l'âme, op. cit.*, p. 53.
23. *Ibid.*
24. *Id.*, pp. 53-54.
25. *Id.*, p. 54.
26. *Id.*, p. 56.
27. *Voici Maître Eckhart à qui jamais Dieu rien ne cela*, in *Voici Maître Eckhart, op. cit.*, pp. 61-62.
28. S. 55, II 170.
29. S. 56, II 173-174.
30. S. 55, II 171.
31. *Id.*, II 171-172.
32. *Id.*, II 172.
33. *Ibid.*
34. *Ibid.* Cf. ci-dessus, p. 132, note 7.
35. S. 56, II 174.
36. *Ibid.*
37. *Ibid.*
38. *Ibid.*
39. *Ibid.*
40. Cf. Lc 10, 38-40.
41. S. 41, II 70.
42. S. 86, in *Le château de l'âme, op. cit.*, pp. 67-68.
43. *Id.*, p. 68.

Notes

44. *Id.*, p. 69.
45. *Ibid.*
46. *Ibid.*
47. *Id.*, p. 71.
48. *Id.*, p. 69.
49. *Id.*, p. 71.
50. *Id.*, pp. 71-72.
51. *Id.*, pp. 69-70.
52. *Id.*, p. 73.
53. *Ibid.*
54. *Id.*, p. 75.
55. *Ibid.*
56. Cf. ci-dessus, p. 222.
57. *Id.*, p. 75.
58. *Id.*, pp. 76-78.
59. *Id.*, p. 79.
60. *Id.*, pp. 80-81.
61. *Id.*, p. 81.
62. *Id.*, p. 84.
63. *Id.*, p. 85.
64. *Id.*, pp. 84-85.
65. *Id.*, p. 85.
66. *Id.*, p. 87.
67. *Id.*, p. 76.

Reprise

1. S. 52, in *Du détachement et autres textes*, *op. cit.*, pp. 74-75.
2. S. 66, III 42.
3. S. 52, in *Du détachement et autres textes*, *op. cit.*, p. 74.
4. S. 11, I 117.
5. *De l'homme noble*, in *Traités*, p. 153.
6. S. 9, I 101.
7. S. 71, in *Du détachement et autres textes*, *op. cit.*, p. 101.
8. S. 9, I 101.

9. *Poème*, str. VII.
10. S. 4, I 65. Cf. s. 11, I 117.
11. *Ibid.*
12. S. 11, I 117-118.
13. *Voici Maître Eckhart à qui jamais Dieu rien ne cela*, in *Voici Maître Eckhart, op. cit.*, p. 56.
14. *Id.*, p. 72.
15. S. 84, III 157.
16. S. 5 b, I 77.
17. Ray L. Hart, « La négativité dans l'ordre du divin », in *Voici Maître Eckhart, op. cit.*, p. 208.
18. Emilie Zum Brunn, introduction à *Voici Maître Eckhart, op. cit.*, p. 12.
19. S. 81, III 139.
20. S. 23, I 201.
21. S. 71, *Du détachement et autres textes, op. cit.*, p. 96.
22. S. 83, III 152.
23. *Id.*, III 154. Cf. ci-dessus, note, p. 188.
24. S. 71, in *Du détachement et autres textes, op. cit.*, p. 93.
25. *Id.*, p. 100.
26. S. 65, III 38.
27. Cf. s. 1, I 45-46.
28. S. 28, I 231.
29. S. 29, I 237.
30. S. 41, II 70-71.
31. S. 6, I 86.
32. S. 5 b, I 78. Cf. s. 26, I 219-220 (ci-dessus, pp. 108-109, 112, 123).
33. S. 70, III 71.
34. S. 52, in *Du détachement et autres textes, op. cit.*, pp. 76-77.
35. *Id.*, p. 78.
36. *Id.*, pp. 81-82.
37. *Id.*, p. 83.
38. *Id.*, p. 84.
39. S. 67, III 50.
40. *Ibid.*
41. S. 67, III 50-51.

Notes

42. *Id.*, III 51.
43. S. 41, II 74.
44. S. 9, II 104. Commentaire dans Claude Louis-Combet, « Une créature comme un livre », in *Voici Maître Eckhart*, *op. cit.*, pp. 425-428. Cf. aussi s. 53, II 153 : « Toutes les créatures sont une parole de Dieu (*ein sprechen gotes*). »
45. S. 9, I 104.
46. S. 62, III 23.
47. S. 59, II 195.
48. S. 36 a, II 35.

TABLE

OUVERTURE. Où commencement fait naître commencement. 9

PREMIÈRE PARTIE
L'histoire et ses parcours

I. Les premiers pas 31
II. Un étudiant des plus prometteurs 38
III. Les tâches d'un formateur 46
IV. Le maître... 52
V. Responsabilités institutionnelles 62
VI. Le prédicateur 73
VII. Vers la condamnation 85
VIII. L'écoute des siècles 99

DEUXIÈME PARTIE
Éclats de sa vision

I. Deux en tant qu'Un 129
II. Dieu-naissance 141
III. Homme-naissance 154
IV. L'ordonnance de l'âme 164
V. L'étincelle et le petit château 174

VI. Par aucun pied foulé 188
VII. L'homme noble.. 202
VIII. Marie-Madeleine, Élisabeth, Marthe et les autres 215

reprise. Un a-théisme mystique.. 229

notes 243

DES MÊMES AUTEURS (sélection)

De Gwendoline Jarczyk

Système et liberté dans la Logique de Hegel, Aubier, 1980.
Éloge des libertés, Desclée de Brouwer, 1990.
Dieu immédiat, entretiens avec Eugen Drewermann, Desclée de Brouwer, 1995.

De Pierre-Jean Labarrière

Structures et mouvement dialectique dans la Phénoménologie de l'Esprit de Hegel, Aubier-Montaigne, 1968 ; 1988.
Introduction à une lecture de la Phénoménologie de l'Esprit de Hegel, Aubier-Montaigne, 1979 ; 1987.
L'Unité plurielle. Éloge, Aubier-Montaigne, 1975.
Le Discours de l'Altérité, PUF, 1983.
L'Utopie logique, L'Harmattan, 1992.

De Gwendoline Jarczyk et Pierre-Jean Labarrière

Traduction, présentation et notes de la *Science de la Logique* de Hegel, Aubier-Montaigne,
  Trois volumes : *L'Être*, 1972 ; *La Doctrine de l'Essence*, 1976 ; *La Logique subjective ou Doctrine du Concept*, 1981.
Hegeliana, PUF, 1986.
Les Premiers Combats de la reconnaissance. Maîtrise et servitude dans la Phénoménologie de l'Esprit de Hegel, « Bibliothèque du Collège international de philosophie », Aubier-Montaigne, 1987.
Le Malheur de la conscience ou l'accès à la Raison, Aubier-Montaigne, 1989.
Le Syllogisme du pouvoir. Y a-t-il une démocratie hégélienne ?, Aubier-Montaigne, 1989.
Traduction, présentation et notes de la *Phénoménologie de l'Esprit* de Hegel, Gallimard, 1993.

Maître Eckhart, *Du détachement et autres textes*,
    traduit du moyen-haut allemand et présenté par
    Gwendoline Jarczyk et Pierre-Jean Labarrière,
    Éditions Payot-Rivages, 1995.

Maître Eckhart, *Le château de l'âme* (sermons 2 et 86) ;
    traduit du moyen-haut allemand et présenté par
    Gwendoline Jarczyk et Pierre-Jean Labarrière, DDB, 1995.

Maître Eckhart, *L'œuvre allemande*. I – *Les Traités*,
    traduit du moyen-haut allemand et présenté par
    Gwendoline Jarczyk et Pierre-Jean Labarrière,
    Albin Michel (à paraître).

De Kojève à Hegel, Albin Michel (sous presse).

DANS LA MÊME COLLECTION

« *Spiritualités vivantes* »
grand format

La Voie soufie, de Faouzi SKALI.
Musique et extase, l'audition mystique dans la tradition soufie, de Jean DURING.
Enseignements essentiels, du DALAÏ-LAMA, prix Nobel de la Paix.
Thomas Merton, un trappiste face à l'Orient, de Gilles FARCET.
L'Église et les religions ou le désir réorienté, du père Jacques VIDAL.
L'Expérience du Zen, de Thomas HOOVER.
Soleil de prières, anthologie du monde entier, de Sylvie REFF.
Rencontres avec Carlos Castaneda et Pachita la guérisseuse, de Maurice COCAGNAC.
Femmes en quête d'absolu, de Simone Weil à Élisabeth Kübler-Ross, d'Anne BANCROFT.
Ivresse de Dieu. Aventures spirituelles en Égypte, au IVe siècle, de Monique A. BERRY.
Le Maître et la Thérapeute, de Jacques VIGNE.
Dans le silence de l'Aleph, de Claude VIGÉE.
Ultimes paroles, de KRISHNAMURTI.
Comme un éclair déchire la nuit, du DALAÏ-LAMA.
L'Oiseau et sa symbolique, de Marie-Madeleine DAVY.
La Vie d'ermite, de Michel JOURDAN.
Zen et Occident, de Jacques BROSSE.
Éléments de psychologie spirituelle, de Jacques VIGNE.
Entretiens et causeries, de VIVEKANANDA.
Tout est noces, de Marie-Madeleine DAVY.
La Méditation et la Bible, d'Aryeh KAPLAN.
La Quête de l'Esprit, d'Eugraph KOVALEVSKY.
La Lettre, chemin de vie, d'Annick de SOUZENELLE.
Le Christ est né à Chalma, de Maurice COCAGNAC.
L'Eau divine et sa symbolique, de Patricia HIDIROGLOU.
Au-delà des dogmes, du DALAÏ-LAMA.
Job sur le chemin de la Lumière, d'Annick de SOUZENELLE.
Le Rêve du papillon, œuvres, de TCHOUANG-TSEU.
Dictionnaire des symboles musulmans, de Malek CHEBEL.
Passerelles. Entretiens avec le Dalaï-Lama sur les sciences de l'esprit.
L'Aventure prophétique. Jonas, menteur de Vérité, de Ruth REICHELBERG.
Humanisme et mystique, d'ALBERT SCHWEITZER (anthologie présentée par J.-P. SORG).

*La composition de cet ouvrage
a été réalisée par I.G.S.-Charente Photogravure,
l'impression et le brochage ont été effectués
sur presse cameron dans les ateliers de B.C.I.,
à Saint-Amand-Montrond (Cher),
pour le compte des Éditions Albin Michel*

*Achevé d'imprimer en septembre 1995.
N° d'édition : 14697. N° d'impression : 4/718.
Dépôt légal : octobre 1995.*